底层能力

晋早 著

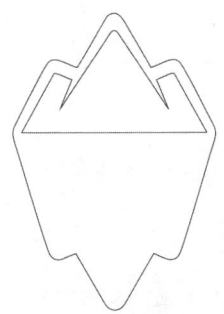

华夏出版社
HUAXIA PUBLISHING HOUSE

图书在版编目（CIP）数据

底层能力 / 晋早著． －－北京：华夏出版社有限公司，2022.9
ISBN 978－7－5222－0350－8

Ⅰ．①底…　Ⅱ．①晋…　Ⅲ．①职业选择　Ⅳ．①C913.2

中国版本图书馆 CIP 数据核字（2022）第 098643 号

底层能力

著　　者	晋　早
责任编辑	贾洪宝
特约编辑	贺　铭
封面设计	殷丽云
出版发行	华夏出版社有限公司
印　　装	三河市万龙印装有限公司
版　　次	2022 年 9 月北京第 1 版　2022 年 9 月北京第 1 次印刷
开　　本	880×1230　1/32
印　　张	11.25
字　　数	240 千字
定　　价	59.00 元

华夏出版社　社址：北京市东直门外香河园北里 4 号　邮编：100028
有限公司　网址：www.hxph.com.cn　电话：010－64663331（转）
　　　　　投稿邮箱：986762145@qq.com　互动交流：010－64600172

若发现本书有印装质量问题，请与华夏出版社营销中心联系调换。

前 言

你要全力提升底层能力

一、我为什么要写这本书？

1. 从中学起，我就爱看财富榜上的企业家故事。有时候会想：上榜的为什么是他们而不是我们？他们是怎么成就自己的？他们跟我们到底有什么不同？

2. 创业十多年来，我无数次地扪心自问：你大学选错了专业，稀里糊涂考上了研究生，辗转跳槽做过几份工作，走了很多弯路，最后艰难创业，至今公司竟然活得好好的。这十多年你是怎么一路走过来的？是怎么成就自己的？

3. 从老板的角度我观察到：同一批员工，有的成长得特别快；有的不论怎么培养，效果也不明显。为什么会这样？他们之间到底有什么不同？我应该如何识人用人培养人？

4. 一个话题总会被时不时翻出来讨论——"职场35岁现象"。我常常思索：为什么有人到了35岁左右，找工作就开始困难起来，甚至被公司辞退、"优化"了？为什么同是人到中年，我却发现可做的事情越来越多？职场之路，为什么有些人越走越宽，有些人越走越窄？

5. 从2011年出版第一本书以来，这已经是我出版的第四本书了。十多年来，总是有读者留言问我：

为什么我的业绩很好，却没得到重用？

为什么我长时间卡在一个职位上，是遇到职场天花板了吗？

合伙人能力跟不上，我该怎么办？

我想创业，需要准备些什么？

用人是看态度，还是看能力？

用人是看工作经验，还是看特质？

作为老板，怎么看人识人更靠谱？……

关于成长、职场、管理……问题还有好多好多。十多年来，我一直在苦苦思索，如何更好地识人用人培养人？

直到有一天，我发现了"底层能力"这个概念，然后一切都豁然开朗了。因为我不但可以用它把上面的问题贯穿起来，思考透彻，还会将它付诸实践，尝试解决一些令我困惑的管理经营问题、人才培养问题等，效果都出乎我的预期。

随后我参加了几个相关的专家专题培训班，深入系统地学习了相关学说和理论，用自己的经历和周围很多人的情况反复思考印证"底层能力"的原则和要点，广泛参考借鉴各行"大佬"的感悟和经验分享，甚至面对面请教和采访了一些已运用于管理实践的企业家朋友。

经过思考印证、理论学习、实践运用，不但我自己颇受启发，公司也形成了有效的模式，覆盖管理经营、招录选拔、岗位设置、人才培养、团队建设等。我发现，不但管理成效显著，促进了公司文化建设，员工也获得了迅速成长。

现在，我迫不及待地想分享给你。

二、这本书，我推荐给三类人看：

1. 职场实习生和入职新员工

推荐理由：这本书主要是写给职场人看的，重点关注职场实习生和入职新员工。

全书紧紧围绕底层能力的构成要素，系统剖析职场困境的形成根源，指出努力的路径和破局的方向。最重要的是，它会告诉你应该怎么看自己，怎么能尽快成长为企业中坚，怎么规划自己的职业之路，甚至是人生之路。

这本书最大的特色是什么？我会说一些你们老板不方便说的话。他会说不重用你的真正原因吗？不会。他会说你情商低、格局小、没特质、缺乏自我认知吗？不会。不是他对你不好，而是说真话很难，因为真话往往很伤人。

但是我可以说真话，因为我不是你的老板而是一个作者，是第三方，不怕你脸红，也不怕得罪你——但愿你是个职场"奋斗者"，不会边看边骂我。

很多时候，我们搞不清老板是怎么看自己的，也搞不清该怎么提高自己。这本书就是告诉你，老板是怎么看你的，以及你该怎么能力升级。

2. 管理者

推荐理由：我们都是同类人，面临的问题也基本相同。我相信自己十多年的管理经验和识人用人培养人的方法，对你会有所帮助。

对了，我看过孙陶然先生的管理书后，给我们公司每个员工都买了一本，因为我觉得他们也能从中获得教益。所以，如果你觉得我这本书适合你们公司的员工，也请你给他们买一本。帮助员工成长，就是最大的功德。

3. 家长

推荐理由：底层能力要从小就开始培养。人的价值观、性格、品质等，一出生就开始萌芽了，"三岁看大，七岁看老"就是这个意思。小孩可以在学校学习知识和技能，但更多的底层能力来自父母的言传身教和刻意培养。

如果说底层能力是人生的"发动机"，那知识和技能就只是人生的"燃油"或"电瓶"。所谓"人生不能输在起跑线上"，若着眼于底层能力的养成和作用，我觉得更有道理。

我是"80后"，相信很多"90后"甚至"00后"已经开始为人父母了。但是，我们自忖是合格的父母吗？除了花钱把孩子交给幼儿园和学校，我们知道为了孩子一生的成功和幸福，还必须做些什么吗？

别说送孩子去学了琴棋书画、跳舞、唱歌等，这些都是人生的"高配置"，但不是"发动机"。

价值观、生活态度、认知方式等底层能力，才是比才艺更重要、更急迫的东西，能让孩子走得更远、飞得更高。

而且，底层能力的养成和培养只有短短十多年的黄金时间，如加拿大女作家A.玛格丽特所言，潜能也有保质期（Potential has a shelf life）。所以，父母很有必要学习一些底层能力知识。

三、为什么有些内容要用管理者的视角？

1. 对于管理者来说，识人用人是最大的能力之一。对于普通职场人，也要知道上司、老板是怎么看自己的，从而有一个明确的提升方向。

2. 投资人张磊有一句流传甚广的话——看人就是最大的风控。

3. 字节跳动创始人张一鸣说："选择越高级、影响越大的人才，越要看一些基本能力——理性、逻辑、修养、企图心、自我控制力。"

4. 美国导演史蒂文·斯皮尔伯格认为，导演90%的工作是选演员，选对了演员，电影就成功了90%。

5. 有人问张磊："如果你能穿越到15年前，遇到当时刚刚创业的自己，若告诉他一句话，你会说什么？"张磊回答："把选择做好——要精心选择自己的同事、选择合作伙伴、选择投资人。"

同样，如果我对15年前初入职场的自己说一句话，一定是"你要全力提升底层能力"。如果我能更早地修炼提升底层能力，我相信，我的事业可以做得比现在更好。

我更希望，你们若将来回首，只有欣慰没有遗憾。

更深刻地认识自我、更高效地修炼提升自己、更智慧地识人用人培养人……

就从现在开始。

目 录

Ⅰ. 底层能力

1. 底层能力及其五大特征/2
2. 专业技能与底层能力/11
3. 读研能解决你的问题吗？/16
4. 什么人容易脱颖而出？/22

Ⅱ. 自我认知

5. 迷茫的产生与突破/28
6. 求职与升职的困境/35
7. 内心强大的三个方法/41
8. 我的几次人生选择/45

Ⅲ. 思 维

9. 人最大的差异是思维不同/52
10. 读书、写作也是思维训练/57
11. 创新思维才能创造奇迹/60
12. 顶级能力拼的是认知/64

Ⅳ. 情 商

13. 情商的三重境界/82
14. 工作需要情商打底/86
15. 求职简历里的情商/97
16. 情商低的表现你有几样？/109
17. 用反馈机制高效提高情商/115

Ⅴ. 学习能力

18. 态度和能力哪个更重要？/126
19. 老板喜欢什么样的聪明人？/131
20. 两类人才：守成与创新/136
21. 怎么保持职场发展潜力？/142
22. 你的学习能力怎么样？/148
23. 老板这样判断你的学习能力/152
24. 刻意练习与学习开关/158
25. 多维训练与T型人才/166
26. 什么是职场天花板？/172
27. 晋升陷阱：升职可能变离职/177

VI. 价值观与动机

28. 什么决定了你的选择？/186
29. 你为什么会痛苦？/192
30. 为什么你们的观念不一样？/196
31. 怎么找到更适合你的公司？/200
32. 怎么明确你的价值观？/204
33. 动机的力量/209

VII. 生活态度

34. 什么人具有更高的能量值？/216
35. 用什么抵挡日复一日的消耗？/222
36. 怎么才算热爱生活？/228
37. 生活态度决定职业态度/232

VIII. 性　格

38. 性格如何影响职场表现？/238
39. 目标感强的人更值得重用/243
40. 内驱力与进取心/248
41. 独立性为什么是职场优势？/256
42. 情绪化就是自毁前程/262
43. 我的人生内核/270

IX. 格　局

44. 提升格局的四种方式/278
45. 怎么看一个人的格局？/286
46. 遇见一个好老板/296

X. 特　质

47. 为什么你比别人成长慢？/302
48. 你的特质适合什么工作？/308
49. 怎么找到自己的特质？/313
50. 怎么争取职业发展机会？/318

XI. 条理性、主动性与执行力

51. 用人要看条理性/326
52. 如何塑造职场主动性？/331
53. 什么毁掉了你的执行力？/340

后记：底层能力决定人生高度/345

致谢/347

Ⅰ.底层能力

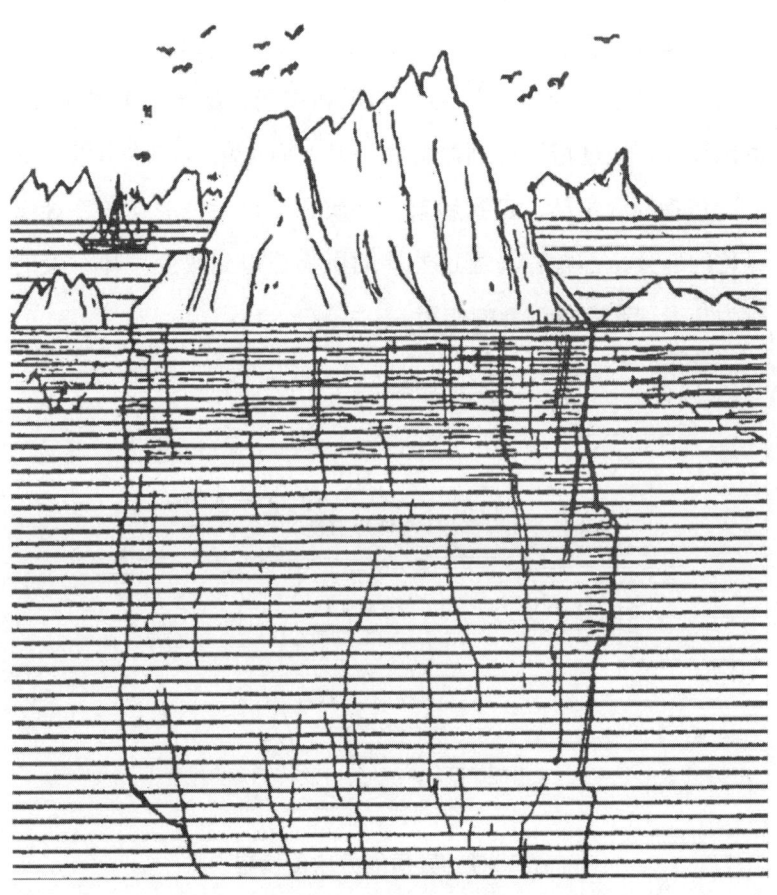

底层能力及其五大特征

1973年,美国著名心理学家麦克利兰(David McClelland)教授首次提出"素质能力冰山模型",并以此为依据来选拔美国政府驻外服务联络官。该模型将个人能力和素质划分为两部分:表面的"冰山以上部分"包括知识和技能,易于了解与量化,也比较容易通过培训得到改善和提升。而深藏的"冰山以下部分"包括社会角色、自我形象、特质和动机,是潜在的、难以量化的部分,不太容易通过外界的影响而得到改变,却对人的行为与表现起着关键性的作用。

其中,"冰山以下部分"可以用"底层能力"来概括。

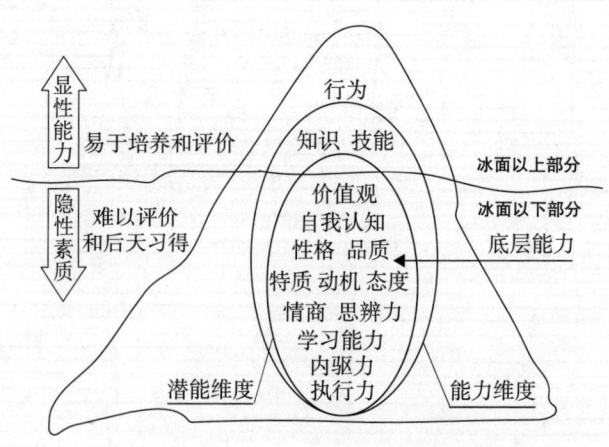

图1-1 素质能力冰山模型

一、底层能力及其五大特征

底层能力是指一个人的价值观、动机、上进心、性格、特质、格局、情商、自我认知、学习能力、思维方式、抗挫力、主动性、执行力、条理性等。

底层能力具有基础性、隐蔽性、决定性、先天性和可迁移性等特征。

1. 基础性

每个人都能通过在学校或社会等后天学习获得一些技能，比如摄影、烹饪、理发、开车、编程、修汽车、造飞机、盖房子、修桥梁。

这些后天习得的技能，需要通过底层能力更好地发挥作用。

底层能力就像鸿蒙、安卓、iOS 这样的操作系统，而后天习得的技能更像一个个 App 应用软件。人们通常看到的只是 App，以为只有 App 在起作用，实际上是操作系统决定了它的深度、广度和速度。

底层能力的基础性，有点像生活中的基础设施，比如水、电、网络，甚至公路。我们经常用电但看不见电，经常上网但看不见网，经常用车但对公路这样的基础设施习以为常。

操作系统、基础设施的重要性不言而喻，同样，底层能力在很大概率上也决定着一个人的人生表现。

底层能力强悍的人，才能走到事业的更高层次。销售员很多，但像董明珠那样走上 500 强企业总裁的不多；会计很多，但像张勇那样担任阿里巴巴总裁的不多；文案秘书很多，能像

1. 底层能力

方洪波那样走到千亿市值企业董事长的不多；程序员很多，能像字节跳动张一鸣那样具有战略思维的不多。如果细究他们的能力构成，绝对不仅是因为他们在某个具体技能上的出类拔萃，而是因为他们的底层能力卓尔不群。

为什么很多企业都在执行"选人大于育人"的原则？

因为人们早就发现，底层能力存在重大缺陷的人是很难培养起来的。随便一个人，如果给出充裕的条件和时间，就能培养出一个"张一鸣"吗？答案显然是否定的。

只不过，每个企业的选人标准不一样，有的看重技能、学历、工作经验，有的甚至连底层能力的概念都没有。在我看来，重要管理岗位的"选人"，不能仅凭具体技能比较突出一个条件，更要考察底层能力、增长潜力和可塑性等因素。

底层能力好，意味着接受能力强，可塑性强，学啥都快，不担心暂时技能落后。这就是底层能力的基础性。

2. 隐蔽性

一般来说，技能是显性的，人们容易看得到。你学会了英语这项技能，你会说，这看得见；你学会了编程、修车、用电脑，这都看得见，甚至还有技能等级证书来帮助人们确认。

底层能力跟一般技能不同，它具有隐蔽性，一般人看不出来，甚至都意识不到它的存在。多少人在找对象、招聘用人的时候，会刻意留心对方的价值观、生活态度、格局、情商、自我认知等底层能力？

说到底层能力的隐蔽性，需要进一步分析麦克利兰的冰山模型：

第一,"冰山以上部分"的知识和技能大部分是显性的,容易被观察或关注,而且有各种证书来帮助确认,比如学历学位证书、英语四六级证书、计算机二级证书、会计师证、建造师证等。

"冰山以上部分"不仅容易被发现,培养也相对容易。可以说,人们在社会上参加的各种培训,大部分都属于知识和技能培训。

第二,"冰山以下部分"的价值观、个性、品质、动机等,不但培养、重塑有难度,也不容易被发现或关注。

打个比方,一个男人若送给女朋友的礼物是钱、房子、鲜花、巧克力、钻石等,虽然看得见、摸得着,凭借这些东西能确认他目前是只"绩优股",但很难确认他是否真的爱你、为什么爱你,更别说他是个什么样的人、有什么性格或心理缺陷、是不是"潜力股",等等。

第三,一座冰山,浮现在水面上的其实很少,隐藏在水面下的其实更多。所谓冰山一角,就是说显现的仅仅是事物的一小部分。与知识技能相比,隐性的底层能力对人的决定性更大。

第四,企业普遍认为,如果只看重员工的知识和技能,忽略其价值观、动机、品质等素质,当一个员工的底层能力与企业的发展观念相悖时,其能力越强,对企业的负面作用越大。

3. 决定性

底层能力不仅具有基础性和隐蔽性,它还具有决定性。

俗话说,"三岁看大,七岁看老",一个人的价值观和性格,部分是天生的,部分在很小的时候就开始形成,成人之后改变难度会大很多。一棵树能长多高，并不取决于后天浇多少水、施多少肥，而取决于它的基因是什么，如果它是杨树，再矮也比橘树高。

麻雀再怎么喂养，也变不成凤凰，这也是基因决定的。

对人来说，这个具有决定性的"基因"就是底层能力。不同的人底层能力不同，哪怕学同样的专业，不但职业方向的选择不一样，发展到后面，职业高度和职场表现也会不一样。

比如同一个大学、同一个专业的几个同学，即使拿着同样的技能证书，大概率也会走上不同的发展道路：有人会成为公务员，有人会成为教师，有人会成为企业家，有人会成为自由职业者。他们还会有不同的职业高度和职场表现，有人干一辈子只能混到科级，有的年纪轻轻就能做到省部级；有人干到退休都是一个普通职员，有人一两年就能晋升为高管，甚至做到世界五百强企业的总裁。

除了机遇这个不可控因素之外，决定芸芸众生命运沉浮的大多是底层能力。

观察多了、阅历多了，你就会发现，底层能力决定的不仅仅是职业道路、事业高度，也会表现在人生的方方面面，直至一言一行等。

4. 先天性

底层能力的另一大特点是先天性。

我听过很多人讲企业家是怎么产生的，大多数答案是"天生的"。因为一个人的企图心、成就动机、悟性、抗挫力，甚至领导力，是很难后天培养的。所谓"天生的"这些东西，就是

1. 底层能力及其五大特征

底层能力，大致是指与生俱来或通过各种经历潜移默化长期沉淀下来的心理行为习惯、思维模式等，一旦形成就很难改变，后天习得也很不容易。

"江山易改，本性难移"，说的就是本性的先天性，我又把它叫作"难习得性"。

一个悲观的人，你要把他变得乐观，也不是不可以，但是要付出很多，而且很难。一个多疑的人，你要让他信任别人，同样要付出很多，而且很难。底层能力的修炼难度，远大于普通技能，但其作用也远大于普通技能。我在做企业的过程中，发现"羊性"的人——价值观偏于安逸的人，不论怎么激励和培养，他都很难变成"狼性"的人。

经常有人问我："为什么十年过去了，我再见到你，你还是这么有激情。而我，一个事情做不了多久就没激情了。"我能怎么回答？我只能说，这是天生的。有激情的人，天生就有激情，60岁、80岁都有激情。

"没有无能的员工，只有不会用人的领导"是一种极致的强调，如果人人可用，那为什么名企都去985和211高校招聘？为什么企业招人会设置多轮面试？为什么还要设置试用期？为什么还说"选人大于用人"？为什么不直接在马路上随便拉一个人回来当员工？

我们可以很快习得一项技能，比如三天学会打字，五天学会PPT，一个月学会开车，三个月学会平面设计。但是，一个人很难三天变得有条理，五天变得情商高，一个月变得生活态度特别积极，三个月变得悟性很高。

I. 底层能力

底层能力就是"操作系统",知识技能只是 App。操作系统的开发难度远大于 App,这就是为什么 App 成千上万,但常用的操作系统只有两三个。

5. 可迁移性

可迁移性,是指底层能力不会因为跨行业、换公司、换岗位而被减弱或失去作用。

也就是说,当你具备这种能力之后,它会跟随你一辈子,不管你做什么,它都用得上。在这个特征上,它类似于人们常说的通用能力。

比如,条理性就是一种底层能力。有些人凡事拎不清,只会婆婆妈妈;有些人就是有条不紊,做什么事都干脆麻利。条理性强的人,到哪里都有条理;条理性差的人,做什么都没条理。无论是在生活上还是在工作上,无论是做销售还是做运营,无论是做基层还是做中高层,条理性表现都八九不离十。同理,情商作为一种底层能力,不论哪个岗位都需要:产品、技术、运营、文案、销售、管理、售后……也是一种可以在各岗位之间能无损迁移的能力。

我现在用人就非常看重思维方式、情商、执行力和条理性等,这些具有可迁移性的底层能力,不会因为你换了行业或换了岗位而发生衰减或不再适用。

相反,"冰山以上部分"的专业知识和技能在可迁移性上就差远了,通常不能跨行或转岗使用。你会英语但没法翻译西班牙语,会做平面设计但未必会做运营,会计专业能力换到技术研发岗基本没法用了,医生跨界建筑行业基本上一窍不通。所谓隔行如隔山，就是这个意思。

我的一个朋友曾在一家国资企业做航天器技术研究员，五十岁时因单位经营不善被裁员了。他下岗后至今也没找到适合自己的工作，一方面固然是他对工作有自己的要求，另一方面是他的专业技能和工作经验在别的行业和公司没有实际用处。

所谓"跨行跳槽"需谨慎，意思就是要小心。多年积累的专业技能，大多是换一个行业就用不上了。说白了，专业技能大多不具有可迁移性。

当然，也有一些人，在放弃专业甚至跳出本行业之后，也能发展得如鱼得水。这样的人，多半具有较强的底层能力，譬如情商、人际沟通能力、思维分析能力、学习能力等，事业空间会大得多。

二、洋葱模型

在冰山模型的基础上，美国学者理查德·博亚特兹（Richard Boyatzis）将能力素质理论拓展为"洋葱模型"——由内到外概括为层层包裹结构的能力素质模型：核心部分是个性与动机，向外依次展开为自我形象（自我认知）、社会角色、态度等，最外层为知识、技能。越向外层，越易于培养和评价；越向内层，越难以评价和习得。

"动机是推动个体为达到目标而采取行动的内驱力；个性是个体对外部环境及各种信息等的反应方式、倾向与特性；自我认知是指个体对其自身的看法与评价；社会角色是个体对其所属社会群体或组织接受并认为是恰当的一套行为准则的认识；

I. 底层能力

态度是个体的自我认知、价值观以及社会角色综合作用外化的结果。"

不论是冰山模型还是洋葱模型，动机、个性、价值观、自我认知等都属于底层能力或核心能力，而知识和技能属于表层能力。

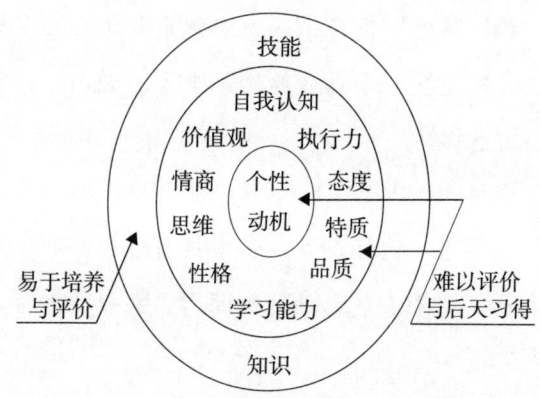

图 1-2　素质能力洋葱模型

基于冰山模型，我成立了"冰底学堂"，致力于研究和帮助更多青年人尤其是职场新员工提高底层能力。

专业技能与底层能力

一、一位实习小妹妹的故事

多年前,有个朋友把妹妹送到我们公司实习。半年后她找到我说,她感觉很迷茫,同事都不太喜欢她,问我"要不要考个研"。出于责任,我跟她进行了一场犀利的对话:

"你知道考研意味着什么吗?它是一种专业技能的学习,基于本科专业基础上的进一步学习。"我说,"但你的问题,是专业技能问题吗?"

"那我要不要学个英语?我之前英语学得还不错,如果再努力一把,说不定可以做个'斜杠青年',多做几份兼职,多几份收入。"她继续问。

我回答:"你知道英语是什么吗?一种语言技能。你现在的问题,不是因为缺少一种技能。"

我很奇怪她的思维:遇到问题,第一反应是去学个技能。学个技能就能解除困境吗?

"那我要不要学个插花?"她还是不死心。

看她总是找不到自己的问题根源,我直接告诉她:"专业技能也许救得了别人,但救不了你。"

1. 底层能力

我给她分析：在你找解药之前，你能不能正视自己的问题？根据你的实习表现，我发现你至少存在以下几个问题：

1. 情绪化。不知道是谁惹你了，每天都阴着脸，说话也很冲。很多同事都不愿搭理你，要不是你哥，我早把你请出去了。

2. 情商不高。说话不考虑他人感受，还总是得罪人，有几个客户都因此直接把你拉黑了。

3. 缺乏条理性。做事丢三落四，粗心大意，连消息都会发错对象，而且竟然发生好几次。

4. 最关键的是缺乏上进心。你整个人精神状态一直很慵懒。你的朋友说，周末就没见过你看书学习，多半是躺在沙发上看电视。我也发现，上班时间你竟会戴着耳机听歌。

你的问题，属于底层能力的薄弱，是你以后做任何工作都可能反复出现的问题，不是你学几个技能就可以弥补的。

我知道这几个问题很尖锐、很刺心，如果我不说，她可能永远意识不到。自我认知是一件困难的事情，有些人明明缺乏底层能力，非得去补专业技能，就像身体缺的是钙，却去补铁，有什么意义呢？

二、专业技能与底层能力有什么区别？

1. 内涵与特征不同

根据冰山模型，能力素质基本分为两类：知识、技能与底层能力。

知识是指个人在某一特定领域拥有的事实性与经验性信息，

技能是指结构化地运用知识完成某项具体工作的能力,即对某一特定领域所需技术与知识的掌握情况。知识与技能的主要特点有:大多后天习得、属于特定领域(难以迁移到其他领域)、易于量化与观察(如资质证书、考试、面试等)。

底层能力是指价值观、性格、特质、动机、自我认知、情商、思维等,具有基础性、隐蔽性、决定性、先天性和可移植性等特征。

它们的区别有多大?举个例子,化学专业的学生掌握很多化学这一特定领域的知识,但与其价值观、性格、上进心、情商等关系不大。我们在现实生活中会经常发现,有些人专业知识很扎实,情商却很低。

2. 作用不同

通常来说,基层工作更看重技能,而中高层岗位比拼的多是底层能力。

会开车就能做司机,会炒菜就能做厨师,会剪头发就能做理发师,会写代码就能做程序员……但一个司机能否做成一家类似滴滴的出行公司,一个厨师能否开起一家知名连锁餐厅,一个理发师能否开一家理发店,一个程序员能否成长为像张一鸣这样的跨国公司创始人,要取决于上进心、思维方式、眼界格局、领导力、抗挫力等底层能力。

一个神枪手未必能成长为将军,一个武功盖世的剑客未必能成为成吉思汗;对付千军万马若等闲的乔峰,也未必是一个合格的帮主。前者需要的是技能,后者需要的是思维、见识、领导力等。

I. 底层能力

很多公司招聘基层或临时岗位人员，看重的当然是技能或工作经验，讲究"上岗就能出活"。而高层岗位人员，则更看重底层能力，因为底层能力不仅意味着个人的发展潜力，也有可能为公司整体带来更大的建设性作用。

从本质上说，做好一个基层技术工作或业务工作，靠的是相对单一的技能或某项专业能力。而做一个管理者，尤其是高级管理者，依赖更多的是底层能力。也就是说，底层能力决定了上升空间和职业高度，如果要取得更大的成就，就要花更大的力气去提升底层能力。

现实生活中，很多人只能感受到技能的作用，而感受不到底层能力的力量。这是认知的局限性，因为每个人从事的工作类型不一样，能感受到的能力需求也就不一样。通常来说，一个人只能抓住认知范围内的红利。

3. 可迁移性不同

底层能力具有可迁移性。你的眼界、格局不会因为换了行业就变小了，你的情商也不会因为换了岗位就变弱了。

但技能很少具有可迁移性。一个医药行业的人跳槽到建筑行业，一个英语培训师转行做短视频，基本上都要从头学起。

也就是说，底层能力会伴随你终身，但技能和专业知识换个行业也许就失去作用了。当然，如果两者能结合得很好，则更有发展潜力。

用武功来比喻，知识、技能是招式，学一招是一招；底层能力才是心法和内力，可以驱动更多招式，甚至是无招胜有招。像欧阳锋、洪七公之类的高手，比的主要是内力而非招式。

三、底层能力与基础能力有什么区别？

说到这里，我们必须把底层能力和基础能力做一下区分。

首先，从特性上说，底层能力是一种基础能力，而基础能力未必是底层能力，两者最大的区别在于是否具有决定性。会识字算数，会说普通话、会开车、会打字或使用办公软件，对现代人来说都是基础能力，人人都会，不具有稀缺性，更构不成竞争力，没有决定性。

其次，底层能力是工作层次的分水岭，更是人生发展的分水岭。如同样掌握了英语技能，有人只能做翻译，有人做了英语老师后逐渐被提拔为校长，有人因为具备更高的情商、更灵活的思维、更宽的国际视野而成长为出色的外交官，区别就在于底层能力的不同。职场经常发生一种有趣现象：同一个专业的同学毕业后进了同一家单位，其中就有人可能因其领袖特质或擅长人际沟通，很快成长为自己同学的上司。而不明其中道理的人或懒于思考的人，往往会简单地归因于"朝里有人、上面有人"等。

我也会很多基础能力，但决定我发展现状的，是我的底层能力。比如，我会开车但不会去做司机，我会各种办公软件但不会去做文员，我会各种拍摄和剪辑但不会去做后期制作，我会写文章但不会去做文案，我会卖东西但不会做销售。作为一个公司的创始人和经营者，我更需要的是思维和认知，做出正确的战略决策才是我最重要的工作。

读研能解决你的问题吗？

一位朋友给我留言：

工作五年了，感觉遇到了天花板。一起入职的人要么被淘汰了，要么早就换工作了，要么已经晋升为中层了，像我这样原地踏步的人没剩几个了。我很想努力，但感觉后劲不足。我也经常反思，除了自身这样那样的问题，我发现主要还是因为毕业于二本院校，全身没有一个亮点。我在想，自己是不是得读个研，提升一下竞争力？

这个朋友的问题具有一定代表性，反映了一般人对学历及其他能力的认知局限，我们可以从四个方面进行讨论。

一、缺乏人生规划意识

"二本"毕业，并不是职场原地踏步的根本原因。五年已经提供了足够的学习时间和不止一次的改变机会。

学历只是求职的敲门砖之一，入职后的职场表现跟学历高低或学校好坏已无太大联系。一些人把自己的职场平庸，归结为学校不好或学历太低，这是明显的逻辑错误。

"不要拿自己的短板去拼别人的长板"、"做自己擅长的事"

是职业规划的常识。巴菲特说:"我一生下来就具备了分配资金的天赋,既然运气这么好,我就要把自己的天分发挥出来。"投资人沈南鹏将自己的事业经验直接归纳为"做最擅长的事"。

但在现实中,有些人因为学历低,就绕很多弯子、下大功夫去提升学历,结果也无非是在学历上混了个跟别人平起平坐,并无自己的特殊优势。如果一开始就把时间和精力放在自己擅长的事情上,也许早就事业腾飞了。

关于"擅长的事情",当下这个自媒体和短视频时代就能给我们提供无数成功的案例,拥有百千万粉丝的博主各种各样,几乎所有风格的人都能"火"起来:写文章发微博、推送微信语音、拍抖音、做短视频等,甚至借助淘宝等直播平台放开嗓子大声叫卖,都能走红。你会发现,"当红辣子鸡"覆盖了各色人等、各个行业,百舸争流,都在"风风火火闯九州"。至于选择哪种形式,得看你擅长哪个。

二、读研能解决你的问题吗?

在《大学迷茫问答》这本书里,关于考研我写了整整一章,核心观点之一是:"考研本身并不是目标,它只是实现目标的方式之一。"

很多人找不到工作,或遇到职业发展问题,第一反应就是"读个研"。其实,读研能不能解决你的问题,前提是要正确定义你的问题。

按照冰山模型和洋葱模型分析,能力问题分为知识技能不够和底层能力欠缺。

I. 底层能力

如果是工作所需的专业知识或技术能力不够，读研对你也许有所帮助。如果是底层能力欠缺，譬如性格局限导致情绪化或沟通障碍，情商不够导致的协作困难，那么，读研并不是解决这些问题的有效或最佳途径。

为混学历读研暂不置评，我们首先要弄明白"读研"的本质是什么。

一般专业的学历进阶，本科是素质教育，研究生是专业教育，后者培养的是科研人才和应用专业人才，如教育硕士的就业方向就是做老师。如果说在本科阶段还有机会提高情商、人际沟通能力、组织领导力等素质的话，那么在研究生阶段基本都要钻到"专精尖"的学术领域，读研的主要目的是提升专业能力，其他方面的能力很少有时间兼顾得到。

你若职场发展受阻是因为底层能力缺失，那么读研大概率也解决不了你的问题，头疼医脚，自然作用不大。

许多企业招人用人，并不会因为你是研究生就多看你两眼。如果是研究性、学术性岗位，比如科研、教学，研究生学历还具有一定的优势，毕竟多学了几年专业。如果岗位更需要沟通表达、情商、条理性或执行力等，研究生学历就构不成关键考量因素。在十多年的公司管理实践中，我发现研究生情商不够、沟通能力匮乏的情况并不少见。

我并不反对读研。对于个体来说，读研是一种精进专业的方式，也是一种重新选择人生的方式，但并非唯一可选的方式，比如因应职业需要学一项具体技能，或有针对性地提升某项底层能力。最重要的是，你要明白自己的真实目标和问题的症结。

有人说，迷茫的人之所以迷茫，是因为他们宁愿把时间都花在赶路上，而不愿抽出一点时间看一下路。对于迷茫的人来说，熟悉一些能力模型、能力种类，了解一些基本的人生规划知识和职业发展知识，正确定义自己的问题，就跟提升专业技能一样，也值得下一番功夫。

有一次我理发时，理发阿姨美滋滋地跟我聊起她正在读大三的儿子。出于职业本能，我问她儿子毕业打算干什么，阿姨说："不知道，我打算让他考研，毕竟，读研学历要硬一点。"

不少家长对考研的认知就是这么肤浅，基本上都像这位理发阿姨一样，既不关心孩子清不清楚自己的人生规划，也懒得分析其价值观、特质和性格，就设定了考研提升学历的路径。

上一代很多人吃了学历不足的亏，就把自己的意志强加给了下一代，他们在计划经济时代深刻地体会了"学历是竞争力"，但没有意识到时代已经变了。在眼下这个真正的信息时代，除了学历，思维、见识、眼界、格局、情商甚至性格，也是竞争力，而且是更重要的竞争力——高等教育普及到了寻常百姓家，学历不再具有绝对的突出优势。

三、学历能证明什么？

这位朋友期待通过读研来解决职场困境，本质上还是在学历认知上茫然不清：学历能证明什么、不能证明什么？

不可否认，学历很重要，目前依然是判断一个人能力与素质的重要标准，尤其是在体制内，学历依然是一些岗位的硬性门槛。

I. 底层能力

随着经济社会的发展、改革开放的深入,以及能力评估的应用越来越普及,人们对高学历已不再盲目迷信。体现在招工招聘上,就产生了一个明显趋势,即看简历时,学历只是例行第一步,工作经验的竞争力不亚于学历,学历、简历之后还要面试、背调。入职上岗就完全过关了吗?想得美,入职之后还要试用,试用不合格照样会走人。选人、用人的这些繁琐环节,反映的是用人单位对求职者素质与能力全方位、多角度的考察和考量,也说明了学历不再是唯一的能力证明,而变成了人才评价的诸多维度之一。

学历证书其实大致说明两个东西:学什么专业,学到什么层次,即在一定程度上证明了专业知识水平。但是,它没法证明一个人价值观良好、生活态度积极、性格品质优良、情商高、沟通表达能力强、做事靠谱等一系列底层能力。而大多数工作岗位,普遍需要这些能力,甚至会特别要求其中一项或几项。

可以说,求职时学历仅是一块敲门砖。进入一家单位,多数同事的学历基本一样,这时候就要比拼底层能力了——谁的底层能力强悍,谁就能升职,谁就更有发展潜力。

四、非名校生靠什么逆袭?

这个"二本"案例也给很多人提出了一个挑战——非名校生靠什么逆袭?

名校虽然不一定能证明情商、性格、沟通表达等能力,但名校生确实有优势——总体来讲,他们能在同样的条件下考上更好的学校,就一定程度上反映了他们的理解能力、学习能力,以及自律的品质和上进心。所以，很多企业优先招聘名校生也无可厚非。

这时候，非名校生的处境就尴尬了——与技校生相比，没有明确的可以拿出手的技能；与名校生相比，又缺乏令人先人为主、获得别人肯定的光环。于是，很多非名校生就采取两种方式来证明自己：一是学历自卑症作祟，千方百计考一个名校的研究生，追赶比拼名校生的优势；二是学一门具体的技能，向技校生看齐靠近。

而在我看来，非名校生逆袭还有第三种方法——靠底层能力取胜，而且应该是主要的解决方法。如果说技校生擅长技能，名校生强于理论知识，那非名校生应该赢在情商、沟通表达、组织领导力甚至思维创意上。这一点，我在后面会深入分析。

总之，进入名校固然是职场发展的一种优势，但人生如棋局，非名校生仅仅输了第一步，人生百年，扳回的机会多的是。未到终局，焉知生死？笑到最后方为真正的赢家。

出生在好家庭，考上好学校，入职好单位，这些有利因素都会使人生竞争暂时占据相对有利的地位。可惜人生不是百米赛，十多秒内就能分输赢。人生足够长，我们发现，那些底层能力强的人，终会克服种种困难，实现人生的华丽转身和逆袭。

一棵白杨种子，即使埋在贫瘠的土地里，未来也不会长得太矮。如果能遇到好的机遇，给一点肥料或被移植到肥沃的土壤里，那就长得更高了。

一棵树的种子决定了树的高度，一个人的底层能力决定了人生高度。

什么人容易脱颖而出？

同学们或年轻人问我最多的一个问题是："什么人容易脱颖而出？"

我知道，无数人在夜深人静时都问过自己这个问题："我会脱颖而出吗？我会不会就这样平庸地过一辈子？"尤其在遇到挫折、自我怀疑的时候，这个困惑尤为强烈。

我只能说，根据我的观察，底层能力不错的人，更容易脱颖而出。

一、底层能力造就职业优势

在我们公司，有一些员工入职短短几年就能成长为骨干力量，在同批次进来的人中，各方面发展都更快更顺利。

我观察分析过他们的特点，尤其是底层能力方面：

1. 性格踏实纯粹。不会动不动就胡思乱想，也不会动不动就情绪化。他们有足够的时间和精力，专注、投入地做事情。反之，情绪化、想得多、好高骛远的人，成长的过程通常缓慢而坎坷。

2. 进取心很足。从来不需要上司"励志"、同事劝慰，每天都很努力——这点尤为重要，我后面还会深入阐述。内心有动力、工作能自驱的人才能走得更远。进取心不足、推一把走一步的人，需要不断的鼓劲、"励志"，一段时间不加油，他就没能量了。这样的人通常走不远。

3. 情商很高。一定的情商是胜任工作的基础，情商高的人才能更好地理解各种工作逻辑。情商低的人会比较困难，因为在指导他工作之前，还要普及许多常识，给他许多提醒。

4. 学习能力强。学习能力是一种底层能力，俗称"聪明"。跟聪明的人交往，一教就会，一点就通。而跟不太聪明的人交往或合作会身心俱疲，也没有成就感。关于学习能力，我在后面会详细论述。

5. 他们身上还有很多底层能力，比如皮实抗压、执行力和条理性等，不再细述。

底层能力强的人，即便也有很多新东西要熟悉掌握，但他们学得很快，可塑性很强。这样的人无论是做下属还是做队友，合作起来不用过多地费心费力，只要给个方向，关键之处点拨一下，很快就能胜任工作。

二、底层能力更是人生底蕴

有些人还会问我另一个问题："我到现在都没有脱颖而出，是不是代表着自己的底层能力很差？"

话不能这么讲，你要正确理解"脱颖而出"。

要脱颖而出，除了本身底层能力不错，还需要一个合适的平台。就像一粒种子，要它生根发芽、破土而出，你得提供相应的土壤、温度和湿度。

1. 底层能力

可以这样说，底层能力与知识技能一样，都是职业发展的必要条件，但不是充分条件。大科学家被安排几年扫大街的事情也是有过的，因为时代不允许。姜子牙遇到周文王之前，只能钓鱼打发岁月。

为什么有些人迟迟不能脱颖而出？也许他们遇到的是一份不适合自己特质的工作，也许他们还没有找到自己的正确定位。当然，或许他们的底层能力确实存在短板。

但我相信，底层能力强的人，脱颖而出是迟早的事情，他需要时间找准定位，或者等待一个机遇。

需要提醒的是，底层能力的后劲，也许要十年八年才能看出来。我们发现，大学期间表现优异的风云人物，常常是进入社会后就不"风云"了。而很多大学期间看起来默默无闻的人，进入社会一二十年后，反而能干出一番事业。

在大学校园，也许只要掌握一门技能或才艺，就可以成为焦点，就能"风云"起来，从本质上讲，一门技能或才艺属于冰山模型的表层部分，易于观察和习得。有些人凭借十年如一日的努力、持续不断的上进心等底层能力，最终赢得了属于自己的人生高光时刻。

所以，有人说，底层能力是一生的底蕴。只要你是一条龙，风雨来时就能翱翔天际。

事实上，底层能力不错的人，更容易获得"伯乐"的青睐。著名企业家稻盛和夫就是一个非常注重底层能力的人，他说："如果问我什么才是领导者最重要的资质，我会毫不犹豫地回答，那就是'心'。换一种说法，或许就是人格、人性。谈到领

4. 什么人容易脱颖而出？

导者的资质，一般人会列举才能、知识，以及经验和技能等。也就是说，头脑聪明、专业知识丰富、能言善辩的人适合当领导者。我想，这是世间一般的看法吧。但是，比起能言善辩或聪明机智，我更看重如同岩石般沉稳不动的厚重人格。我认为，这种厚重人格，才是领导者最需要的资质。"

他所说的"心"，包括但不限于人格和人性，其实就是底层能力。

为了说明性格、品质等底层能力的重要性，巴菲特经常用股票买卖打比方："如果你要在一个人身上下注，你会选择具有诚实正直等品质的人。如果你要做空一个人，你会选择那些自私自利、贪得无厌、投机取巧或者弄虚作假的人下注。"在佛罗里达大学商学院演讲时，他举了一个例子——奥马哈有个叫彼得·基威特的人，他说他招人的时候看三点：品行、头脑和勤奋。因为一个人要是头脑聪明、勤奋努力，但品行不好，肯定是个祸害。品行不端的人，最好又懒又蠢，才不会祸害别人。

阿里巴巴招人用人有四个标准——聪明、乐观、皮实、自省，其实都是底层能力。其中"聪明、自省"是学习能力，"乐观、皮实"是生活态度、性格和抗挫力。

关于"什么人才能脱颖而出"，后面还会讲到很多例子，希望助你开启底层能力的大门。

Ⅱ. 自我认知

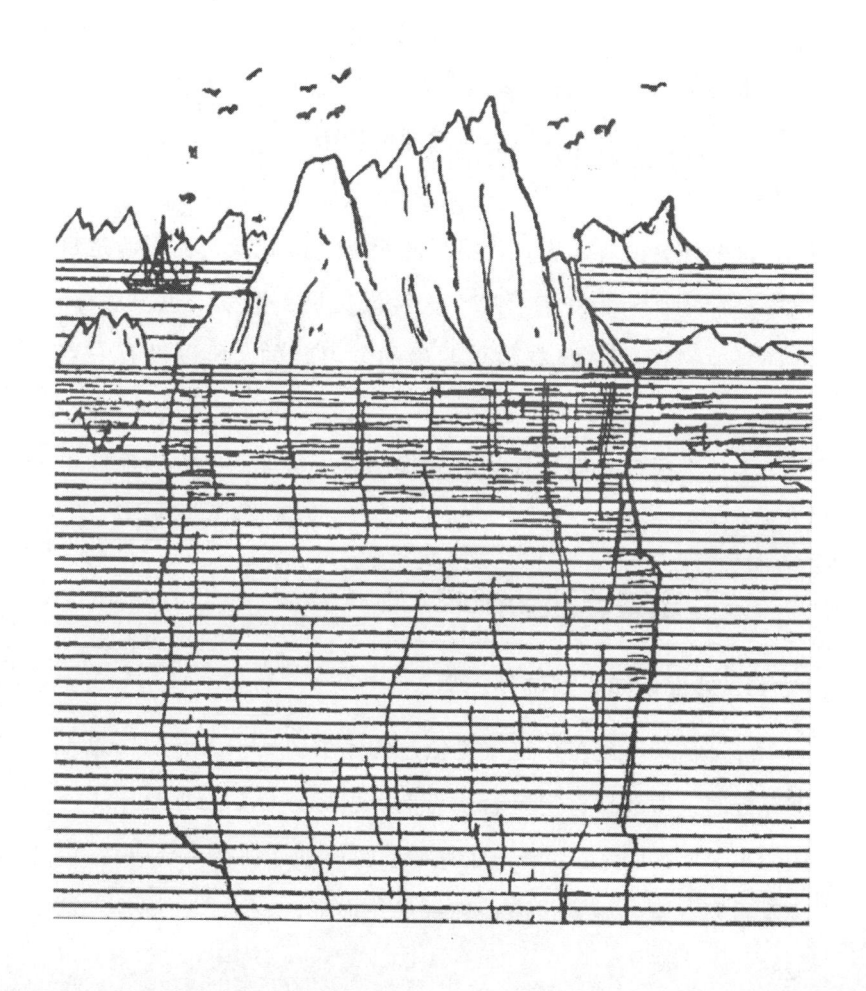

迷茫的产生与突破

我经常买书阅读，也经常参加各种课程学习，尤其是在创业之后。有一次我报了一个十万元的企业课程，有几个认识的老板得知之后，就发微信问我："你为什么报那个课程？"

我知道，他们并不关心我报课的原因，只是想给自己找个参照。

这个现象很有意思。我报名时没有丝毫犹豫，我很清楚自己不是冲动，因为交费后第二天我没后悔，第三天也没后悔。我回复他们说："我有两个明确的学习目的，所以没有一点犹豫。"

为什么很多人做选择的时候很困难、很迷茫？因为他们不知道自己到底想要什么。

一、迷茫产生的原因

1. 外部认知不到位

外部认知不到位，也就是信息源不够。一个人获取信息不够充分时，做选择肯定是有困难的。就像你母亲为你看中了一门亲事，回家问你："有一个姑娘，挺好的，你答不答应？"你说看看照片吧，她说没有；你说见见面吧，她说人在国外。这种情况下，大部分人都无法做决定。因为你不知道"三观"是否一致、性格是否相符，甚至连长相都没有确切印象。这就是信息不够充分。

这与你为老板推荐人才一样，你说，某个人很厉害，给他百万年薪把他挖过来。大部分老板都不会立即答应，因为他没有掌握足够的信息，心中没底儿——你推荐的人怎么个厉害法，值不值这个价？

2. 自我认知不到位

产生迷茫最主要的原因，是自我认知不到位。自我认知清晰的人，迷茫就少得多，做选择也更容易一些。

什么是自我认知？它表现在一个人的方方面面，包括但不限于对自己的价值观、性格、兴趣、能力等特质的认知，主要表现为"我是谁、我从哪里来、要向何处去"等几个问题。

很多人之所以迷茫，是因为他们搞不清楚这些问题：我想要什么、我有什么、我适合什么、我能做什么、我喜欢什么、我擅长什么……

很多都亲历过这样一幕场景：一个人穿了一件好看的衣服，被很多人夸赞漂亮显气质。于是，另一个人买了同款的衣服，得到的反馈却是又土又丑。

其实，身边类似的事情很常见。原因很简单，许多人缺乏正确的自我认知，甚至包括自己的体型、肤色、气质，吃穿住行、言谈举止都要盲目模仿他人，难免画虎成猫，更别说人生方向的选择了，可见自我认知的重要性。

我们专门开设"冰底学堂"这个品牌，就是要做底层能力

II. 自我认知

的教育提升。

十多年来，很多学生咨询我们的课程，上午接触，下午就报名了。我问为什么，答案基本都是"我知道自己想要什么"，比如："我特别需要学习你们的财商课，对我有帮助。""你们的商业思维课，正是我缺乏的东西。""你们的情商课，我感到自己很需要。"当然，也有很多人会纠结几天或几个月，部分原因，就是他们不知道自己到底想要什么。

一般来说，知道自己要什么的人，出手都很果断。

当年，蔡崇信放弃德国投资公司70万美元年薪的职位，回国加入马云团队，拿着500元的月薪，蜗居在马云家里办公。这绝不是他冲动，而是他知道自己要的是什么。

我仔细研究过历届央视广告"标王"，那些动辄花费几千万几个亿打广告、甚至把全年利润都投入央视广告的人，也都不是出于冲动和妄想，更不是无知，而是他们知道自己想要什么。

前些年，大家经常看到很多互联网公司都在融资"烧钱"，不是打广告就是搞补贴，有的一个月少则烧掉几千万，多则烧掉几个亿。做小生意的人一看，哇，不得了，简直无法想象。现在看来，也没啥无法想象的，因为他们知道互联网的竞争路径，尤其清楚自己要什么、要达到什么目标。

越知道自己要什么，认知接近本质，选择和判断就会越干脆利落，行动也就会越全力以赴。

对于巴菲特的午餐拍卖，很多人都难以理解。仅仅是跟巴菲特吃一顿饭，为什么有人愿意花几千万竞买资格？也许他们就是为了巴菲特的一句话，知道花这个钱多么值得。你没看错，几千万就是为了一句话。

一句话？没错，他们想要的那句话或那个认知。

我现在花钱上课，有时候也是为了"买"一句话。

当然，一个不知道自己要什么的人，别说花三千万去吃一顿饭，就算花三千块去吃顿饭，都觉得亏大了。这是认知层次的差距，不是财富多寡的差距。

知道自己想要什么，就是一种自我认知。

二、招人用人要看自我认知

创业十多年，我发现那些跟得非常紧密的团队伙伴，都是知道自己要什么的人。而那些纠结犹豫的人，大多不知道自己想要什么。

就像红军长征，思想清楚、信仰坚定的人，每天只有一个目标：往前走、跟着走。而那些信仰不够坚定的人，根本不清楚自己为什么要走、为什么要打。这样的人遇到生命危险或艰难时刻，不会有什么战斗力，也免不了开小差。

所以，我现在只招那些知道自己想要什么的人进入公司，包括知道自己想要什么生活方式、想达成什么事业目标、想要什么团队氛围、想学习什么本领，等等。

自我认知才是本质，选择只是自我认知的外在表现形式。

三、婚恋也要看自我认知

迷茫的表现形式千千万万，迷茫的本质只有一条：自我认知不清。

II. 自我认知

比如婚恋，很多人选择对象，着眼点是外在因素：外貌气质、原生家庭、经济条件、学历职业等，性格脾气可能还在其次，父母催婚也会成为动因。

这样做貌似也没什么错。外在因素的分析属于外在认知，而正确的决定，往往源于外在认知和内在认知的有机结合。

什么是内在认知？我是什么人，我需要什么人，我适合什么人，我不适合什么人，我想要什么样的生活，我不想要什么样的生活，甚至还有我要不要结婚……

我觉得，一个人更应该花时间想一想自己是什么样的性格，跟什么性格比较搭；我是什么样的"三观"，跟对方的"三观"是否合得来；我是什么样的审美或消费观念，对方能不能接受；我的品位、气质、能力、财富，适合匹配什么人？撇开社会眼光和父母催促的因素，我真的需要现在结婚吗？……这些问题的核心就是自我认知。

为什么很多人走到一起后会动辄吵架，直至分手、离婚？也许他们当初太关注外在因素了，以至于忽略了自己是个什么样的人，更别说对方了。

他们通常是在结婚之后才开始真正认识对方、认识自己，才发现"我不适合你"、"我想要的不是这种生活"……

当然，更多的人是到了结婚年龄，按照人生程序稀里糊涂地就走到了一起，根本没有想过自我认知的问题。因此，现代人的婚姻情感才会存在这么多问题。

四、选择困难症怎么来的？

都说人生就是做选择，为什么有些人会缺乏选择能力？

高考填志愿，参考别人。

大学选专业，参考别人。

考研决定，跟风从众。

结婚决定："别人都结了。"

创业决定："好多人都发财了。"

考公务员："稳定，有面子。"

当老师："假期多。"

你看，这就是很多人的决策模式，都是基于外在因素，而非内在因素，最终发现都是错误的选择和判断。

研究底层能力后我更坚定地认为，正确的选择更多取决于内在，而不是外在。

外在因素即"它是什么、人们怎么看它、有什么好处和吸引力"，内在因素即"我是什么、我想要什么、我适合什么"。一个人只有把自己本身搞清楚了，对外面世界才会看得通透。

十多年我出版了第一本书，在封面上放了这样一句话："认识了你自己，就认清了整个世界。"

可以说，对自己内在需求很清楚的人，对外面世界也看得准。知道自己需要什么样的对象，就能一眼看出对方适不适合自己；知道自己想要什么生活，就不会反复比较各种外在因素；知道自己需要提高什么能力，就能判断课程适不适合自己；知道自己适合什么衣服，不用试穿就能做出选择……

II. 自我认知

而自我认知模糊的人,看世界也会很模糊,表现为纠结、犹豫、徘徊,最后还是避免不了判断错误。

五、自我认知的力量

自我认知是一个持续渐进的过程,也是一辈子的事情。每个人都会在一次一次的经历中、在一次一次的反省中,逐渐加深对自己的认识。

随着自我认知的深入,你会逐渐感受到它的力量,不仅对你自己,对这个世界也会看得更清楚。我现在从事公司经营、项目决策,基本没有太多困惑,凡事基本都能想得通,也能找到答案。譬如,如果你告诉我某个行业很赚钱,我不一定会为这个外在因素所触动,我考虑的是"它适不适合我"这个内在因素。如果你告诉我公务员很稳定、教师假期多,我也可能不为所动,这并不是说它们不好,而是我清楚地知道自己想要什么、适合什么。这是从自我认知的角度做出的判断。

自我认知是很艰难的。首先,它需要经历;其次,它需要反省。最可悲的是,很多人连自我认知这个概念都没有。你对他说"你认知不清",他会反过来怼你一句:"我自己还不了解我自己吗?"

正是因为自我认知的艰难性,以及它的决定性与重要性,2500多年前苏格拉底的箴言"认识你自己"(Know thyself)才会流传至今,影响了全人类。

自我认知就是一种底层能力,后天培养的各种技能或能力,几乎都要在自我认知这个基础上发挥作用。

求职与升职的困境

有很多人问我,他们的职业困境是怎么造成的?坦诚地说,原因有很多,其中一个就是缺乏自我认知。

一、择业困境

1. 不断跳槽的求职者

2015 年,我收到了一个 40 多岁的人发来的简历。从简历上看,履历很丰富,至少做过 6 个行业、换过 11 份工作,而且工作岗位还横跨技术、运营、管理、销售等类别。当时公司的一个部门主管急着要人,说:"就聘他吧。你看,工作经验丰富,能力也不错,都做到了总经理助理、技术总监、销售经理。"

我说,你这是外行人的想法,被那些头衔给唬住了。

我看到的是,这个人很迷茫,因为迷茫,所以无法给自己准确定位,表现为不断跳槽、不断换岗位。本质上,他是缺乏自我认知,不知道自己喜欢什么、能做什么、想要什么。

你看,他每次跳槽,基本都是跨行的,基本都是不同种类的岗位,很难有所积累,这是跳槽大忌。你再看他最近的几份工作,依然是一两年换一次,说明他一直没有找到自己的问题根源。年轻时迷茫可以理解,毕竟"谁的青春不迷茫"。但一个

II. 自我认知

人到了40多岁、换了无数工作之后还在迷茫，这就说明他不仅缺乏自我认知，也缺乏反思总结能力。所以，公司不能聘用。

这么多年来，我对这个简历一直难以忘记，是因为它深刻地证明了自我认知的重要性。

那些三年换五六份工作、不断跳槽的人，表面上看是没有遇到合适的工作，本质上是他们不知道自己要什么、适合什么、能做什么。就像婚恋，很多人并不清楚自己需要什么人、适合什么人，因为不了解而在一起，因为了解而分开。

职场有一种现象：很多人在大公司待久了，最后搞不清楚到底是平台厉害还是自己厉害，是平台离不开自己还是自己离不开平台，于是，不断发生现实版的狐假虎威。这也是一种自我认知不清。

2. 海投简历的求职者

"海投"是指不加选择地向各大公司发送简历，这是迷茫的一种表现，本质上是缺乏自我认知。因为不清楚自己想要什么、适合什么、擅长什么、能做什么、对什么感兴趣，所以无法精准投递。

他们不仅"海投"公司，也会"海投"岗位。我也发现，招聘季经常会有人把我们公司的销售、运营、策划甚至技术等岗位投个遍，不放过一个岗位。我不相信他精通这么多岗位，他这样做只能让我看到他的迷茫。

一次校招，有人把我们展板上的岗位上上下下打量了一遍，然后笑眯眯地说："我感觉我都可以做。"

客观地说，除非你是神，不然"都可以"的情况很难存在。

"都可以做"只能说明你对岗位认知不清、对自我的认知不清、对自己的能力长项认知不清。

3. 入错行的求职者

对职业方向缺乏自我认知的人，往往容易"干错行"。

有一些人被身边的人所感染，"向往稳定的生活"，跟风考公考编进国企。费了九牛二虎之力进去了，不久之后就发现自己不想过那种"一眼望到头"的生活。

入错行的求职者，不仅缺乏外在认知，更缺乏自我认知。用数年的光阴换来"我不适合做什么"这样的结论，成本确实有点大。毕竟，走错路成千古恨，回头已是百年身。

无论是频繁跳槽，还是入错行，本质都是人生试错，代价是自己的青春年华。

尤其是有些人不知道自己适合什么、想要什么，在"万众创业"的激励下，盲目地卖房创业，结果把钱亏完，最后才明白"我不适合创业"。这样的自我认知，来得有点沉重。

二、升职困境

除了择业的迷茫，升职的困境也大多源于自我认知不清。

我发现一种现象：有些升职，反而成了离职的前兆，也就是说，不升职还好，一升职就距离职不远了。

为什么？因为能力不胜任。职场上有一个彼得定理：每个人最终都会晋升到他无法胜任的位置。

为什么会这样？这是绝大多数企业"根据贡献决定晋升"的机制决定的。这种晋升机制通常是根据一个人在过去某个岗

Ⅱ. 自我认知

位上的表现，来推断此人一定能胜任更高的职务。

事实上，有经验的管理者都懂得，胜任过去某个岗位，不代表也能胜任升职后的岗位。司令不一定要从排长做起，排长未必能做到司令；神枪手未必能成为将军，将军也未必要先做神枪手；擅长单打独斗的武林高手未必能成为元帅，元帅未必要武功天下第一。不同岗位的知识结构和特质需求，存在着太大的差别。

在这种晋升机制下，每个人在一个岗位干到一定年限，或干得比较出色，就会要求或者得到晋升。但事实上，新的岗位和现有岗位，有时候能力需求差距又太大。这就导致很多人不能胜任新岗位。结果通常有两个：要么平行调职，要么降职。

现在问题来了：由于大多数人只能接受升职，不能接受降职，所以降职就会引发情绪化，情绪化的结果通常是离职，也就是说，能力问题最终变成了情绪问题。

而在职场，情绪问题是一个比能力问题更严重的问题。我们看看情绪问题的后果：

1. 情绪化

整天阴沉着脸，给同事看，给领导看，甚至给客户看；拒绝与同事沟通，少言寡语；工作开始敷衍了事；动辄请假，说要"消化情绪"。

2. 抱怨

一旦陷入抱怨状态，很多之前看得顺眼的人和事就开始变得不顺眼，开始挑刺和放大问题，而不是专注于解决问题。

3. 对抗

对抗是情绪化的一种极致反应。抗拒领导指令，领导说要做某个事情，情绪化的人就说不做或不会；拒绝配合其他部门工作，比如别的部门要个资料或召集会议，情绪化的人会说"没时间"。

4. 拉帮结派

拉帮结派也是情绪化的典型表现。通常的情况是，自己有了情绪，然后物色一个看起来跟自己差不多的人，抱团同化，接着拉拢更多的人"入伙"，形成"自己人"的圈子，甚至对那些积极上进的同事进行打击和排斥。

5. 消极化同事

一个人的消极状态很容易传染给另外一些人，有时候甚至会故意去消极化同事，比如开始鼓励隐瞒问题，告诉同事"这个不需要汇报"；带动迟到早退，宣扬支差应付。

众所周知，情绪化是职场的大敌。情绪化若不能及时调整，结果是无一例外地出局。而跟着情绪化的人，大概率也是"一并打包"出局，这就是通常所说的职场"站错队"。

这是一个由晋升不畅而引发情绪化的完整心路历程。

总的来看，因升职导致离职的情况成了职场常见现象。通常来讲，这种现象的根源是一些人"高估了自己的能力"。不论是高估还是低估，都是不能正确认识自己。

自知者明，知道自己的能力边界，知道自己的特质天赋，知道自己几斤几两，做自己擅长的事情，在自己的能力半径内

II. 自我认知

做到极致，不盲目追求晋升或攀比晋升，努力提升自己，花开无声，自然有瓜熟蒂落、水到渠成的时候。

很多职场人完全不顾自己的能力层次、长项与短板，一味攀比升职，该要的要，不该要的也要，结果都摔得很惨。

三、打破职场困境

职场上，因自我认知清晰而发展顺畅的正面案例也有不少。

美的董事长方洪波就是一个值得称道的范例。当他正做着普通的广告经理时，老板打算提拔他为销售公司总监。这事儿，放谁头上都会高兴。但出人意料的是，方洪波拒绝了老板的提拔，理由是"觉得自己还没准备好"。一年之后，老板再次提出要求，他才走马上任新岗位。

对方洪波的这段往事，我一直记忆深刻，因为他是为数不多、自我认知非常清晰的人。

迪士尼公司前首席执行官艾格，在担任 ABC 电视网总裁还不到一年的时候，老板想让他担任大都会公司的总裁和首席执行官。他虽然也觉得这样的机会千载难逢，但还是拒绝了，理由是："我在目前这个位置上才刚刚开始。"

马云说过，蔡崇信是我见过的最棒的 CFO，他不会指手画脚地告诉我要做什么，而是告诉我："我可以把你想做的做得更好。"

我发现，真正优秀的人都自知甚明，对自己有清醒的认知，做事处世知分寸、懂进退、不越界。

自我认知是他们事业道路上的坚强支撑。

内心强大的三个方法

"内心怎么变得更强大?"这是每个人在成长过程中都会面对的问题。

一个朋友告诉我,"Strong your heart"是英美父母常对孩子说的话,有点类似中国父母常说的"皮实点""坚强点"。

内心不强大,就会受到他人影响,放弃自己的选择,甚至放弃走自己的路。内心不强大,还会因他人影响产生过多负面情绪,要耗费很多时间和精力来处理和消化这些情绪。

内心怎么变强大?途径很多,从以下几个方面略加阐述。

一、生活态度

生活态度决定着内心的强大。当你看到阴影的时候,不要忘了背后还有阳光。你可以持续面对阴影感伤下去,也可以立即转身面向阳光。

查理·芒格能取得大成就,除了聪明和勤奋,还有积极向上的生活态度。他曾说:"在这漫长的一生中,我一直都不惧麻烦的到来。生活中的每一次不幸,无论多么倒霉,都是一个锻炼的机会。人们不应该在自怜中沉沦,而是应该利用每次打击来提高自我。"

二、见识与经历

见识少、经历少的人往往特别脆弱，每发生一点事情，哪怕是别人的一个眼神、一句议论，都能让他们内心翻江倒海，觉得遭遇了世界最剧烈的伤害。

经历多了，见识多了，这些都不叫事儿。

有个词叫"阈值"。当你经历了一次又一次伤害，或一次又一次打击，那你抗打击的阈值就会提升。最后，那些在常人看起来是很大的打击，对你来说只是小事一桩，甚至根本不算事儿。这就是有些人能做到泰山崩于前而色不变的原因。

我创业的第一年，内心也不够强大，一个助理离开了，我都难受了好几天，晚上辗转难眠。经过十多年的历练，现在应付这种事情就能波澜不惊了。一个企业，人员进进出出等闲事，再正常不过。

三、自我认知

在这里我想说的是，内心强大跟自我认知有极大的关系。

一则故事说，一只老鼠非常害怕猫，就乞求神把自己变成了猫，晒太阳时突然看见了一只猫，就忘记了自己已经变成猫，马上逃回了屋里。"你怎么啦？"神问道，它撒谎说："我碰到了老虎！"于是神又把它变成了老虎。第二天早晨，它走进森林，又看见了猫，仍然没命地逃回屋里去了。

你看，有时候自我认知就决定了内心的强弱。

做事业也是如此。自己有了清晰准确的自我认知，就不会

7. 内心强大的三个方法

被他人的议论所动摇。你认准的事情，不能因为有人说"这个事没意义"就轻易放弃。

我做底层能力研究以来，有人泼过冷水，有人不屑一顾，但没有一句话能影响到我。为什么？因为我清楚底层能力对一个人的作用，更清楚做这些事情的意义。我以前由于缺乏人生规划、情商、自我认知等能力，走了很多弯路，经历过很多痛苦。是底层能力的提高让我的人生越来越明朗，开了公司，帮助了许多人。几十年的切身体验，岂是别人几句风言风语就能影响的？

事情有无意义，不需要别人帮你界定。

墙头草顺风摇摆，是因为没有坚硬的"内芯"。

总有些人能做到坚定不移，是因他们具有深刻的自我认知。

巴菲特思想强大，内心也很强大。他认为自己投资生涯中最重要的财富，是有一个"内部计分卡"，自己给自己打分，自己的表现值、人品值、能力值是多少分，内心很清楚。所以，他的判断和情绪，不会轻易被外界影响。

更多的人用的是"外部计分卡"，靠外人给自己打分，心无定所，活在别人眼里，一遍又一遍地重复着父子骑驴的人生故事。

有人会问，外人给自己打分都是错的吗？也不一定错。外人可以评价你，但你必须拥有正确的自我认知，才能判断外界评价是否正确。

如果你对自我没有评价、没有认知，完全靠外界评价活着，你不仅会活得很累，错误的评价还会击垮你，甚至毁灭你。

II. 自我认知

人不自知,就会因为别人的评价而不断改变自己,像一块没有脾气的橡皮泥任由别人塑造,像无根的蒲公英随风流浪。

现实中,这类人真的不在少数,比如几个朋友曾向我抱怨和倾诉:

"他们说我是个自私的人。我一直想,自己真的很自私吗?"

"他们找我借钱,我没借,他们就说我小气。你说我是不是真的很小气?"

"有人说我笑起来很难看,我现在都不敢笑了。"

……

当你不知道自己是谁的时候,谁都可以定义你是谁。

回到开头,内心怎么才能变得强大?坚守积极向上的生活态度,多经历多磨炼,尤其是不断加深自我认知,你的内心就会逐渐强大起来。

我的几次人生选择

学习是一个反刍的过程。所谓反刍,本指牛羊等食草动物将半消化的食物从胃里返回嘴里再次咀嚼。学习的反刍,是指反省过去的经历从而吸取教训。古训有"吾日三省吾身",每一个善于学习的人,都会常常自觉地反思检视自己的所作所为。

一路走来,我也无数次反省过自己在求学、工作、创业过程中的每一次成败。最后发现,我人生中的几次错误选择,都跟自我认知不清有关。

一、几次错误的人生选择

1. 专业选择错误

高考结束后,我对选专业一无所知,关键是对自己喜欢什么、未来要做什么也毫无概念。当时我的辅导老师是学中文出身,他建议我选中文,我就稀里糊涂地选了中文系。

进入大学后,我发现非常不喜欢中文专业。当老师在讲台上摇头晃脑地吟诵着"蒹葭苍苍,白露为霜",并啧啧赞叹意境唯美的时候,我坐在下面"度课如年"。

这个错误选择,就源自对人生没有规划、自我认知不清。

我后来发现,无数同学跟我一样,花了好多年好多精力学

II. 自我认知

习语数外等学科知识，几乎没有人愿意花一天时间来研究自己的价值观、性格、兴趣、天赋、特质、理想、未来等。大多数人的人生过程都很努力，到了人生的十字路口却胡乱选择，完全没有了自我，只会听从他人的建议，甚至将父母、师长的意志当成自己的意志。

2. 盲目学英语

因为不喜欢中文专业，大学里我花了很多时间来学英语。倒不是因为多么喜欢，而是周边很多人都在学，有一点跟风的意思。后来虽然学得还可以，但终究不是最爱。发现了创业之美后，我就丢了英语，转而开始学习商业、管理、品牌、定位等领域的知识。

因为不了解自己的兴趣，也不了解自己想要做什么，很多人都犯过类似的选择错误，而且不止一次。当然，这些错误也可以视为一个发现自我的试错过程，但不管怎么说，都凸显了缺乏自我认知的人生代价。

3. 考研错误

不管别人选择考研多么正确，对于我来说，考研应该也算一个错误。临近大学毕业我还比较迷茫，不知道做什么好，于是干脆考了研，仍然是自己不喜欢的专业。这属于一种"路径依赖"——明知自己不喜欢，但还是习惯性地走向擅长的方向。

结果可想而知，读研期间又是痛苦不堪。

这些人生错误的根源是什么呢？还是缺乏自我认知，不清楚自己想要什么、喜欢什么。

后来我开了公司，开设了一门人生规划课程，其中一个板块专门分析自我认知。因为我发现，无数人像我一样，因为缺乏自我认知而跟风考研、考公、考编，最后陷入痛苦的深渊。

现在回想起来，要是考研复试把我刷下了，该有多好，这样我就可以多出三年时间去尝试自己喜欢的事情。

我真诚地建议，每个导师在面试学生的时候，不要只看分数，也要看他的自我认知和求学动机。有了底层能力的概念，可以帮助更多的人少走弯路。

在毕业求职和创业的过程中，我还犯过许多选择错误。反思起来，都与自我认知不清脱不了干系。

前面说过，自我认知包括对自己的价值观、性格、兴趣、能力等方面的认识，也体现为对"我想要什么，我有什么，我适合什么，我能做什么，我喜欢什么，我擅长什么……"等问题的思考。

自我认知不可能一蹴而就，而是一个持续一生的过程。人生的每个阶段，自我认知的程度是不一样的。

二、值得庆幸的人生选择

我也发现，当我在某些方面自我认知清晰的时候，所做的判断和选择就会正确无误。

1. 高二文理分科

高二文理分科的时候，由于我数理化成绩还说得过去，老师就建议我选理科，理由是"未来选择面更宽"。我虽然也懂得这个道理，但我更清楚自己不擅长理科——因为我高一用了大

II. 自我认知

部分时间学数理化，成绩还是追不上高手，而在语文、英语等文科课程方面，稍微下点功夫就比别人学得好。

"在理科方面，我拼尽全力也不如别人稍加努力学得好。"这是我当时的自我认知。所以，虽然当时年纪尚轻，但也没有听从老师的建议，而是毫不犹豫地选了文科。

这也许是我在能力特质方面的自我认知清晰而做的第一个正确选择。

2. 创业选择

经历过求学阶段的迷茫，以及毕业之后的几次试错之后，我对自己的认知开始逐渐清晰起来。我发现自己不喜欢循规蹈矩的工作，而更喜欢创意与折腾。我也发现自己的目标感很强，不喜欢汇报工作、填写表格、应付上级检查等几乎没有变化的程式化事务。我还意识到，自己的激情和韧劲等底层能力不错，与稳定性相比，我更喜欢可能性。尤其是折腾过一些小项目，发现自己有一些商业方面的特质和兴趣的时候，就毫不犹豫地选择自己创业了。

这也许是我因自我认知清晰而做的第二个正确选择。

3. 钱花在哪里？

等手里有了点闲钱，就寻思着做点理财和投资。做什么呢？看到很多人买房，我也打算投资房产。但是，有一天我突然顿悟了：我傻呀，为什么要买房？很多大叔大妈买房，是因为他们没有别的赚钱或投资渠道，只能折腾房子。而我是一个创业者，可以通过做好公司赚更多的钱，所以，我应该做的事情是投资大脑，让自己见识更广博、认知更深刻。

于是，我就开始花钱来参加各种课程学习。

这个事情不大，但说明了自我认知的力量。当你清楚地知道你是谁、你在做什么、你想要什么、你跟别人有什么不同的时候，你的选择和判断就会更加清晰。

因为自我认知而做对或做错的事情，在我的人生里还有很多很多。

三、企业也需要自我认知

作为创业者，这些年来我看到过无数企业跨界失败、投资失败、项目失败的案例，这些失败无一不与缺乏自我认知有关：错误地估计了形势，错误地估量了自己的实力和资源，甚至错误地定位了自己和企业的基因，不清楚自己想要什么、能做什么。有些企业本来擅长做社交软件，非得去搞什么电商；有些本来擅长搞电商的，非得去做社交。一些房地产企业，也想跨行做电商或卖矿泉水，结果无一例外地以惨败收场。

有一个老板，看了很多管理案例，于是开始效仿：别的公司把奖金发放权交给部门，说"部门最熟悉员工表现情况"，他也把奖金发放权交给部门。有些公司上班不打卡，说要"创造自由的氛围"，他也规定员工不用打卡。最后，公司被他搞得乱七八糟——部门主管把更多的奖金发给了自己而不是给了员工，迟到早退、自由散漫成了公司习惯，再也扭转不回去了。

他问我："为什么会这样？别人公司这么做了，确实没问题呀。"

II. 自我认知

我说，你可能缺乏自我认知这个概念。自我认知包括要明白你与别人有什么差异，你只有懂得了差异，才知道该不该模仿或跟风。别的公司把奖金发放权下放给部门，是因为奖金发放制度具体明确，而你的公司没有，这是你们的不同。别的公司可以上班不打卡，是因为他们的员工是来自全国各地的优秀人才，他们的共性就是强大的自驱和自律能力，能自己管理好自己，"优秀是一种习惯"。而你的公司员工，有多少算得上优秀人才？有几个是各领域的一流人才？这也是你们的不同。

你看，自我认知就是一种能力。对个人、对公司，都是如此。

当然，具有强大反省能力的人，走些弯路也不全是坏事，每一种经历都会给你提供一些宝贵的经验。

读到这一章的朋友，建议按下暂停键，梳理一下自己走过的弯路，想想原因。学习，光看别人的经历是没用的，必须结合自己的经历深刻反思，然后才能有效应用。

记住我的话：你所犯的错误，皆与自我认知不清有关。

现在，做个互动轻松一下：

欢迎光临我的微信公众号（前勒口和封底都有二维码），留言说说你的自我认知故事：你是否经历过因为自我认知清晰而做了正确选择的事情？或因为自我认知不清而做了错误选择的事情？

非常高兴看到你的故事。我想，很多伙伴也会从你的故事中受到启发。

Ⅲ. 思 维

人的最大差异是思维的不同

人与人之间有很多不同之处，出身、长相、性格，甚至于成长环境也可能存在巨大的文化差异和贫富差别。要说最大的不同，应该首推思维方式和角度。

是不同的思维造成了人们选择的不同、感受的不同，最终呈现千差万别的人生状态和发展结果。

思维也是一种重要的底层能力。

一、思维方式

埃隆·马斯克经常会使用第一性原理来思考问题。第一性原理强调回归最本质、最基本且无法改变的条件和规则，不靠横向比较和经验结论，可以归结为"追本溯源，理性推演"。他运用这种思维方式解决了特斯拉电池和火箭发射的成本问题，并构想了真空磁悬浮。

拼多多创始人黄峥，因为加入了梅尔顿基金会（Melton Foundation），每年得以到世界各地和来自全球的伙伴进行交流。那时他上大一，但已经深刻地认识到："世界上不同的人种、不同的文化是如此的不同，出发点、思考问题的方式和做事情的方式，之前自己完全不知道、也很难想象。"

9. 人的最大差异是思维的不同

我很早就意识到,人与人的思维方式是不同的,这种不同不仅表现在个体之间、不同岗位和领域之间,甚至也表现在文科和理科之间。

我的第二本书是在一家咖啡馆写的。那段时间,我一天到晚都待在咖啡馆里写作,旁边经常换人。有一次,一个学生看着我不断敲击键盘,就好奇地凑过来问我:"写文章应该很难吧?"我轻松地回答:"很容易,跟吃饭一样。"我瞄了一眼,他在做工程力学之类的题目,也问了他一句:"这题目应该很难吧?"他也幽了我一默:"不难,跟吃饭一样。"

这就是思维方式的不同:我对他的工程力学一窍不通,他对我的教育培训云山雾罩。

做管理工作时间长了,我进一步发现,思维方式的差别,能大到你无法想象。

有一次,我要助理通知各地负责人周末到公司开会。助理没有直接执行,而是提示我:"周末下雪,他们过来应该很不容易。"

这个细节,当时让我诧异了好一会儿。因为我发现,人与人的思维方式可以如此不同。有些人是目标导向性思维,就是"我要达到这个目标,所以必须要做这些事情,无论有什么困难";而另一些人是困难导向性思维,不是围绕目标,而是围绕困难或"现实条件有多么不足"进行思考。

接触人多了,我发现不少人的思维方式确实是"为了困难打倒一切目标",这让我在招人、用人时,非常警惕思维方式的不同。

III. 思维

我们常说的积极思维和负面思维，也算是思维方式的一种简单划分。

我母亲就比较习惯负面思维。要是接她晚点，她就会推测各种可能的不好：是撞车了？还是突发急病去医院了？她总能想出很多意外或坏事。这些一厢情愿地臆想或假设出来的事情，不仅没什么意义，关键还都是负面假设，只会自己吓唬自己。

思维方式一旦形成就很难改变。我就不止一次地为母亲纠正过：不要胡思乱想，不要往负面方向想，还告诉她如何更积极地推测："如果我接您晚了，要么是我起床晚了，要么是路上停车去捡钱了。"但直到现在她还是没有丝毫改变，不知把她自己能想到的倒霉事给我身上套了多少遍。

我发现，职场也存在负面思维。有一类人，习惯假定一个负面观点，然后定向搜集信息，最后"证明"自己的想法。比如，他们一开始就假设"这家公司不好"，然后特别留心这家公司不好的地方，公司99%的好都会被他们自动忽略，而1%的不好则会被他们无限放大。

人际交往也是如此，很多人先入为主："这人不好"，"我和他不合适"，然后再定向搜集信息，证明自己的正确。

认知偏差就这样产生了。

可想而知，思维方式错误，结果通常也不可能正确。

二、思维角度

人与人之间，除了思维方式的不同，思维角度的差异也是巨大的。

9. 人的最大差异是思维的不同

我在公司管理中发现，不但基层、中层、高层考虑事情角度有差别，不同岗位的人也存在不同的思维角度。老板更在乎可持续发展，而有些职业经理人更在意短期目标。究其原因，多源于每个人的位置和专业训练的不同。

从第一份工作开始，我做事就非常关注它的意义，即为什么要做这件事，不论是上级布置给我的，还是我自己主动想做的。创业后我发现，很多员工的思维角度与我不一样，他们基本上不会关注 Why 的问题（为什么要做这件事），只关注 How 的问题（怎么做成这件事）。其结果就是缺乏主观能动性，思考缺乏灵活性与创新性，最后只能是"推一下，动一下"了。

关于思维角度，我还有个有趣的观察。

我还在读书的时候，就听过很多人讨论自己买车有多么不划算："你看，买车、停车、烧油、高速、保险、保养、违章，等等，每项都要花钱……一年至少几千块钱。如果用这些钱打车，哎哟，根本用不完。"那时候觉得这个说法似乎也有道理。

进入社会，我也买了车，甚至换过几次车，我发现，这个说法不对呀。

买车，甚至豪一点的车，在现代社会的语境里，对大部分人来说，换来的不单是出行的便利，更重要的是心理的满足感。比如相亲，对方看到你没车，拒绝了你的亲事，怎么办？接送孩子上下学，孩子问："为什么别的同学都有车接送，咱家却没有？"怎么办？重要客户来了，你打车接机，客户什么感觉？

我们可以说服自己，要环保，要心灵富足，不要攀比。但对普罗大众的日常生活来说，他们要的就是便利和尊重，这是大家真实的感受。

所以,要不要买车,也存在不同的思维角度。没钱,就从经济的角度安慰自己:"打车更划算";有钱,就不会计较成本,追求的主要是心理满足。当然,如果认真观察的话,每件事情还有更多的思维角度。

三、思维深度

除了思维角度,思维深度也决定了人与人的不同。就拿我所在的行业来说,对行业、渠道、商业模式、管理、品牌等要素的不同认知,也能决定不同的创业路径和发展结果。

年少时喜欢励志,但成年后发现,励志的作用是有限的。励志就是鼓舞激励、刺激努力。但是,如果一块电池的容量是1000毫安,不论是延长充电时间还是更换高级点的充电器,它的最大容量都不会超过1000毫安。

与励志相比,思维方式的改变才是最根本的改变。如果你真想改变,就先从改变思维开始。

读书、写作也是思维训练

一、"天生"好文章?

经常有人会问:为什么别人的文章写得那么好?

一些写作高手通常的回答是"天生的",是不是有点糊弄人?

从底层能力着眼,我把写文章所需的能力初步拆解如下:

1. 需要一定的文字功底,即遣词造句的能力,就是精准地描绘你的感受。如果没掌握多少词语,或者语句都不通顺,写作就是很勉强的事情。

2. 需要一定的思想深度,或者行业认知要有一定高度。没有思想的文字等于一纸废话,自然谈不上好文章。当然,有些文章侧重情绪的表达或倾诉,也需要敏锐的感知能力和丰富的生活体验,不然还是没东西可写。

3. 需要一定的逻辑思维,就是把你的碎片化感受和思考,按一定逻辑关系组织起来并表达出来。

其中两点要求思想和思维,也就是说,写作本质上是一种综合的思维过程,而思维又属于底层能力,比一项专门的技术技能复杂得多。这也难怪人们会用"天生的"来回复你,因为

Ⅲ. 思维

从头细说的话就是一门专业培训课程。

这样说来，练习写作的关键就是提升思维方式，包括扩大阅读范围、深入体验生活、思考人生得失，等等。

不同的人面对同样的热点或话题，写出的文章可能大不相同。比如短视频张同学或何同学火的那段时间，有人聚焦他们的商业价值，有人介绍他们的流量逻辑，而我比较关注他们的底层能力。这也源于每个人的思维方式不同、观察角度不同，最终写出的文章就会千差万别。

一个读者曾问我一个问题："看你的公众号，发现你的文章多是围绕一个细节或一两句话开始，然后引出洋洋洒洒几千字。关键是我觉得很棒，你有什么诀窍吗？"

我反思过，也琢磨过不少好文章，发现高手都有这种本领。其中不存在简单的诀窍，每个好作者都有自己的独特思考和逻辑，任何信息经过他们的组织整理、加工推敲，只要用心，都能输出一篇风格鲜明、逻辑自洽、发人思索的好文章。

同样是泥巴，会做出盆罐、砖瓦、玩具等不同的形状，原因在于加工的模具不一样。模具是定型的工具，在思维中叫作逻辑或思维方式。文字也是如此，同样的外部信息，经过不同作者的思考、加工，呈现出来的东西也就各有特色了。

二、为什么要读书？

反过来看，读书的所思所得，差不多也是如此。

我们在受教育过程中，多以为读书就是学习知识，习惯了死记硬背。所以，很多人会问："读了很多书，但记不住多少东

10. 读书、写作也是思维训练

西,那读书的意义在哪里?"有一个说法我觉得很有道理:"读书就像吃饭,你也不记得吃过什么,但总有一部分成了你的骨骼和血液。"

具体来说,读书的意义不只是获得答案,也是训练思维方式。就像你读我这本书,也不应该只是看看我的一些思考和观点,更重要的是,让你思考一下,面对同样一个问题,你我的思考方式有何不同,从中能得到什么帮助或警示。

我曾经见识过一些大佬读书,读得飞快,大概率记不住什么东西。后来我发现,他们读书不是去获取认知的,更不是去获取知识的,而是看别人是怎么思考问题的,实质是一种逻辑训练或思维方式的训练。

跟朋友聊天时你会发现一个现象:对方突然提出一些你毫无准备的问题,但你总能很快给出自己的答案。工作中也是如此,面对同样一个问题,总有人能够更快地想出解决方法。这些都让我更加确信:学习的意义不在于获得答案,更重要的是训练思维。

当你具备了相应的思维方式,很多问题都可以很快找到自己的解决办法——关键是正确而有效。

创新思维才能创造奇迹

"创意面前,生意是不平等的。"分众传媒创始人江南春如是说。他是一个创意型人物,总有很多奇思妙想。他发现了"人们等电梯很无聊"这个现象很普遍,就推出了电梯广告,并最终成就了一个上市公司。

在我看来,创意本身就是一种思维方式,我把它叫作"创新思维"。有创意的人,总能做出一些令人叹为观止的事情,不论是谋划三国鼎立的诸葛亮,还是四渡赤水的毛泽东。

一、商业创意

在商业中,创意也显得尤为重要。

广告人叶茂中就是一个创意"鬼才",成功操作过很多广告营销案例。他帮助三一重工做营销策划,在工程机械网上设计了一个问答活动,需要回答当年"三一挖掘机全国销量是第一还是第二",回答"第一"正确,回答"第二"就被取消参与资格。至于三一挖掘机的销量到底排第几已经不重要了,通过这个活动,参与者都会牢牢记住"三一挖掘机销量第一"这个"正确答案"。

史玉柱也是一个公认的营销创意鬼才,不仅在于他大胆地在黄金时段广告上砸钱，更在于他塑造了一个人们耳熟能详的广告语："今年过节不收礼，收礼只收脑白金。"

这句广告语看似简单，其实讲究很多：

① 句式上采用顶针修辞，读起来朗朗上口，容易记忆。

② 使用场景明确——过节，提示人们脑白金能做节日礼物。商业圈的朋友都懂得，明确产品的使用场景非常重要，使用场景不明的产品就是屠龙刀，没什么切实用处。

③ 最巧妙的地方，其实是"送礼"两个字。

据说这里面还有个故事，史玉柱在做前期调研的时候，问大爷大妈："如果有一种保健品，能改善肠道吸收和睡眠，你们愿不愿意喝？"

老人们回答："愿意。"

史玉柱说了价格，又问他们："这个价格，你们愿意买吗？"

老人们摇摇头："不买。"

史玉柱发现，目标客户群体想喝但不愿买，最后用"送礼"二字把购买者和使用者分离开来，完美解决了购买意愿问题。产品上市后也基本如此，大多是年轻人买给老年人喝。

最后就是疯狂地投入电视广告，给年轻人洗脑。年轻人逢年过节纠结送啥礼的时候，脑子里就会自然地浮现"脑白金"。而大爷大妈在收到脑白金的时候，也会倍儿开心，因为他们得到了电视里推广的东西。那个年代，拥有一款电视广告推送的东西，还是很有面子的事情。

这句广告语巧妙把握了受众心理，算得上一个成功的策划案例。当然，也有人反感或质疑，但从创意营销的角度看，多

Ⅲ. 思维

数人还是认可的。史玉柱也凭借这款产品和这条广告,从一个负债2.5亿的破产生意人,再次一跃成为全国顶级富翁。要说创意思维的力量,这也是一个典型案例。

还有一个不能不提的经典商业案例——360安全卫士。之前,大约2000年左右,杀毒软件公司都是靠直接销售杀毒软件来盈利的,每年的费用从几十块钱到几百块钱不等。但360安全卫士面世后首次让人们免费安装使用,这一举动直接把很多同行干翻了。当然,也激起了不少同行的愤怒:这不仅是断人财路,自己也会同归于尽。

事实上,360安全卫士并没有跟同行同归于尽。它通过免费安装使用的方式,获取了无数的用户,然后在此基础上推出了浏览器、搜索等服务,最后靠广告等方式来赢利。

时至今日,这种商业模式已经大幅迭代。但在当时,免费安装使用绝对是一个巨大的创新,360也借这个创新走出了杀毒软件价格战的泥淖,并进化成为新一代互联网公司。

这就是创意的力量。而创意,本身是一种思维方式。

我始终认为,商业这片神奇的土地不仅需要技术和产品,更需要创意和营销。

奥运会就是一个经典案例。其实,早期的奥运会,也就是从1896年第一届雅典奥运会开始到1984年洛杉矶奥运会之前,承办国家都不赚钱。不仅不赚钱,还经常因为修建场馆、选手食宿交通、活动组织等,亏个底朝天。比如,1972年慕尼黑奥运会亏损6亿元,1976年蒙特利尔奥运会亏损10亿元,1980年莫斯科奥运会的亏损更是高达几十亿元。

办奥运不仅能体现综合国力，也能赢得世界关注，但要继续办下去的话，一般国家又负担不起。最后商人彼得·尤伯罗斯想出了一个创意——赞助。虽然之前也有赞助策略，但他执行得更为彻底：① 奥运会每个项目只能有一个赞助商；② 全部项目只能有30家赞助企业；③ 赞助费必须400万美元起步。这种策略造成了奥运会广告位的稀缺，引发了各类企业的激烈竞价角逐。从此，"赞助"成了奥运会收入的大头，举办奥运会才成了一件可能赚钱的事情。

一个创意拯救了一件人类盛事，创新思维的力量就是这么神奇，化亏损为盈利，化冷清为热门。

二、我为什么要创业

十多年来，很多朋友都问过我为什么要创业。其实，动因中除了奋斗不息的价值观和不安分的性格，还有我"无处安放"的创意。我是一个创意比较多的人，总想搞一些不同的活动、做一些不同的事情，尝试一些别人没做过的事情，或者把别人做过的事情做得更好。

一个创意型的人，怎么可能做一个按部就班、循规蹈矩的上班族呢？

桥水基金的创始人瑞·达利欧说过，教育分为两种：一种是获取知识的教育，即技能教育；一种是培养原创思维的教育，教人进行创新性思考。

我希望，我们的教育除了教人学习知识和技能外，还能更多地教人思考和创新。

顶级能力拼的是认知

我读中学时就开始思考一个问题：基层与高层的能力有什么差别？士兵与元帅、工人与老板做的事情有什么不同？

他们之间应该不只是技能的差别，如果是拿具体技能来衡量，老板和元帅肯定不占优势。那么，当"人往高处走"的时候，比拼的是什么呢？

是认知——对事物本质和规律的理解和掌握。"花半秒钟就看透事物本质的人，和花一辈子都看不清事物本质的人，注定是截然不同的命运。"电影《教父》的这句台词，说的就是认知的重要性。

用冰山模型分析，技能属于显性能力，容易习得，也容易衡量。认知的本质是思维，属于隐性能力。说一个人认知到位、认知深刻，就是说他思想深刻、想得明白、看得透彻。很多人发生迷茫，本质上是自我认知的不清晰或滞后于时代。

一、一切领域都存在认知

科学领域，从地心说到日心说，是对天体运动的认知的演进。

社会领域，从曾经的计划生育到现在的鼓励生育，是对人

12. 顶级能力拼的是认知

口政策认知的演进。从"割资本主义尾巴"到"不管白猫黑猫，抓住老鼠就是好猫"，这是对市场经济认知的演进。

经济领域，从发展互联网到回归制造业，是对产业认知的演进。在商业方面，因为认知不到位，而导致企业倒闭、衰落的情况，比比皆是。

柯达就是其中一个典型案例。老摄影人都记得，在胶卷技术行业，柯达曾经一马当先，风光无限。到了数码相机时代，柯达的存在感似乎消失了，很多年轻人都没听说过。为什么一代摄影巨头，就此随风而去了呢？主要是因为它对数码技术，准确来说是对用户需求的认知不到位，没有与时俱进。

其实，在 20 世纪，柯达不仅是胶卷行业的翘楚，也是数码影像技术的领先者。早在 1975 年，它就推出了世界上首款数码相机。可惜，管理层未予重视，原因是发展数码相机势必会影响胶卷业务。本质是它对影像技术的发展趋势和消费需求的变化认知不到位，失去了占领新领域的先机。而竞争对手索尼、佳能、尼康等，趁机弯道超车，后来居上，全力发展数码相机技术。等柯达反应过来，行业已经是一片红海。

在互联网行业，也上演着相似的场景。有些 PC 互联网企业巨头进入移动互联网时代后就开始落伍，表现为市值下降、新产品匮乏；战略上也开始从领队转为跟随，别人做什么，自己跟着做什么，最后是做什么都要慢半拍：一下 O2O（Online to Offline），一下金融支付，一下信息流，甚至短视频和直播也要插一脚。一步失着，步步被动。究其本质，也是对商业本质即发展趋势的认知不到位，不清楚自己到底该做什么。

Ⅲ. 思维

还有一些互联网企业，不但没有及时完成从PC互联网到移动互联网的转型，更未及时完成从信息平台到交易平台的转型，也没有及时搞定需求端尤其是供给端，没落衰亡就不可避免了。而其主要原因，也在于认知固化或滞后。

就像手机销售行业，刚开始的认知是做线下渠道，不断开店。后来发现线上流量很大，又都去做线上渠道。最后线上流量太贵了，又纷纷布局线下渠道，增加场景入口。这就是一个流量认知的反复过程。

做企业拼的是认知：用户需求、行业、管理、技术、风险、投融资以至于人性，都需要认知。但凡进入高管序列的人，都应该在自己的领域拥有着独特的认知。与基层员工更擅长执行相比，高层拼的是认知。

二、认知的类型

认知可以分为信息认知、规律认知、本质认知等。

1. 信息认知

信息认知就是对决策和判断所需的信息，有一个全面、真实、及时的掌握。

诸葛亮尚在茅庐，就给刘备定下了三分天下的战略，这是基于对当时社会形势的认知。假如诸葛亮不了解当时的社会形势，再聪明也拿不出这个战略。

很多职场人觉得领导更聪明更有远见。其实除了领导自身可能会有更深刻的行业认知，获得企业信息的密度大、听取下属的汇报多，也是造成他们更聪明更有远见的原因。当一个人信息足够多的时候，本来不够聪明的人都会变得聪明起来。

古代很多"聪明人"会选择为一个高官做幕僚，类似现在的高参，他们给主人出谋划策的时候，也需要先期充分占有信息。如果主子不让他参加内部讨论会，不让他共享信息，他就是木头一块。

一个企业家曾给员工立下这样一条规矩："新入职员工头三年不要提战略，谁提谁走人。"其实，很多公司都这么做。很多职场新员工不能理解："为什么我就不能提战略建议？"看了我的这篇分析就应该明白，做战略需要信息认知、行业认知、客户认知，还要深刻了解公司内外的真实情况。一个新员工，短时间内怎么建立起对行业、公司的完整认知？如果没有正确认知，又怎么可能提出战略层面的建议？

2. 规律认知

"冰山模型"就是因应能力和素质测评的需要而提炼出来的规律模型，洋葱模型、九型人格等也同样是规律性理论模型。

为什么有些人看起来更聪明，因为他们认识甚至掌握了更多事物的规律。世界上的万事万物，就像太阳东起西落一样，都是有规律的。

事实上，人的一生都在或主动或被动地积累着对规律的认知。对规律掌握足够多、理解足够深刻、运用足够熟练的时候，我们就成了"内行"，不再只是"外行看热闹"了。

曾有人问我："你是做管理的，为什么会开发一门写作课？"我的想法是这样的：我要把我这么多年的写作经验，包括研究他人写作的领悟，好好梳理一遍，提炼总结了其中的规律和技

Ⅲ. 思维

巧，若只给自己用，觉得有点浪费，就干脆做成了一门课程，提供给其他需要的人。当然，课程开发也是一个研究的过程。我发现，不论是文章结构还是叙述方法，不论是"爆款"标题还是措辞技巧，都有规律可循。短视频创作也一样，从定位、拟题、文案、拍摄到推广运营，都有其规律和方法。所谓"大神""大咖""大佬"，不过是掌握了更多事物的规律而已。

公司招人用人，每个老板都有一套自己的方法，无论是什么方法，在某种意义上就是规律。一种方法越贴近客观实际，其效能也就越大。

冯仑讲过这样一个故事：1991 年，他们六个人合伙创办了一家公司。那时候没有《公司法》，也没有现在这么多成熟的公司管理规则，怎么处理内部矛盾，就成了大家非常关心的事情。比如，六人意见不能统一时怎么办？为此，他们学习了《水浒传》，参考了洪秀全，甚至阅读《民国时期的土匪》来了解土匪的游戏规则。最后，周其仁教授给他们提供了一种方法："所有的生意都要先设立一个僵局规则。当有人要走、有人要留的时候，要有一个出价规则：一股你出个价卖给对方，对方若不买，那你反过来可以用同等价格买下对方的股权。最后是你留下，对方离开。"你看，怎么解决合伙人的矛盾，都有规律可循。

学习是一辈子的事情，学习的过程就是持续提高认知的过程。从基层做到高层，从小白做到专家，也是认知升级的过程。认知越深刻，越接近规律和本质，做事可能越少犯错。做事之前认知并掌握规律，就会少踩很多坑。规律认知不到位，可能陷入无尽的内耗和内讧。

将帅无能，累死三军。一个组织，一家公司，领导者尤其需要规律认知，才能保证事业的兴旺发达。

3. 本质认知

世事纷繁，现实芜杂，只有看到本质的人，才能做出正确的选择和判断。

为什么国家之间会发生冲突？相关方各有自己的说辞和道理。冲突的本质是什么？不是主义也不是正义，是利益。

谈恋爱被甩，对方明面上会说"性格不合适"、"两家距离太远"等，但本质上是你太穷或者太丑，或者看不到你的前途。真话伤面子，所以没人愿意说真话。你若能通过客气话意识到自己的问题本质，就是一种本质认知的能力。

做短视频、做直播、做个人 IP、做私域，"一切生意的本质是流量"，"现在线上线下的流量太贵了，所以要自建流量池"。当然，这是流行的普遍认知。如果让我说，我会加上"IP 最大的价值，在于客户的终身价值"。

在商业运作中，企业高层最需要的能力是对事物本质的认知。员工抛出一个问题，你要意识到，他针对的也许并不是问题本身，问题可能只是表象，其背后的东西才是最本质的东西。

2015 年，微信支付迅速崛起，支付宝的移动支付地位受到严重威胁。尤其是微信红包出现在 2015 年春节联欢晚会上的时候，更多人接受了微信支付方式，一度让马云非常紧张和焦虑："微信红包确实打得我们满地找牙。"

"不过冷静下来想，社交媒体可能真的不会为公司带来价值，能带来价值的还是数据。"这是马云思考过后的认知。当他

Ⅲ. 思维

对支付竞争有了更深入的本质认知之后,他就找到了自己的定位,不再那么焦虑了。甚至,他还从"支付宝一定要做社交"的思维定式中跳了出来,不再随着对手的节奏"跳舞"了。

三、创新源于对本质的认知

创新是这本书着墨较多的话题,因为创新能推动公司发展,也能促进社会发展。

为什么别人能创新而我不能创新?要怎么做才能创新?创新源自对事物本质的深刻认知,也就是说,你对某个事物或问题有了本质认知,才有可能做出有效创新。不然,只能是胡思乱想、异想天开。

一只苹果从树上落到牛顿的头上,牛顿就能发现万有引力定律。如果落到我头上,只能落一个寂寞。有人会说,那是因为牛顿善于思考。

错。这不是善于思考的问题,而是缺乏深刻的物理认知,从而导致不知道该怎么思考的问题。

牛顿发现万有引力定律之前,已经具备了深厚的物理学造诣:他是著名物理学家英国皇家学会会长,被誉为百科全书式的"全才"、人类历史上最伟大的科学家。他从小爱做科学实验,18岁进入剑桥大学读书,大四时发现广义二项式定理,并开始形成自己的一套数学理论——微积分学。大学毕业后,一直研究微积分、光学和万有引力定律,不仅在力学上成就斐然,在数学、光学、热学、天文学、哲学上也颇有建树。

可能正是他在科学方面有了足够深厚的认知,上帝才让那只苹果砸到了他的头上。世界那么大，怎么砸不到其他人头上呢？

我跟一些公司创始人分享过一个观点：员工所见公司的每一个动作、调整、变化，其实都源于决策层的某种认知。也就是说，公司高层先有了某种认知，才会出台一系列措施。基层员工能感觉到措施的执行，并不一定明白每个措施是基于什么认知。

很多人只能看到美团越做越大，如果看到王兴每年的内部讲话，或许才能懂得他对商业和行业的本质认知有多么深刻。如果仔细研究一下股神巴菲特每年致股东的信，就会发现他对管理、投资及评估的研究远超大部分业内专家。徐新说："巴菲特的书和他写给股东的信就像财富'圣经'一样，需每天必看。"

缺乏本质认知的创意，大多属于异想天开。而所有你以为是灵感偶发的创新，其实是本质认知积累到极致后的碰撞迸发。

四、进化拼的是思维认知

人必须为自己错误或肤浅的认知买单，比如人生规划、商业职场、婚恋情感，方方面面，最重要的是自我认知。喻颖正说："认知半径要尽可能的大，能力半径要尽可能清晰，行动半径要尽可能小。"意思是做事若超过了自己的能力或认知，基本上会以失败告终。

我自己也因认知不足犯过很多错误。比如大学学了一个不喜欢的专业，这件事让我痛苦了四年。仅仅是因为我高考填志

Ⅲ. 思维

愿的时候，对专业没什么认知，就瞎选了一个。后来，缺乏对考研的正确认知，以及对自我的正确认知，又去读了个研究生。现在看来，这并不是最佳选择。毕业后，我还走了很多弯路，本质上还是源于自我认知以及对所做事情的认知不清晰。

缺乏认知，人生实在是伤不起。所以，我在《大学迷茫问答》这本书里用了很大篇幅来分析大学生的迷茫和颓废，以及如何正确认知自我、学历、考研、英语，等等。

当然，我也有过很多因为认知正确而做得不错的事情，我会因此庆幸，但从不会沾沾自喜，因为"彩虹"来得过于沉重。稍感欣慰的是，我养成了提升自我认知的习惯，比如创业以来，我积累了很多很多的认知，仅仅是这半年就总结了几百条，文档显示有二三十万字，涵盖了商业模式、项目评估、营销策划、公司管理、识人用人、职业发展等方方面面，不但让我自己时时反思，也希望有机会分享给正在迷茫彷徨的年轻人。

五、空讲认知没有用

最近我对公司管理层反复强调，空讲认知没有用。

什么意思呢？前些年，我每月会召集员工学习好几次，每次都煞费苦心地分享我对商业、对管理、对趋势的各种认知，但作用微乎其微。仔细研究之后发现，空讲认知没有用，必须制定具体措施并付诸切实行动。因为总有部分员工短时间内无法理解，也有部分员工即使一知半解也没有意识或能力将认知化为具体措施执行下去。所以，知道了没用，理解了也没用。

很多公司用的是"呼吁式"管理，老板认知到位了就开会强调一下:"我们要重视什么,大家要做什么。"这是挠痒痒。只有制定具体措施、跟进贯彻落实、检查执行进度、考核执行效果、奖惩触动灵魂,正确的认知才能化为员工的主动性和创造性,最后变成公司的实际利润和发展进步。

这样的管理认知我积累了很多,有亲身体会,也有学习借鉴。随着认知越来越多,越来越深,管理效率也会逐步提升。

个体的认知也是如此,认知再到位,没有行动还是白扯。一旦进入社会,比拼的不仅是思维认知,更重要的是实际进化速度。

职场不相信温情,市场不相信眼泪,行动起来才是王道。

六、对待认知的态度

现代人对待认知的态度,可以分为两个极端。

有些人极端重视。那些一掷千金,花几百万、几千万元竞买与史玉柱、巴菲特共进午餐资格的人就是如此。他们是为了结交人脉吗?不是,他们想要的只是高手们对商业、对管理尤其是对自己感到迷惘问题的认知,当然,还有广告效应的加成。至于那顿饭菜酒水,再高档也大概率是吃不香、吃不饱的。

有些人不屑一顾。他们根本意识不到认知的重要性,既没有阅读学习的耐心,更没有花钱参加培训课程的习惯,相反,会把精力、时间用于设酒局、拉关系等事情上。几杯酒下肚,就觉得自己兄弟遍天下,从大衙门到小胡同,没有他打不通的关节,跨入世界五百强也就是几天的工夫。

还有一些人意识到了提升认知的需要,但低估了重要性,

Ⅲ. 思 维

十年前，隔壁的一家公司找上门来："你们的销售做得真好，能给我们分享一下吗？"我觉得邻里互助义不容辞，就安排了一个经验丰富的销售，在我们的会议室给他们讲了两个小时。事后，他们没有一句致谢，更没有反馈。我不介意他们的修养，只是为他们低估认知的重要性而感慨。经历了这件事，我更加尊重别人认知的价值，更乐意为咨询服务和培训课程买单。

每个人的认知都来之不易，都凝结了他的劳动价值。有的人从6岁求学，寒窗苦读到30岁。他获得的认知，值得开高薪，值得付费咨询。有些认知深刻的人，更是辗转多年、反复探索碰壁，付出了无数的时间和痛苦的代价。有些认知，是以一个项目亏损几百万、几千万得来的；有些认知，是经受了背叛、攻击、孤立得来的。

可以这么说，不论什么认知，人生、行业、管理、技术，所有的认知都是金钱换来的，也是青春韶华、甚至痛苦煎熬换来的。为提升认知付费，是理所当然的事情。

我钦佩敢于给自己的时间定价的人，就像我们请老师上课、请专家咨询、请医生看病、请律师辩护一样。

六、一句认知值千金

认知的价值，怎么衡量呢？不同的人有不同的算法。

很多人参加培训学习，喜欢按时间计算课程的价值，觉得时间越长越划算。在我看来，时间虽然可以作为一种计量单位，但拿时间来衡量认知，跟论大小卖汽车没啥区别。

有时候，几个字的情报，就能决定一场战争的胜负。一次创业的成败，背后的门道其实也是几句话的事情。但就是这几句话，你可能十年都悟不出来。等你悟出来时，可能已经亏损了几百万。所以，认知的价值无关乎时间长短，只取决于它的重要性。

对我来说，一堂课，与高手的一场交谈，哪怕999句都是废话，但只要有一句对我有所启示，我就觉得很值。看书也是如此：并不是每一页、每一章、每一行都要价值满满，只要有一句、一段、一个观点对我有所启示，我就觉得非常值。

人生的大多数迷惘、生意的大多数停滞，一般是因为某个环节没想通。就像一根水管堵塞了，别人给你疏通两下，整根水管就畅通了。你说这"两下"的价值是多少？如果没有这两下点拨，你可能要浪费更多的时间、更多的金钱去试错，还有宝贵的机会成本。

对有悟性、学习能力强的人来说，高手不经意的一个指点，都可能让你茅塞顿开、改变命运。真正的认知，就是这么值钱。

不过，有些人永远不会茅塞顿开，因为他们的自我认知、行业认知等永远建立不起来。而有些人即使有高手点拨，也需要摸索好久才会茅塞顿开，因为他们的认知还没有积累或提升到相应的水平，再有价值的点拨，他们也未必捕捉得到，或者消化不了，更不会付诸应用。

这就造成了一种很有意思的现象：一段很有思想的话，一些人却当成鸡汤；一本很有思想的书，一些人也当成鸡汤。他们分不清鸡汤和认知，经常把鸡汤当认知，或者把认知当鸡汤。这种现象说明，要理解任何一种认知，都需要相应的功力。不

Ⅲ. 思维

理解或无感,只能统一冠名为"鸡汤"。

你跟一个幼儿园小朋友谈人生,他就无感,因为他理解不了。你跟一个没有一点商业知识或管理经验的人讲经营管理,他也无感,还会嫌你讲得枯燥、内容无聊。

所以,女为悦己者容,话给知己者听,雪中送炭,饥年送饭,就显得无比重要。

七、公司高层最需要认知升级

职场升职意味着能力要升级,能力升级的关键是认知要升级。基层拼执行,高层比认知。

1. 第一个创业故事

十多年前,我认识了一个网络建站公司的老板。公司刚开始创业,老板要亲自做销售、拉订单。为了做成我们公司这一单,他亲自上门,谈了两个多小时。普通人创业,许多事情都避免不了亲力亲为。

令我惊讶的是,五年后我们再次相遇,他还在亲自谈业务。他告诉我,他们公司就他一个人做业务,其他人都是技术人员。因为是朋友,我就劝他说:"业务虽然重要,但做老板有比做业务更重要的事情。我建议你对行业、对战略、对组织要加深认知,并要紧跟社会经济发展和行业变化、公司发展等,提升自己的认知。"

我们最近见面了,他说的是公司商业模式的顶层设计、组织建设架构、长中短期发展规划,滔滔不绝,有想法有措施。我听了很开心,他的认知终于从一个销售员上升为老板了。

2. 第二个创业故事

2015年,我听到了一位创业者半途而废的故事。他为创办公司,抵押了两套房子,还从银行贷了款,主业是围绕厨房做电商,营销口号是:"柴米油盐酱醋茶,安全省心送到家。"我理解为缩小版的京东、淘宝,或者后来出现的社区电商。

我不大看好这种模式。一是这类产品的需求非常低频,二是这类垂直平台的服务很容易被综合平台替代,三是他竟然亲自组建配送团队,并试图在每一个城市、每一个小区组建"网格化"配送团队。

后来让我更惊讶的是,这位创业老板把主要精力放在四处演讲、参会、接受采访等事情上。我理解他是急于推广,但我认为他没有抓到重点——对于他的模式来说,最重要的是先梳理商业模式和搞定供应链,而他竟然先着重做品牌和做营销,关键是他的商业模式还没经过验证。

果不其然,开始他租了两层楼,半年后减为一层楼,一年后就没了声息。

3. 创业失败在什么地方?

类似的创业故事还有很多,他们失败的原因大多是对行业、对项目缺乏本质的认知,甚至对自己在公司的角色和定位也缺乏本质的认知。

在企业内部,不论是一把手还是二把手,不论是创始人还是高层,最重要的一个任务就是认知升级。作为公司顶层或高层,每天都需要做决策。而决策依靠判断力,判断力来自认知。

Ⅲ. 思维

认知不到位,就容易发生误判——做了不该做的项目,做了不该做的并购,做了不该做的投资,采用了不该采用的模式,用了不该用的人……最后,一将无能,累死三军。

为什么那些企业高手看人、看项目、看问题看啥都准?本质上是他们的认知很深刻。

公司决策层只有具备了相当的认知,才会懂得哪些事项很关键、哪些事项不重要;哪些事项是公司的命脉、哪些只是锦上添花;哪些事项需要当前做、哪些事情可以延后做;公司处在什么位置,行业处在什么阶段……才可能抓到真正的关键,分清轻重缓急,做到进退有序,运筹帷幄,决胜千里。

4. 职场人都需要能力升级

人在职场,不论高层基层,都需要持续进行能力升级。

有些是硬实力方面的技术升级,比如,从技术助理到高级技术专家,从助理会计师到注册会计师,从大学英语四六级到专业八级。

有些是底层能力方面的认知升级,比如,从管理到营销,从品牌到战略,从供应链到商业模式。很多认知升级并没有社会统一的评级或证书,唯一的裁判是市场。认知肤浅,就会走弯路,就会失败。

为什么世界顶级人才都孜孜致力于提高认知,不论是读书、培训还是聘请专家做咨询顾问。因为他们深刻地意识到,认知高的人对认知低的人,往往是降维打击。

查理·芒格喜欢读书是出了名的,他大部分时间都用来读书:"我这辈子遇到的聪明人,没有不是天天阅读的,一个都没有。巴菲特读书之多，我读书之多，可能会让你感到吃惊。"巴菲特说："我的工作就是阅读。"

近年来，由于公司团队成长很快，我也得到极大的解放，很多事情不用亲力亲为了，每天可以抽出很多时间用来看书和思考，甚至到各地参观学习。

有人问我忙不忙，我说我很忙。他发现我多数时间都在办公室看书，就觉得我不忙。我告诉他："看书就是我的工作，不可打扰和侵占。"我不理解他所谓"忙"应该是什么状态，也许他的脑袋里压根没有"认知提升"的概念，所以看我总是不干正事。

很多人总是在做紧急的事情，而不是重要的事情，最后把重要的事情都变成了紧急的事情。而我恰恰相反，我喜欢做重要的事情，最后我就没什么紧急的事情。

什么是重要的事情？学习就是其一。

认知厉害了，处理事情就会很快很有效。认知匮乏，即使很努力，也未必有效果，最后是又忙又累又失败。

2013年，携程面临一场残酷的竞争，甚至连市场份额都可能保不住。创始人梁建章中断了在美国的学习回到公司，在我看来，他几套组合拳下来，三下五除二，就基本理清了行业竞争，带着公司重新走向辉煌。

"谈笑间，樯橹灰飞烟灭"，是需要强大实力的。

Ⅳ. 情 商

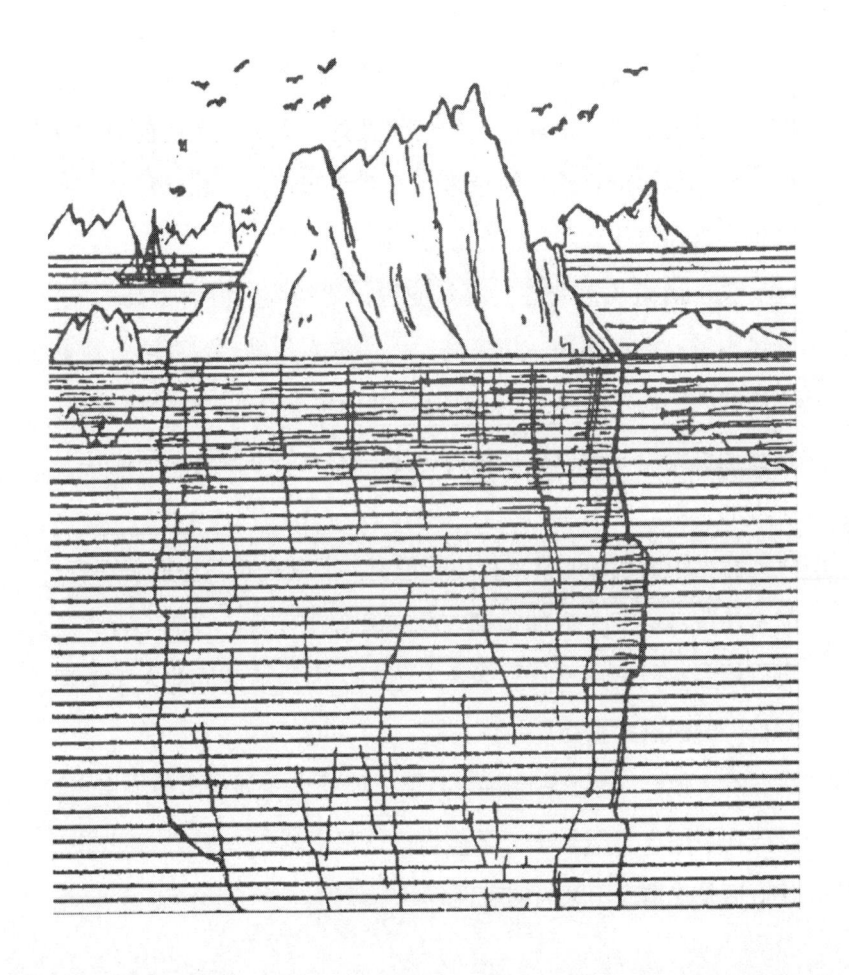

情商的三重境界

情商（EQ）是现代心理学中的一个新名词，它的定义还在不断探索中，大家会看到各种不同的说法。

哈佛大学教授丹尼尔·戈尔曼认为，情商是了解、管理、调动自己的情绪，察觉他人的情绪及处理人际关系的能力。其中，察觉他人的情绪，简单来说，就是知道别人在想什么。不知道别人在想什么，意味着情商不高。

关于情商的重要性，戈尔曼说：智商高、情商也高的人，春风得意；智商不高、情商高的人，贵人相助；智商高、情商不高的人，怀才不遇；智商不高、情商也不高的人，一事无成。社会上也流传一种说法：智商决定一个人的下限，情商决定一个人的上限。

有见识的人都非常重视培养情商。尤其是现代企业管理者，非常注重考察一个人的情商。我在管理中发现，技能不行，还可以培养；但情商不行，会令人绝望，因为情商低的人无法理解他人的想法和感受。

有人说："我就是情商太高了，处处设身处地为他人考虑，过分在乎他人，结果忘记了做自己，最后活得好累。"要我说，这恰恰是你情商不太高的表现。

一、情商的三重境界

我把情商分为三重境界：感知，自我调节，调节他人。

1. 感知

感知不到他人情绪，完全不考虑他人的感受，或者读不懂别人的话中话，均属情商低的表现。

如果老板跟你说："情商方面你还有很大的提升空间。"你是欣喜若狂，觉得自己有很大提升空间，还是认为别人是在委婉地提醒你情商太低了？

比如你向一个人表白了爱慕之情，对方说："你太优秀了，我配不上你。"你怎么理解？

领导如果对你说："你各方面都很好，但格局要更大一些。"你会觉得自己真的是"各方面都很好"，还是让自己以后"格局要更大一些"？领导的用意当然是在后半句，是暗示你现在的格局低了些，要引导你在这方面注意提升和发展。

很多类似的话，情商高的人一看就明白，情商低的人就是看不懂。

这就是感知能力，情商高才能正确解读别人的想法、设身处地理解他人的感受。

2. 自我调节

一个人在感知到他人的情绪和想法之后，可能做出两种自我调节：一种是陷入，一种是抽离。

陷入就是进入到他人的情绪情境里不能自拔，就是上面那种"处处为他人考虑,结果忘记了做自己"。

抽离就是能感知他人情绪,但自己不会陷进去,而是适时地抽离出来。

能做到抽离的人,比只会陷入的人,情商稍微高一点。

继续拿借钱说事。陷入型的人面对借钱要求,会立马开始"解题",纠结于"对方什么情况、我该不该借给他"等问题。而抽离型的人会把"借不借"这个问题分解为"他是个什么人?他是个什么情况?他为什么要找我借钱?我有什么难处?"等几个小问题进行思考,最后做出正确决定。

陷入型的人,很容易被他人的情绪绑架和干扰。抽离型的人能够更独立客观地看待事情,善于自我调节,较少被他人的情绪所影响。

3. 调节他人

能感知他人的情绪和想法,只是情商的第一层面。能不受干扰地决定自己的情绪和想法,善于自我调节,是情商的第二层面。

情商的最高境界,不但能敏锐地感知到他人的情绪,也能自如地选择是否参与他人的情绪,最后还有足够的能力调节、改变他人的情绪和想法。

拿主持人来说,情商低的话,完全感觉不到嘉宾的情绪和现场的氛围,常常把话题聊死,造成现场尴尬,这样的人不适合做主持工作。情商不高的主持人,看到嘉宾哭自己也跟着哭,甚至比嘉宾哭得还凶,陷入一时的情绪里不能自拔,完全忘了自己还要控场。而情商高的优秀主持人,能感同身受嘉宾的悲伤与喜乐，发生情绪共鸣，但更像音乐指挥，自如地掌控现场节奏和氛围，引导话题走向，调整嘉宾和观众的情绪起伏。

二、情商境界的表现

情商的三重境界，在生活中处处都能体现出来。

一个读者向我诉说自己"工作很不开心"，因为她总是要花很多时间配合其他部门的工作，有些工作根本就不是"配合"，而是给别人代劳。由于不知道怎么拒绝，经常导致没有时间完成自己的本职工作。

我问她，你跟他们说了你自己的情况吗？

她没敢说，怕别人不开心，只会自己生闷气："我的性格比较柔和，尽管不开心，但也不想得罪人，所以一次次苦闷都咽进自个肚子里。"

她这种处理方式，源于情商不够高：过于顾虑他人，而压抑了自己的感受。

我告诉她，一味容忍他人的冒犯和错误，只会强化他人的错误认知。有些人你再容让，他也不知进退，还会得寸进尺："我这么做他也没反应？那说明我做得没错，可以继续。"

她反驳我说："我说了也不一定有用。"

是的，你说了是不一定有用。但他们至少知道了你的态度，下次再麻烦你之前，心里多少会有一些顾忌，多少也会考虑你的感受。这就是你开始调节他们的情绪了，这么反复几次，你的境况就会发生改观。不然，你只能死死陷入自我调节中不能自拔。

工作需要情商打底

情商是职场的基础能力，几乎所有的职业和工作岗位都需要情商打底。

不论是做前台接待，还是做销售推广；不论是营销策划，还是公司管理；不论谈判，还是公关；不论产品设计，还是文案写作……但凡需要与人直接或间接交流沟通的工作，都离不开情商。

如果说智商用来理解事，那么，情商主要用来理解他人。

情商跟智商一样，都是能力的基础。有了这个基础，你才能学习和工作。

什么叫基础？就是万事万物正常运行所依赖的那种东西。比如电、网，是我们生活的基础设施，有了它们，我们才可能做很多事情。平时我们可能感觉不到它们的存在，但一旦停电停网，我们就会无所适从，很多事情做不了。

同样，事实上，情商比技能更难培养提升。技能是个客观存在，有明确的规律和内在逻辑，比如学开车、打字、编程等技能，都有一定范式和步骤。但情商属于理解他人的能力，纯粹靠感知和换位思考，显得较为抽象。

情商不仅用来处理人际关系，它几乎是所有职业、一切工作的基础要求。工作岗位千千万，下面以职场常见的前台接待、销售推广、文案写作、海报设计、产品研发、管理等岗位来略加说明。

一、前台接待

前台接待应该是一种比较简单的工作，即便如此，也不是谁都能做好的。

十多年前创业的时候，我们招聘了一个前台小姐姐，她上班第一天就把我"雷倒"了：

有人进了公司对她说："我要找你们公司老板。"

她就到我办公室对我说："老板，有人要见你。"

我当时就无语了，然后问她："他是谁，找我干什么，你了解了吗？"

前台小姐姐似乎听懂了我的话，转身跑到前台，直接问对方："你是谁？找我们老板干什么？"

这两句话我听清楚了，感到非常惊讶，竟然这样跟陌生人说话——这是盘问，不是接待。

没错，你是应该了解他是谁、他来干什么，但语调和措辞不能这么直接生硬。起码要用别人能接受的方式，比如"请问您是……"提示对方介绍自己的身份，然后据此进行下一步交流。与人交流要考虑别人的感受，说话要客气，态度要和善，顺利获取你需要的信息或表达出你的要求。

我发现，她缺乏基本接待常识，也没有相关经验——前台的主要职责就是筛选和过滤信息，而不是传声筒。后来有个人

Ⅳ. 情 商

来公司推销,说是我亲戚,前台赶紧让我出来迎接。哎,还真是好糊弄。

前台接待是需要情商的,不是简单的迎来送往。优秀的前台能让客户感觉如沐春风、宾至如归,成为公司的靓丽名片。

我们这位前台小姐姐经过一段时间的学习磨炼,最后成长为公司的优秀员工。

我们公司的员工就是进步快,因为公司把培养人才、成就人才视为自己的责任。

二、销售推广

销售推广是与人直接打交道的工作,所以需要更高的情商。

我曾想做一个网站,找到了一家建站公司,与他们的客服简单地交流了几句,她就给了我一句话:"留下你的姓名和QQ,我安排人跟你对接。"我有点吃惊,还能再生硬点吗?前面没有尊称,后面没有致谢,连支差应付性的微笑都舍不得挤出一个,态度有点像古装剧里的小捕快,加上她命令式、指挥式的语气,居高临下的姿态,甚至让我怀疑是不是自己出了什么问题。但是,无论是她的问题还是我的问题,我都不敢再联系他们给自己找不自在了。他们老板后来电话过来说:"她新来的,不太会说话,别介意……"可是,客户怎么能不介意呢?大多数客户面对这样的销售,早就落荒而逃了。

乔·吉拉德在汽车销售方面是吉尼斯世界纪录的保持者,连续12年平均每天销售6辆车,他有很多销售案例成为业界的"神话"。其中一个是:一位女士想买一辆白色福特汽车给自己做生日礼物，阴差阳错转到了乔·吉拉德的雪弗莱车店。当他得知这位女士是当天的生日，就安排助手出去买了一束鲜花。女士收到鲜花后，感动得热泪盈眶，当即买了一台白色雪弗莱轿车。这个故事很平常很简单吧？但这就是我们现在购物、就餐能享受生日优惠的由来。有人说，这是乔·吉拉德会做人。会做人，难道不是情商高的表现吗？另外，背后的人性、善意等等，我就不再啰唆了，自个琢磨去吧。

有一次，我陪母亲去买鞋。母亲拿起一双鞋子打量，我悄悄地对母亲说"这鞋子不好看"。这是顾客之间的正常交流，又没影响其他顾客购买，我不觉得有什么问题。但导购听见后不干了，大声反驳我："我们的鞋子没有不好看的，每一双都好看。不诚心买就不要在这里挑刺……"这样的销售，差点让我当场"醉"倒。我当然不会计较，免得砸了她的饭碗。但我知道：一是她不该当面驳斥顾客的审美，二是她不该质疑顾客的购买意愿，三是想扭转顾客的看法要用别人能接受的方式。当她还在喋喋不休的时候，我们赶紧离开了。

做销售推广工作，情商高一些是最基本的要求，亲和、可信、诚恳、友善等要发自内心，受得了委屈，经得起考验，等等，还有很多，这里就不细说了。

三、文案写作

文案工作范围其实挺广的，在不同的企业，其工作职责都不太一样，有的写公众号文章或通讯稿，有的写海报及宣传单页等广告词，有的写电视广告脚本，还有的写产品包装文案，

IV. 情商

本质上都是文字创作。

其实,文案写作是难度比较大的工作。

前面说过,写作首先需要文字功底及遣词造句的能力。很多人看了一篇好文章、听了一个好笑的段子,都会感叹:"我也有这种感受,就是写不出来。"这是文字功底不到家,算是第一关。

其次,写作需要思想深度。好文章要有深刻的思想和认知,仅有文字能力是不够的。让思想变得深刻——这是一项多么浩大的工程啊。

第三,写作需要感觉敏锐、情感细腻。粗粗拉拉、大大咧咧的人一定写不出动人的文字。

第四,文章框架、表达逻辑需要逻辑思维。

第五,表述生动有趣也是一种要求,枯燥无趣的文字谁会爱看?但"好看的皮囊千篇一律,有趣的灵魂万里挑一",有多少人能让文字"跳动"起来呢?

最后,即便具备了上述所有的能力,还有情商的难关等着你呢。

情商体现在文字运用的方方面面,色彩、力度、感情等。特别是文章拟题,若对受众的心理和感受琢磨得不够,就会被套上"文不对题""标题党"等"光环"。标题没有吸引力,就别怪受众懒得点开,更别说转发了。

文章与思想高度和情商的关系,建议大家多看看外交部新闻发言人答记者问。有时候换一种说法、换一个词语,意思、调门就变了。"推敲"文字能让贾岛一直保持瘦削的身材,作首诗能让杜甫捻掉不少胡须,可见文案工作多么耗费心血。至于敏感的话题和信息,更要求政治觉悟和道德修养,还要送给高层审阅把关。

文案写作水平还反映了对某个领域的认知程度,比如,广告文案要研究目标客户的需求和心理,起码是半个营销策划专家、产品专家甚至心理学家。不然,你的文案一定是低情商、"自嗨"型的东西,就是把自己都感动了,但客户无感。自嗨的本质都一样,情商不太高,不了解别人的感受和情绪。

做短视频也是如此,"功夫在诗外",重点不在于拍摄和剪辑,而在于文案和创意。几年前我们组织了几个小伙伴做短视频,他们的作品要么把自己感动得流泪,要么把自己笑得半死,但受众无感,我也无感。这也是自嗨。

自媒体作者六神磊磊举过一个例子:七夕前他写了一篇文章,叫作《金庸世界的四种最美的爱情》。写完后预估阅读量应该达到十万,于是洗洗就睡了。睡到半夜,突然觉得标题还差点意思,于是改为《世上最美的爱情,金庸四个故事就写尽了》。为什么要这样改?因为前者的关键词"金庸世界",吸引的可能只有"金庸迷",但后者的关键词是"爱情",几乎人人都感兴趣,比"金庸迷"要多得多。而"金庸四个故事"作为副关键词,保留了对"金庸迷"的吸引力,形成加分项。

六神磊磊改标题表面上只是换了几个词、调整了一下顺序,本质上是对受众兴趣的分析、读者心理的把握。而这些,都是情商的体现。

Ⅳ. 情 商

四、海报设计

有一天，公司群里出现了一张宣传直播的海报，不看不打紧，一看就笑喷了："你以为是街头创作啊，随便玩玩？"海报的目标其实很简单，就是宣布当晚 8 点有一场关于短视频创作的免费直播。而宣传海报的文字是："一招拍出赞爆朋友圈的大片，欢迎扫码入群。"

这幅海报犯了几个低情商的错误：

其一，海报的目标，也就是"扫码入群"的用途不明晰，客户会问：要我"扫码入群"干什么，看"大片"吗？海报没有关于"直播"或"免费直播"的信息，也许觉得是不言自明吧，就忽略了受众的感受。一般海报发出去，能让受众的目光停留几秒？有几个人会琢磨一下？所以，关键信息要简短鲜明、一目了然。

其二，直播时间不明确。客户可能疑问：是现在扫码？还是明天再扫也可以？属于你的常识性信息，对别人可能是全新的、陌生的。修改成"今晚 8 点直播"，还是不明确，"今晚"是哪一晚？活动广告尤其要注意：时间、地点、人物、主题等要准确，不能有歧义。

其三，从营销的角度看，"扫码"的益处或好处没有给够、紧迫感不充分。

海报、PPT 都属于广告设计，貌似硬实力的技术活，本质上都需要情商打底。而情商最典型的特征，就是要站在客户的角度看问题。

我喜欢分析各种广告,经常发现一些堪称"脑残"的户外广告、电梯广告,甚至是电视广告,从文案到画面,完全不考虑受众的疑问和关注点,废话却很多。在一则楼盘的电梯海报上,位置、价格、优势甚至销售电话都没有,倒有一句大号字的废话不知所云:"一城九载悦繁华,一席半岛藏湖湘。"这是李白穿越到了长沙,自斟自酌太寂寞,要请大家陪他玩藏猫猫吗?那也得说明时间和集合地点啊。

五、产品研发

不论是产品研发,还是互联网产品经理,情商绝对是必备的底层能力。那些顶级产品经理,都能站在用户的角度思考问题,用户思维超强。

网上有一个"秒变小白"的段子,即从专业高手视角切换为普通小白,"乔布斯只需要1秒,马化腾5秒,张小龙10秒"。当然,这是夸张的比喻,说明顶级产品经理需要很高的情商,习惯站在用户的角度看问题,深刻理解用户的需求、行为和心理。

流传一则故事:三只松鼠组成的产品研发团队开发了一款"坚果+南瓜子"的新品,自我感觉良好,认为南瓜子是健康食品,新品的卖点主打养生。公司创始人一眼就给否决了,理由是"南瓜子会让消费者感到新品是廉价货"。你看,不同的人对产品的理解是不同的,而根源是情商不同。研发者的出发点是一个客观事实——南瓜子有益健康,而创始人优先考虑消费者的感受——搭配廉价的南瓜子直接拉低了新品的定位,连主卖的坚果都会跟着掉价。

做产品，最怕各种反人性设计，大多也是脑子里没有用户造成的。就拿下载来说，以前下载安装软件是很麻烦的，不仅要解压缩，还要选择安装路径，然后是不断地点击"下一步"。这种麻烦导致很多电脑小白的直接拒绝。而苹果的设计就考虑到了，只需点一下，就能自动完成全部安装过程。

六、企业管理

在目前的职场上，走向管理岗位仍然被视为一条发展路径。管理工作除了需要专业知识和行业经验，其实更需要情商。

通常意义上，管理是指管理者通过实施计划、组织、领导、协调、控制等职能来协调他人或一个组织的行为，实现组织既定目标的活动过程。其中，"协调他人"是关键，管理工作就是跟人打交道，最需要情商这种底层能力。

很多人谈如何提高管理能力就是领导力、凝聚力、协调力等。我觉得第一步是提高情商，一个不会识人用人，不懂别人想法和诉求的人，哪来的管理和领导能力？不止一位现代管理大师早已明确，情商是领导力的重要构成部分，而且是必备的基本素质。

孙陶然先生举例说："当下属跳槽或提交辞职报告的时候才知道下属要跳槽，作为管理者，这是失职的。管理者应该明白，下属的心态和状态是随时随地都在变化的，应该随时感知到核心下属的情绪状态变化，并提前采取行动。"管理者不但要感知下属的状态，懂得他们的诉求，还要进行引导和激励。这明明白白的都是情商。

情商包括感知他人心态和状态的能力,甚至是提前预测他人情绪与行动的能力。所以,那种"别人不说出来,他就不知道"的人,很难做好管理工作。

有人会说,既然做管理很难,那我就做策划吧。其实,做策划、做创意更需要情商。诸葛亮足智多谋,前提一定是他的高情商,而且是超高。不论是捉弄周瑜还是玩空城计,都是基于对敌方的性格分析和心理把握。

很多技术人员即使年纪大了,也无法转型成为管理者,主要障碍是情商不够高。

大家都会发现,自己的同事或一起做事的亲友,如果情商存在问题,就会成事不足,败事有余;不但做不成几件事,还爱处处捅娄子。

一个报道说,一家手机企业的副总裁,把供应商得罪了一个遍,造成货源短缺,极大地影响了公司经营,老板不得不亲自出马修复与各方的关系。技术能力不错,但性格、情商或沟通能力不足的人,更适合从事硬件或软件研发。让他主管供应链,不出问题才不正常。

还有人问我:"什么工作可以不要情商?""情商低的人适合干什么?"

我想不出来什么工作不需要情商,似乎所有工作都需要情商打底。如果非要举些例子,只能说,跟泥土或跟机器打交道的工作不怎么需要情商但需要技术,因为泥土、机器只有故障需要调整修复,没有情绪需要感知应对。

Ⅳ. 情 商

　　有人说，许多生产流水线、装配流水线就不需要情商，很多用上了机器人。我觉得，流水线虽然规定了严格的动作、程序、质量标准等，对主动性技术或能力要求确实不高，但对人的自我情绪调节要求更高了。富士康曾发生"十三连跳"的惨剧，就证明做一个流水线工人也不是太简单的事。

求职简历里的情商

有些人觉得情商看不见、摸不着,有点虚无缥缈。这说明他们与人打交道的经历还不够多。

对有一定工作、生活体验的人来说,情商是实实在在、真真切切、处处可见的东西。既体现在宏观的商业战略和模式中,也体现在生活交流的细节上。在办公场所,别人扫一眼你的电脑界面,从你对文档的分类、命名上,就能对你的思维方式、条理性等有一个大致判断。

这一章我们说说求职场景中的情商表现,以求职和简历为主要对象,重点分析情商在职场中的作用。

一、简历命名

有人会说"这个还不简单"?但做过招聘工作的人都经历过,确实有相当多的人会给简历文档或求职邮件直接命名为"应聘简历""我的简历""个人简历",甚者还有"新建文档"。这样的简历名称直接反映了应聘者情商不够,不会换位思考。

这些简历从名称上看不出姓名、时间、所应聘的岗位等必要信息,也没有亮点,就像一只"盲盒"。但所有的企业都不需要"惊喜",只需要直接、高效、一目了然,希望收到的简历都

Ⅳ. 情 商

具有唯一性。

应聘者投递简历要考虑用人单位的便利，同时也是展现自己情商的第一步。招聘岗位如果足够好、应聘者足够多，那些没有特征标识的简历邮件可能永远不会被打开。即使是岗位一般，勉强录用了，给老板或人力资源主管留下的第一印象也是"低情商"，开局不利，前途有限。

我的邮箱里也经常收到"我的周总结""我的日报""我的建议"这类名称的文档。在你的电脑里，"我的周总结"可能只有一份；在我的电脑里，隔一段时间就有几十份、上百份。让我怎么直接找到你？

低情商的典型表现就是缺乏换位思考的能力，心里除了自己没有他人。

怎么命名才能让一个文档或邮件显得情商满满呢？

不用死记硬背什么公式，只要心里装有别人，愿意与人便利，做起来并不复杂。设身处地为用人单位想一下，他们面对一份简历最关心什么？首先是你应聘什么岗位，应该转发给什么部门什么人筛选；其次是姓名；最后可以用几个字突出亮点。所以，我希望看到这样的命名格式："意向岗位＋姓名＋关键竞争力"，例如"后端开发＋张三＋5年腾讯经验"，"文案写作＋李四＋个人粉丝50万"。

二、简历格式

简历用什么格式，也很能体现情商。

有些人常用 Word 格式，对方下载后如果版本不兼容，格式就会错乱。有些人把 Word 里内容复制粘贴在邮件附栏里，格式也是很乱。还有些人把一页纸的简历非得做成十来页 PPT，如果对方电脑配置不好或网速不好，打开都需要更多时间。

看简历，我自己更喜欢 PDF 文件，格式不会错乱，也能直接打印。而且，把 Word 格式转换为 PDF 格式，秒成，何乐而不为？

有些人发简历爱用压缩包，必要性在哪里？解压缩不要时间吗？你可能会说，一个小动作能用多少时间？那你弄一百个压缩包试试？你肯定会上火骂娘。什么事积少成多就会成为负担，如果是规定程序或能产生效益成果，也没的说，而解压缩是你强加给人家的额外的、无效的劳动，好单位要你才怪。

讲究效率已经成为现代人最突出的特征。为什么很多人不买冲泡奶粉而喜欢选择灌装液奶了？不是因为味道不好、营养不够，而是因为需要冲泡这个动作。在商业上，多一个动作就会流失巨量的客户。

这些细节看起来都不是什么大事，说"细节决定成败"是文学夸张，但确实能体现一个人的情商。你心中有别人，就会考虑别人的便利，说明你具有团队协作、成为好搭档的潜质。

三、简历内容的针对性

猜一猜，人力资源主管筛选一份简历通常需要多长时间？

据我了解，一般不超过 30 秒。我太了解求职的不容易了，所以会用 50 秒以上。

有些简历内容满满，恨不得把所有优点和经历都写进去。

Ⅳ. 情商

还有些人，会把各种与岗位有关没关的、值钱不值钱的获奖证书都塞进去。

他们的通病是不知道换位思考，不知道站在用人单位的角度看自己。情商是什么？就是要知道别人的想法。如果别人要肌肉，你就不要秀"肥肉"。招聘方最关心的是人岗匹配，面面俱到只会导致"失焦"。

人力资源主管打开一份简历，一般不会像小学生朗诵古诗一样，一字一字地看下来，而是快速搜索与岗位相关的关键词。比如招聘人事专员，就会寻找与人力资源管理相关的经历、数据、证书，其他无关的内容，写再多也没用。找到了与岗位相应的关键词，他可能多停留一下，也许是一两分钟；如果找不到相应关键词，一份简历只看 10 秒也是可能的。

有人会问，那求职简历到底该写些什么？很简单，认真研究岗位描述，岗位需要哪些能力就写哪些能力，需要哪些经历就写哪些经历。岗位描述没要求的，就不写或少写。多写不会加分，少写也不会减分，写到点子上才是关键。简历内容如果重点突出、详略得当，就能直接体现你的情商。

低情商的简历又是什么表现呢？有人应聘的是销售岗位，这种非技能型岗位需要沟通表达能力和情商，但有人写了一堆不相关的办公技能和行政工作经验，还觉得自己"经验丰富"。给别人送他不喜欢的东西，就跟拿胡萝卜喂猫一样，它都懒得闻一下。

还有一些人，工作五六年后求职竟然还要写大学经历——当过学生会什么干部、拿过什么奖学金、实习怎么评价高，等等。情商还能再低些吗？除了应届生，除了你的专业，谁会看你的大学经历？工作几年之后，企业最想看的是你的工作业绩和特长，尤其重视你能给企业带来什么现成的资源。

有一次，公司要招一个人力总监，发现一个人多次投送应聘简历，但我最终也没有录用他。原因是他前两份工作内容太杂——做人力主管的同时负责各种行政工作，甚至负责部分采购工作。他可能觉得自己干过的事情多是优势，但公司需要的是一个专业的人力主管，需要一个在这个岗位干得很精、很专、很深的人，而不是一个"万金油"，也不是打杂人员。所以，有时候简历写得太杂，反而让人觉得你不够专业。这就是求职方和招聘方诉求不一样的地方。

还有些人写简历，会罗列在多家公司的工作经历，可能觉得是自己的经验和竞争力吧。但若站在招聘者的角度来看你频繁跳槽的经历，足以说明你的不稳定，一直没找到自己的定位，哪个企业愿意录用你？

四、简历的"实锤"和数据

求职简历常见对过往工作内容的大篇幅描述，我的感觉是在复制招聘海报上的岗位描述和职责，多属于无效信息。没错，招聘方是要看你以前的具体工作，但关注的重点是你的工作业绩和建树：你在这个岗位上做得怎么样，如有直观的量化数据，就更有说服力了。

比如销售主管的工作，不外乎每天开早会晚会、定目标抓考核、执行公司战略、完成公司布置的其他工作，简历上一个

Ⅳ. 情商

岗位名称就足够了,其余都是废话。招聘方需要的信息是:你带的团队有多少人、做了多少业绩、同比或环比增加了多少、在某个范围排名第几,等等。

同理,招聘方不大关心你的大学课程、参加过什么培训班。"学过什么"不是重点,重点是"学会了什么"——特长、优势;"做过什么"不是重点,重点是"做到了什么"——数据、奖项。

一些简历最让人无语的部分,应该是"自我评价"了。要么是格式化、套路化的"我的缺点就是过于追求完美",要么是千篇一律的"本人待人真诚,积极乐观,诚实守信,善于沟通协调,具有很强的团队精神,以及高度的责任感和敬业精神……"满篇的主观形容词,毫无信息量,纯粹浪费时间。我不知道别人怎么看,反正我不会看。

那么,简历的自我评价该怎么写?

写客观事实。唯有事实能让人信服,主观评价意义不大。

比如你说自己爱奋斗,但大学期间校内外经历一片空白,招聘方凭什么相信你?爱奋斗的人会啥事不干,虚度四年?不难受吗?

你说自己心思细密,但错别字一大把,工作经历的起止时间都彼此冲突,甚至每份工作的截止时间都是"至今"。你的心思细密体现在哪儿了?

你说自己做设计很有美感,但简历页面混乱,照片都是在卧室嘟嘴自拍的,并且是非主流,说好的美感呢?

善于沟通协调、团队精神、待人真诚等空泛的"美德",不如几条事实、几组数据来得实在。

"经历丰富"是主观形容,"大四在腾讯和阿里运营部门各实习半年"是客观事实。

"负责销售部门的流程建设和目标考核",这是岗位职责;"一年之内,把所负责的销售团队从 20 人发展到 60 人,把销售业绩从上一任主管的 1000 万提升到了 2000 万",这是数据。

所谓高情商,就是要站在对方的角度考虑问题。

五、不要说"我是有潜力的"

有些简历这样强调:"我是一块璞玉,若能得到贵司的雕琢,必将创造巨大价值。"这句话的意思是说,"我是有潜力的"。

这段话也是情商低的体现,其问题在于不知道招聘方真正需要的是什么,简历也不需要表决心,开空头支票更不讨好。

现在多数用人单位尤其是企业,大多很现实,他们希望聘用的对象,要么能直接上岗工作,要么是被证明过的优秀——优秀的教育背景、含金量高的专业证书、有价值的项目经历或工作经历等。

如果你的简历没有展示出潜力,只是空泛地强调自己有潜力,其实没什么说服力。小学毕业也可以说自己有潜力,谁敢否认?但又有谁承认呢?

信任是有成本的,为了降低成本,大多数单位会选择有根据的信任。招聘方为什么要看学历看文凭?为什么要看工作经历?为什么要看过往的业绩数据?虽然这些也不能充分证明一个人的优秀,但至少可以降低筛选成本。

IV. 情商

招聘方看一个人有没有潜力,从他的过往经历和表现中,就能判断个八九不离十。当然也有看走眼的时候,但没人为这种小概率事件感到遗憾,因为可选择的人太多了。

六、不要说"我是来学习的"

"我非常渴望到贵司学习,薪资随便给,没薪资也没关系。"几乎所有抢手的单位都收到过这种请求。但我相信,几乎没有人力资源主管会被这样的台词打动。就正常求职而言,这样的请求也是情商巨低的表现,因为这是站在自己的角度想问题,而不是站在对方的立场想问题。

你的角度是:你希望学习和锻炼,不给钱没关系。

对方的角度是:我需要有能力的人,给高薪我也愿意。

你看,双方没有重合点,甚至完全矛盾。凭借这样的简历怎么可能找到工作?

怎么理解对方?企业不是学校,你想学习不关别人什么事,至少构不成别人录用你的理由。如果你想学习,就去交学费,而不是领工资。虽然培养人确实需要成本,你也愿意免费工作,但症结在于企业不能收你的学费,因为没有培训资质;也不能不给你发工资、缴五险,因为违反劳动法。爱学习是好事,工作也需要学习,但你的良好愿望需要对方付出违法的代价,说你情商低都是顾全你的面子。

求职简历就是尽可能证明自己有价值,不写废话,更别适得其反。

好企业不怕要求高薪资,就怕你没有解决问题的能力。就拿我认识的老板们来说，他们都愿意为真正有能力、能创造高价值的人支付高薪资；对不能胜任岗位的人，哪怕薪资很低，也不愿意录用。一个人自进入企业开始，就要发生成本：除了工资、五险、福利、办公设施等显性费用外，还有管理、培训、合作、交流等隐性成本。没有企业愿意或冒险当冤大头。

要知道，职场一直存在职员"密度"排斥精英和"劣币驱除良币"的现象：真正的人才不想跟菜鸟在一起，"不怕神一样的对手，就怕猪一样的队友"，问题就出在交流成本太高甚至根本没法沟通，拉低思维层次，连累工作业绩，影响个人收入，等等，企业招人怎么会不谨慎呢？

当然，"朝中有人"、"上面有人"等情况，以及"唐生肉""爷田"性质的单位都是例外。

不会换位思考的人，就跟那些在情感中疯狂表达"我爱你"，但从来没想过别人凭什么爱他的人一样，情商堪忧。

七、要不要写求职信

有些人困惑于要不要写求职信，网上常说要写求职信，但看到招聘会上一摞摞简历的时候，又开始暗自怀疑——求职信真的有用吗？

有没有用，要用情商来判断，琢磨一下招聘方的工作场景和心理状态。

第一个问题：求职信有什么作用？

企业用人，一看能力，二看态度。简历可以大致看出一个人的能力，但多数时候没法判断一个人的态度。态度包括工作

IV. 情 商

态度，如敬业、诚信，也包括情感共鸣和价值观共鸣。求职信的作用，应是弥补简历的缺失，唤起与招聘方的情感链接和价值观共鸣。

很多企业在招聘启事上都会明确要求，如"长期关注本公司，了解本公司产品和文化，认可本公司风格和价值观"等类似的说明，我们应该见过多次。具体地说，企业在用人的时候，除了看能力，也要看价值观是否一致、情感是否共鸣。毕竟，相比一个仅仅为了工作而工作、为了糊口而工作的人，企业更想招聘价值观一致、认可事业意义、情感沟通没有困难的人。

求职信可以很好地起到这个作用。

十多年前我刚创业的时候，收到了一个上海读者的来信，准确地说是看了我的书之后写的一篇读后感，满篇的价值观共鸣啊。在我眼里，比任何求职信都要好。我告诉他我正在招聘，他二话不说就过来工作了。事实证明，对事业意义有深刻理解的人，战斗力更强。

第二个问题：求职信在什么场景才有用？

可以这么说，简历是基本盘，求职信是加分项。如果简历所体现的能力不达标，那求职信作用也就不大了。也就是说，如果我花几十秒看完简历不满意，那求职信也基本不会打开；如果看完简历比较满意，那就有兴趣打开求职信。

求职信会不会被打开，很多时候还取决于招聘方手头的简历数量，或者招聘人员的素质层次。如果对方收到太多的简历，看一遍都费劲，那就基本没有时间看求职信了。如果招聘人员习惯于例行公事的工作方式，那就只有通过简历筛选面试对象了,求职信大概率都不会被打开。

也就是说,如果简历就让人感兴趣,且阅读求职信的人是公司高层或老板的话,那求职信大概率还是很重要的加分项。相对来讲,老板更关注文化融入和价值观一致。很多中小企业老板会亲自负责招聘,并拍板定案,求职信若能够直达老板,其作用就会更为直接有力。

第三个问题:求职信写什么?

这也需要从情商的角度来分析。情商低的人要么把简历的工作经历重复一遍,这根本没有什么意义;要么"卖惨",把自己一路走来的不容易写一遍,这也没什么意义,企业是赢利机构,不是慈善机构,"你弱你有理"的逻辑行不通。

至于从网上复制下来的求职信,千篇一律,没有诚意,有时候甚至是副作用,直接暴露你的低情商。

求职信到底写什么?简历是客观事实的描述,求职信是主观情感的表达。求职信应该补充简历的短板,突出情感链接和价值观共鸣。也就是说,要写你关注这个公司或这个人多久了,你是如何被打动和吸引的,你对公司或他有多熟悉;别忘了,要有细节,不然会被怀疑你在说套话、假话、恭维话。

求职信跟简历一样,不要海投。从情商的角度来讲,每个人都喜欢被"定制"、被特殊对待,很少人喜欢群发消息。一篇海投(如群发)的求职信,已经失去了情商探讨的必要了。

提高情商是需要训练载体的,求职简历算是一种吧。

通过分析简历的写法,对比求职者和招聘方的心理状态和感受,达到学会换位思考的目标。

Ⅳ. 情 商

会看人，看简历就能看出情商：是站在自己的角度来写，还是站在对方的角度来写。

当然，求职不仅是投简历，面试同样重要。面试体现的情商问题，比简历来得更凶猛。限于篇幅，本书不再以"面试"为情商训练载体来分析了，有兴趣的朋友可以看我微信公众号里的专题文章：《哪些面试细节暴露了低情商？》

情商低的表现你有几样？

前面主要论述了情商在职场上的表现，其实，生活也需要高情商。现在我们进入日常生活，看看情商低会有什么表现。

1. 发问候

我一直觉得，群发问候消息是一种情商很低的行为。我问过很多人，多数人也觉得这就是垃圾信息。一般人收到群发消息，因为内容没有什么实际意义，都会无感然后无视。"叮咚"多了，就构成了一种信息骚扰。

情商意味着能换位思考，能理解他人的感受。你自己讨厌群发消息，为什么还要给别人群发？说好的换位思考呢？说好的"己所不欲，勿施于人"呢？

那么，情商正常该怎么做呢？问候一个人，就给他定制消息，从称呼到内容，针对他一个人，你用心了他才能感觉到你的诚意。即使只有几个字，也比你转发一大篇万能的"通稿"要好上一万倍。

2. 先问"在吗"

一场微信聊天常常以这样一句话开始："在吗？"

很多人都讨厌如此"开篇"。面对这两个字，一般人都会设

Ⅳ. 情 商

想种种可能性，揣摩半天也拿不准怎么回复。尤其是三年五载没联系过的人突然"在吗"冒出来，估计多数人都会小心翼翼，因为你不知道他是找你借钱呢，还是要你帮忙，但经验告诉你，反正不会是什么好事。

情商正常的人都不会这样开启一次聊天。人们更喜欢的方式是有啥事直接说，关系疏远的人加上一两句寒暄，然后说事，总之不能让对方费劲猜测。

类似的消息还有很多，如"在哪儿？""忙吗？"等等。很多问话给人的感觉就是一个坑，情商没有问题的人不会这样问话。比如"你明天有空吗？"我有没有空取决于你是谁、什么事、要我做什么、我做不做得到，等等，怎么回复你合适啊？

你不把信息全部释放出来，别人无从判断，当然不知道该怎么回你。什么事一次性说完，不卖关子不挖坑，这是现代社会推崇的交往方式。尤其是职业交往或工作交流，要求高效、准确、无歧义。

放下锄头站到富士康的装配流水线上，交流方式的改变相当于一步跨越了上千年。从校园到职场，从家庭到写字楼，如果比作一场时空穿越，那情商就是必需的翅膀，你准备好了吗？

3. 请人吃饭

一天上午，我收到一条午饭邀请信息："我想请您今天中午在 xx 餐厅吃饭。"我觉得这位朋友是"有心"了，于是欣然答应。

赴约的路上，遇到了另一位朋友。他问我干啥去，我说去吃饭。我问他去哪儿，他说有点事儿。接着又遇到了另外一个同事，我问他去干啥，他说有个朋友约他。

最后，大家出现在同一张餐桌上。

那一刻，每个人都有点尴尬。本以为自己是"唯一"，结果发现是"之一"。"之一"也就算了，关键是彼此还打了一些马虎眼。

邀请者本意是想给每个人一份单独邀请的尊荣，但情商的要求是，你可以邀请很多人，但不能不告诉我还有哪些人。毕竟，现在的吃饭本质上吃的不是饭，是交际、是沟通，跟谁吃、被怎么对待，才是"主菜"。

4. 回复消息

课堂上，一位投资人抱怨："有些人情商真是太低了，半天不回消息就生气。"

我感觉这种事儿应该是挺普遍的。有人给我发了信息，我没有及时回他，就把他得罪了。不愿换位思考就是情商低，有些人有些时候确实不便及时回复，比如开会、讲课、开车、坐飞机的时候，或者像我写作的时候，习惯关机，而且是一整天，怎么能及时看消息回消息？有时本想着及时回复，结果忙起来就忘了。

其实，除了应该致电110、119、120的事情，需要他人立即行动的事情不会太多。

人的社会角色不同、职业不同、工作性质不同、生活习惯不同，有几个能时刻捧着手机及时回复消息？若真有需要对方立即回复的事情，一是提前发出消息给双方都留出余地，二是用其他办法、找其他人。一味用自己的行为习惯苛求他人，总归有点自私。

理解是情商，体谅是善良，宽容是修养，事缓则圆，耐心成就大事业。

你看，高情商会表现在人生的方方面面。

5. 请教与隐私

有些人经常打着"请教"的名义去问别人问题，如果得不到回复或回复得不及时，就怨言责难，觉得是人家要大牌。从本质上来说，他们还没有尊重他人时间的意识，觉得自己的要求是理所当然。还有一些人喜欢询问别人的隐私，自己觉得是关心别人、给别人面子。这些都是情商低、不会换位思考的表现。

请教要看人家的方便，这是态度正确。交流的话题要有边界，这是分寸拿捏。小孩子可以童言无忌，因为大人不会要求孩子的情商。成人世界没有"童言无忌"，只有情商高低。

在人口流动加快、工作节奏紧张、交流欠缺耐心的社会里，人们更倾向高效、准确、默契的互动模式。当你正式走向职场时，就应具备足够的情商，以免三言两语就被贴上低情商的标签。

6. 借不借钱

借钱是生活中常见的一种场景。不论是找别人借钱，还是拒绝别人借钱，都是很考验情商的事情。我这里不讲怎么拒绝赚钱，也不讲怎么找人借到钱，而是讲"怎么区分低情商的借钱行为"。

16. 情商低的表现你有几样?

很多人遇到别人向自己借钱,就开始"烧脑",反复推演该不该借,最后还是举棋不定。其实,难题不是别人借钱,而是你自己不知道该怎么办,因为你不能区分低情商的借钱行为。

借钱还有低情商?

是的,有些人,借钱借成习惯了,不论什么关系都敢张口。这就是一种低情商的借钱行为。碰到这种人,无须犹豫,直接干脆拒绝。

一个情商高的人,在向别人借钱之前,就应该问自己一个问题:"还要不要这个朋友?"因为一旦开口,朋友就没法继续做了——被拒绝,你会觉得这朋友不够意思;朋友拒绝了你,他再见到你会不好意思。

有些人根本就没情商,压根儿不想"要不要继续跟你做朋友",倒是你烦恼不已。是不是可以说,你掉进了低情商陷阱?

我的一个朋友有点"老好人"性格,别人向他开口借钱,让他特别纠结和苦恼,就找我来咨询。我说,你犯得着苦恼吗?直接拒绝。你现在是租房住,他借钱是买二套房;你现在是单身,他老婆在做全职太太;他二胎都有了,你还是光棍一条儿。借他等于帮他供房、养老婆、养孩子;后果是你再多些租房、单身、光棍的日子。你说该不该借?

难题本来是别人的,你却揽给了自己,被他的低情商给传染了?能张口向你借钱,说明他根本就没有考虑你的情况和感受,也没有设身处地、换位思考的习惯,结果是你反复考虑他的感受。这是不是可以说,你的情商也不高?什么,你还怕得罪他?这种自私鬼、低情商的朋友,少一个你还清静些,有了

Ⅳ. 情商

他以后还会给你出难题，不要也罢。

你思考后就不难发现，生活中的一些难题本身就是低情商造成的。一个低情商的人给你出了一个低情商题目，而你还在这个题目上苦苦挣扎。做题之前，你应该先判断一下题目的性质，再考虑值不值得你费劲解题。

用反馈机制高效提高情商

"反馈"是书面语，再加上"机制"，乍一看更显得莫测高深。其实，反馈机制决定了所有人的成长过程，时时刻刻在发挥作用。若善加利用，可以作为一种提高情商的高效方法。

一、反馈机制

心理学家给反馈做了多种分类，如正面反馈、负面反馈，即时反馈、延时反馈，等等。你做每一件事都会有反馈，别人给你的是外部反馈，如鼓励、赞赏、反感、厌恶；自我评价是内部反馈，如正确或错误、自我肯定或否定。

换句话说，反馈的本质是一种信号，无论来自外部还是源于自我，无论是意料之中还是意料之外，对人的行为和思想都能起到修正、调整、引导以及鼓励或阻碍等作用。我们每个人都是在被不断地鼓励、纠正、劝止或肯定、否定的过程中，一步一步成长起来的。

反馈有正面、负面之分，作用也因人而异。比如溺爱、护短的家庭能让一个天真纯洁的婴儿变成为害一方的恶魔；每个人对反馈的获得、反应也不相同，同一个家庭、同一个班级，有人成长为国家栋梁，有人为吃饱饭忙碌一生。当然，不是说

Ⅳ. 情 商

一个反馈机制就能决定一个人的命运,但成功的人生一定离不开善于获得和利用反馈。

二、即时反馈及其作用

如果有人对你的行为立马给予评价,或你自己快速地给出自我评估,就是即时反馈,如司机闯红灯被值班交警及时纠正并予罚款,学生看到月考分数排行后决心加倍努力,等等。人们都要通过即时反馈来了解外界对自己行为的反应,并不断修正自己、调整自己,直至实现预期目标。

获得即时反馈是就外部反馈而言的,可以作为一种高效的学习方法。学习的效果,几乎都取决于即时反馈,获得即时反馈越及时越频繁越精确,效率越高,进步越快。

幼儿学说话需要面对面的反复纠正和引导,就是运用了反馈机制。学生学习更是如此,让你一味做题而没有批改、点评,几乎没有作用。做完后对照"标准答案"、交作业给老师批改,都是在获取反馈,知道了对错才会重新思考。

学习反馈还要细致。仅有一个"叉"而没有点评讲解,不知道具体错在哪里,也不会有多大作用。在智商相当的情况下,那些有条件获得细致反馈的学生,成绩会更好。这也是为什么小班教学要比大班教学效果好,"一对一"教学要比小班教学效果更好,也是补习班、"一对一"家教的价值或卖点所在。

即时反馈最关键的是时间,反馈越快效果越好。古人对此早有深刻的理解,战国司马穰苴《司马法·天子之义》说:"赏不逾时,欲民速得为善之利也;罚不迁列,欲民速睹为不善之害也。"王阳明为官治军，也强调"赏不逾时，罚不后事"。

很多人学英语进步很慢的主要原因就是缺乏即时反馈。一个人关在小屋子里学语法和写作还能有点效果，这样学口语肯定进步缓慢。还有些人凑在一起大声"喊英语"，这只能练胆子，学不了发音，因为没人对他们的发音及时给出反馈和纠正。

三、利用即时反馈提高情商

我强调利用即时反馈提高情商，不仅是因为获得即时反馈本身就是一种高效的学习方法，更因为即时反馈会为人的行为提供成就感，提供继续努力的心理动力。

有专家提出，人的理性只能提供方向，感性才能提供动力，这就是人们知道很多道理，却不会"学以致用、知行合一"的原因。虽然理性上你知道应该怎么做，但感性上你根本没有动力，让感性为你提供动力的方法之一就是采取一个最小的行动，通过这个最小行动体验到改变带来的成就感，而这种成就感会逐步推动你做出更多的改变。

成就体验就是即时反馈，让你有动力继续下去。比如你做完一道很难的综合题后，发现之前零散无关的知识点串联起来了，串起了知识点就是做题行为的成就体验，这种即时反馈的正向信号会激励你继续做题，产生明显的成就感和持续的充实感。

同样，如果你在与人交流时有意识地控制自己的急躁性格，让自己的语气、措辞都变得平和、友善，你会立即得到一个由自己主动发起的改变所带来的态度回应，体验到提高情商的良好效果，这种成就感会让你继续努力做出第二个改变、第三个改变。

上帝说："事情就这样成了。"

四、低情商孩子是怎么养成的？

情商的养成更需要即时反馈，获得即时反馈的环境、条件、能力不够好的孩子，情商通常也不高。

比如，人际交往锻炼不足会导致情商的缺陷。交往较多的人，懂得辨别社会角色，感知别人的真实想法和反应，知道怎么说话别人才喜欢，甚至会模仿、塑造他认可的举止言行方式甚至细节。而交往不足的人，大多活在自己的世界里，社会性养成欠缺，成长会趋向孤僻、内向、冷漠、自我中心等。

常见这样的场景：一个孩子随妈妈做客吃饭，当着主人的面说"叔叔做的饭菜不好吃"。如果妈妈自身情商很低，缺乏反馈教育意识，其反应要么是不以为意，要么是自己赔个不是，就是不会及时纠正孩子。而一个具有教育意识的妈妈会立即对孩子说："宝贝儿你这样说，叔叔会不开心的。""叔叔做饭很辛苦，我们要感谢叔叔的热情款待。"孩子能获得这样的即时反馈，起码知道自己的一句话会让别人"不开心"。日积月累，小孩的情商变得越来越高，因为他越来越懂得要顾忌别人的感受。

但现实情况是，有些父母情商也不高，很少能给孩子"即时反馈"，甚至错误地认为，"树高自然直"，孩子长大后就懂事了。而有些父母对孩子只会一味地溺爱、纵容，给孩子的"即时反馈"多是负面或错误的，对孩子的情商成长不但无益反而有害。有些父母因生活所迫，长年不能陪在孩子身边，孩子获得的即时反馈更少更粗疏。这些情况的共同点，是孩子长年缺乏有效、正面、准确、足够的即时反馈，最终没有养成良好的情商。

若父母懂得即时反馈、注重情商，教育出来的孩子情商也会比较高。

十多年来，不论在生活中还是在职场上，我发现低情商的共同点也是缺乏即时反馈：平时说错了话、做错了事，没有人给他立即指出来，他们意识到不到自己的错误，或意识不到自己的问题出在哪里。长期不能获得外界反馈，特别是有效的、正面的即时反馈，自然不知道别人在想什么、别人的感受是什么。长此以往，低情商就不可避免了。

五、怎么获得反馈？

女孩子一般都会随身带个小镜子，头发乱不乱、要不要补一下妆，照照镜子就能看出来。所以，照镜子是女孩子认知自己形象的反馈方式，只是一种物理反馈，可以随时获取，也没有多大困难或代价。

而提高情商、修正思想，获取反馈就没那么简单了，需要多种方式形成合力，如多交往、多反思、多读书、多观摩，等等。多交往就是"以人为鉴"，也是提高情商最直接最有效的办法，老祖宗早就验证过了。当然，开始的即时反馈经常是被怼被轻视，就算这样，你也会逐渐懂得在什么情况下、说什么做什么、怎么说怎么做，会引起别人的异议或反感，并开始自我反省修正。这种反馈多了,你的情商就会逐渐提高。但问题是很多人挺不过被怼被轻视的阶段就会退回到"舒适区",任由低情商继续下去。

我体会最深的是写作能力的提高,获取反馈是最有效的办法。有时候不知道自己写得好不好、对不对、别人爱不爱看,就会去看各种留言,或赞同或反对,看看不同的人有什么不同的反应。久而久之,经验就丰富起来了。有些写作"大咖"甚至在"铁粉"群先推送几个标题:"你们喜欢看哪个?"然后根据粉丝的反馈,再拟定一个标题。

短视频创作同样如此。如果你不知道什么话题能火,什么话题招骂,可以多看评论和留言。看多了,就明白别人是怎么发泄情绪的、攻击角度在哪里,最后形成自己的所谓"网感"。

知识和经验的积累、自我认知的提升、思维方式的改变等,都能让你更自觉、更正确地评价自己的行为,这种自我的内部反馈,需要的时间更久更多,但体验更深刻、效力更持久。所以,永远别忘了学习、思考和反省。

六、高效管理需要即时反馈

很多朋友觉得我们公司很"养人":员工进步快、互相很配合,特别羡慕我们公司的人才培养机制。事实上,我们公司的一些"00后"已经开始挑大梁了,有人做内容、做流量做出了优秀的业内口碑,有人已经走向了管理职位。

企业的真正财富是人才,不是高楼大厦、高端设施。管理工作的一项重要内容就是培养人才,建立骨干梯队。怎么有效地培养员工？方法之一就是建立反馈机制。

我们公司有"复盘"的传统。销售案例要复盘，课堂教学要复盘，管理带队要复盘，做直播要复盘，甚至搞完一场活动后各个环节、参与人员都要复盘。复盘的本质就是覆盖各环节、各角度、所有参与人员的即时反馈机制，而传统的总结——常见的时间单位是年度、季度、月"度"——均属延时反馈，效果会大打折扣，甚至变成一种不得不应付的工作负担。

我们公司还有"一对一"的指导制度：每个岗位都有导师带队，方便及时给出反馈；对核心员工，公司高层会亲自给出各种反馈。

学习是无处不在的。一篇文章、一张海报、一个界面设计、一封邮件措辞、一个销售电话、一次管理谈话、一个项目策划，都可能需要他人反馈，才能发现情商盲区。

七、给自己设立反馈机制

一个良好的反馈机制是自我修正、提高情商的有效方式，缺乏获得即时反馈的环境，就想办法设立一个自己的反馈机制。对此我有以下三个建议：

1. 接受反馈的态度

态度是第一位的。只有你展现出乐于接受反馈的态度，别人才敢给你反馈。

现实情况并不乐观，一是很多人不乐意接受反馈，觉得没面子或惧怕被打击，甚至把别人的反馈看作批评、质疑或苛求，这样的态度是没人愿意给你反馈的。二是大多数人不会把对你

Ⅳ. 情商

的不爽说出来，可能是懒得说或怕惹你不高兴，只会默默地远离你、"拉黑"你，或者给你贴上一个情商低的标签。无论哪种情况，都会造成当事人不能获得真实反馈，重复或继续低情商行为。

有人说："如果你认真对待一个人，那他犯了错误就要指出来。如果你讨厌一个人，那他犯了错误也不要说，让他继续错下去，让他的朋友都离开他，让他的事业彻底失败。"这段话态度有问题，但道理很正确：缺乏反馈的人无法成长。

我自己也是这样，如果重视一个人，就会给他很多反馈；如果对一个人不抱希望，甚至绝望放弃了，就什么也懒得说了。

所以，要感谢给你反馈的人，因为他对你抱有希望，值得你万分珍惜。忠言逆耳，道理都明白，但只有善于学习的人能做到。

2. 用行动证明你乐意接受反馈

你说自己乐意接受反馈，怎么体现出来呢？怎么传递给别人呢？我觉得可以用具体行动证明你的态度：

主动去找人征询反馈，请人点评，而不是被动地等待别人给你反馈。

每次得到反馈后，要真诚地说一声"谢谢"。如果"谢谢"还不足以表达你的诚意，可以用买水果、酸奶送人或请人吃饭等实际行动，让别人感受到你的真诚态度。

平时要多说别人的好，多鼓励肯定别人的积极行为，这是你给出的正面反馈。受到你鼓励的人也会给你更多的反馈。

3. 获得高人的反馈

很多人都会请求他人的反馈，但请求的对象不是高人。一般人的反馈可能是负面反馈，甚至会把你带到沟里。

我的建议是，你一定要积极主动接近高人，听取他们的反馈，他们的视野不一样、格局不一样、看问题的角度不一样，给出的反馈更有效，所谓"听君一席话，胜读十年书"。

小 结

情商是一切工作的基础。在我看来，智商是理解客观事物和规律的能力，情商是理解他人的能力。智商不够，不能理解事；情商不够，不能理解人。

人们常说，"智商决定一个人的下限，情商决定一个人的上限"，一个人的发展高度，大多是由情商决定的。

为什么有些人的情商很低？根本原因是情商教育的长期缺失，家庭教育、学校教育都存在这个短板。如果学校没有情商教育课程，父母眼里也只有分数，情商的提高就只有自学和自悟。走上工作岗位后，只有少数大单位会有情商培训，如拓展训练、团建活动，多数人是靠平时零零碎碎的感悟来提升自己的情商。

有人问："我上的是名牌大学，怎么也感觉自己情商不够？"

我的回答是：情商高低，跟学历无关，也跟学校无关，只跟阅历和经历有关，尤其是跟平时获得即时反馈有关。大多数学业成绩，反映的是智商，考验的是逻辑、记忆、熟练程度，而不是情商。硕士、博士也许对专业理解深度不一样，但情商

Ⅳ. 情 商

不在线的也不少见。

成绩好,不等于情商高。这是两码事。

现在,我们来做个互动吧。

如果你有提高情商的好方法,或存在情商方面的困惑,欢迎到晋早微信公众号(前勒口和封底都有二维码)里留言。

很多伙伴也会因为看到你的留言而受益,我们也会尽力解答你的困惑。

V. 学习能力

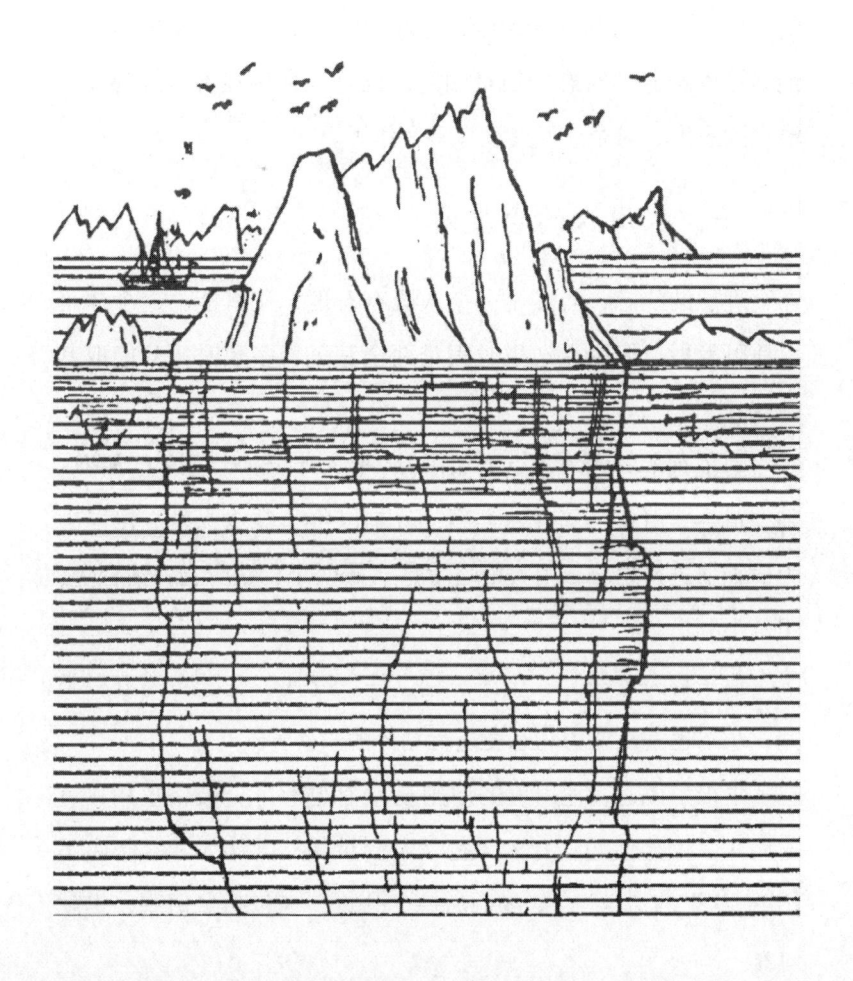

态度和能力哪个更重要？

无论是做普通职员还是做管理工作，都会面对态度与能力的关系。对此问题争论纷纭，分歧也大。有人强调态度，因为能力可以培养，而态度很难塑造；也有人强调能力，因为没有能力的态度，对企业发展没有多大作用。

一、从用人的角度看

理想的状态，当然是一个人既有态度，又有能力，个体可以兼顾发展，但用人选拔时很难两全其美，多数时候只能取其一端。

阿里有个"人才盘点五象限"，把人才分为"明星、野狗、狗、黄牛、白兔"等五种类型，就是以价值观为纵轴，以能力为横轴来进行划分。用人策略就是"捧明星、杀野狗、清白兔、用黄牛"。

京东将人才分为"金子、钢、铁、废铁、铁锈"等五种类型，基本也是从能力和态度进行划分的。

牛根生说过，他用人的原则是"有德有才，破格重用；有德无才，培养使用；有才无德，限制录用；无德无才，坚决不用"，这里的"德"，既包括品德、品行，也包括价值观，也就是广义的"态度"。这类人才划分，着眼点实质上也是能力和态度的关系。

在我看来，仅从态度和能力二维角度来判断用人很难做到准确、妥帖。

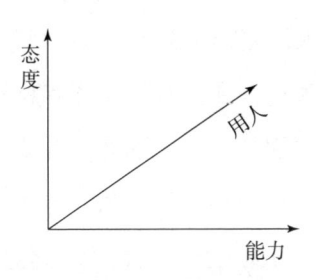

图 5-1　用人的二维角度

以发展的眼光看，能力可以分为现有能力和未来能力。

管理者经常遇到两种情况，一是张三胜任现有岗位，当他被晋升一级使用时，就不胜任了；二是张三胜任现有岗位，当他调任负责新项目时就不胜任了。

我们不能简单地说张三能力不行，只能说张三现有岗位的胜任能力不错，但未来能力不行，也就是学习能力不行。因为他不能胜任新的工作岗位，不能升级自己的能力。

事实上，相当多的人没有区分"现有能力""未来能力"，甚至没有"未来能力"的概念。比如招聘时仅看现有能力：了解一下以前做过什么，有什么经验；评估一下现有能力结构，能否胜任目标岗位。但经验和现有能力结构只代表现有能力，不能有效衡量未来能力。当然，如果招聘的是一个基层执行型员工，不会有什么问题；如果是更需要创新力的高层岗位或核心岗位人员，就远远不够了。

V. 学习能力

只看现有能力，忽视未来能力，是很多管理者都会犯的一个用人错误。他们想当然地认为，一个人胜任现有岗位，也会胜任新的岗位，比如，销售员业绩好就提拔为销售主管；老师讲课出色就提拔为校长……

但是，这种用人思路总是导致更大的问题，造成工作运行障碍甚至损失。因为销售和主管、老师和校长这些岗位所需的能力结构是有本质差别的，对人的特质和要求也是不同的。运气好，选到一个学习能力还不错的人，能很快胜任新岗位；看走了眼，碰到一个学习能力比较弱的人，迟迟不能胜任新岗位。

二、从个体发展的角度看

一个人的现有能力包括工作经验、知识结构、专业能力与技能，等等。

未来能力是指一个人的学习能力、特质、提升空间、适应能力等。

所谓特质，是指与生俱来、后天很难习得的一种底层能力，比如迈克尔·杰克逊的舞台表现力、卓别林的喜剧细胞、贝多芬的音乐天赋。

只有兼顾未来能力，才能正确评估一个人的发展潜力，因为新业务都需要从头熟悉。童文红从一个前台一路晋升到阿里巴巴集团副总裁，显然她有很强的学习能力。她这样的人毕竟是少数，更多的人学习能力等有限，终其一生也不会跨行转岗，甚至有些合伙人、创始人因能力跟不上业务发展，而被很快淘汰出局。

18. 态度和能力哪个更重要?

我们要相信,不同的岗位需要不同的能力,也就是不同的特质。一个技术员去做主持人,一个程序员去做演员,难度都比较大。

我对教育培训行业观察时间比较长,发现有些很优秀的讲师被调任校长等管理岗位后,多数表现平庸;还发现有些明星老师即使工作了十年之久,也没有晋升到管理岗位。这说明教师具有教学的特质,不等于就有管理的特质。

把能力分为现有能力、未来能力后,一个人的评估和选拔就有了三个维度,如下图所示。其中,现有能力和态度是静态的,不会有明显变化;未来能力是动态的,变化大小因人而异,主要表现为潜力。

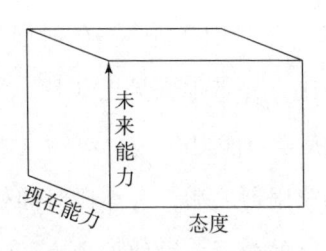

图 5-2 用人的三维角度

三、学习成长是王道

网上流传个段子:有个人去求职,说"我有十年经验",对方看过简历回应说:"你只是把一个经验用了十年而已。"段子不仅仅笑话,也是现实情况的幽默化描述,不但反映了问题的普遍性,也说明了经验只能代表过去,学习能力才能代表未来。

中国古代经济社会发展程度不高,职业选择有限,加上儒

V. 学习能力

家"学而优则仕"信条的推波助澜，人们普遍把"习得文武艺，货与帝王家"当作人生发展的理想境界，纵然你是千里马，也得有伯乐推荐。怀才不遇的人常会感叹"千里马常有，而伯乐不常有"。我读历史有一个体会，如果说现在是多元化社会，古代中国就是"一元化社会"，"普天之下"不过是一家大公司，只有皇帝一个老板，他不用你，你就真没有什么出路。而且，"伯乐"也不见得"不常有"，只不过你的背景、你的财富有限，当下请不起他，他也看不上你未来的回报。

我们庆幸赶上了多元化时代，只要你足够优秀，天下都可去得。多数好单位、大企业都有能力评估机制，"伯乐"满大街。你需要优先做的，就是学习成长、探索尝试、完善自我。

黄峥年仅26岁、还未创办拼多多的时候，步步高的创始人段永平就开始指点他，并带他去见巴菲特。为什么？因为黄峥具有发展潜力，包括学习能力。

傅盛在跟老东家闹掰之后，有一段时间处于无业状态。张颖很快把他招入自己的公司，给他挂个虚职，帮助他度过这段艰难的时间。而雷军直接给傅盛提供了金山网络公司总裁的职位。这些故事的发生，都基于他们的发展潜力和学习能力。

"伯乐"再多，也需要有"千里马"可选，先把自己锻造成"千里马"吧。

老板喜欢什么样的聪明人？

我们从小到大经历了很多选拔考试，尤其是高考，实质上都是在挑选聪明人。很多名牌大学高喊着"有教无类"，出手却稳准狠快——不仅通过通行权威的学科比赛、学校推荐保送、各种夏/冬令营等方式提前选拔，甚至直接跑到学生家里，用高额奖学金、各种许诺锁定目标。他们盯着的，都是聪明的学生。

其实，全世界都在选拔聪明人。你还没进入职场，师兄师姐就可能告诉你，他的老板、同事、客户、合作伙伴都很喜欢他，因为他聪明能干。

一、老板都喜欢聪明人

美团联合创始人王慧文说："练强兵，看重三点：人聪明，接地气，学习能力强。"其中两点与聪明有关。

字节跳动创始人张一鸣在微博上说，"喜欢和聪明的人共处"。我很想反问一句：谁想和蠢人共处？

雷军说："当你能找到有责任心、聪明、能干的一群人时，管他干什么？充分授权往前冲，弄砸了是我的责任。"遇到这样的人，我也会撒手不管，多省心啊。

阿里巴巴的用人标准包括聪明、乐观、皮实、自省等几项，聪明是第一项。

乔布斯说：一个优秀的员工可以顶 50 个平庸的员工。优秀肯定聪明，不聪明怎么做到优秀？

我甚至看到一家投资机构的口号就是："帮助聪明的年轻人成为伟大的企业家。"

至今我知道只有一种人不喜欢聪明人：黑工厂老板，他们专门挑选智力有障碍的人。

二、做一个真正的聪明人

什么样的人才算是聪明人？可能仁者见仁，智者见智。

简单说来，就是学习能力强的人。

阿里董事局主席张勇说过："找人才的两个标准是，一有道德底线，二聪明好学，"并引用马云的话来补充，"有一种绝症就是'笨'。聪明代表的是一种学习能力，不是看他今天干什么，而是看他的可能性，他能干什么。"阿里的首席人才官童文红说得更直接："选人的重点就是学习力和反思力。"

什么叫学习能力强？举一反三、一点就通、无师自通，都属于学习能力强。

我创业十多年来也发现，聪明的人你点拨两句，他就全明白了；甚至都不用你点拨，他自己也能很快悟出来，他周围的人都会省心省力。

而学习能力差的人，需要老板、前辈的反复教导、解释、提醒，合作交流需要反复沟通确认。更让人无语的是，周围的人因为他都快崩溃了，他还不一定学得会，学会了也不一定会用，会用了也不一定会举一反三。

工作能力需要综合素质，但入职之后，没人会要求你学雷锋替同事做事，需要你帮老板出主意的机会也不会太多，最需要你做的是胜任本职工作、履行岗位职责，直到你退休或离职。所以，学习能力的重要性怎么高估也不过分。

这里需要澄清几个错误认识：一是只图人缘好、善钻营、"会办事"，所谓"混得好"的人，不算真正的聪明人，他们的职业价值、人生价值就是一个"混"字。二是个人利益至上，谋私利、占便宜，无视规矩、损害集体的人，更不是真正的聪明人，他们的结局要么是很快出局，要么是直接"进局子"。

三、聪明人的价值

无论是一个组织，还是一个事业，都可能因一人而兴、因一人而亡。

企业尤其需要聪明人，聪明人的价值大致体现在以下几个方面：

1. 创新需要

商场如战场。战场要出奇制胜，市场要创新制胜。

不论是"出奇"还是"创新"，都需要聪明人。这个时代，缺乏创新的企业多如昙花一现。唯一不变的是变化，一个产品，一种技术，一个模式，如果一成不变的话，总有落后的一天。

美国管理学大师彼得·圣吉在《第五项修炼》中说："从长远来看，你的组织唯一可持续的竞争优势，就是比对手更好更快的学习能力。"

V. 学习能力

一个项目要寻求增长,一家公司要寻求破局,一定要找聪明人,而且会不惜重金、不计代价。

校园招聘入职年薪 200 万的神话,就是这样产生的。

2. 效率需要

市场竞争体现在各个方面、各个环节,关键就是效率,包括组织沟通、团队培训、创新研发、销售推广等。

同时入职的销售人员,接受同样的培训,聪明人上岗几天就能出业绩;而学习能力不够的人上岗锻炼好久也胜任不了岗位,很快会被团队淘汰。

沟通效率也是如此,面对一个不聪明的人,与其费力反复解释交代,还不如自己直接动手完成,效率会更高。

学习能力不行的人,严重影响工作效率。如果你"有关系、根子硬",用不了多久,你周围的聪明人就会纷纷"逃离",这就是"劣币驱除良币"。

3. 成就感需要

带着聪明人做事、与聪明人合作做事,都会成就感满满,相反只有挫败感,这是所有人的感觉。

学习能力强、成长性好的人更受管理者青睐,不仅培养起来有成就感,产生的实际价值也更大。

四、选人大于育人

有人说:"不对呀,我的老板就喜欢用马屁精。"

这么说吧,爱用马屁精的一定是败家子老板或"爷田"单位,无关自己的核心利益才会"放养式"管理。如遇到这样的老板或单位,明智的选择就是离开,能多快就多快。

踏实和聪明也并不冲突。如果非要区别一下的话,据我观察,执行型的公司,领导更喜欢踏实的人。其总体运行模式是:上面的人出主意,设置运行系统;下面的人按部就班干活,不用想太多事情。而创造性更强的公司,则更倾向于用聪明人,用学习能力强的人,他们具有更好的成长性和成长潜力。

这跟买股票差不多,选股要选潜力股。

同样的道理,核心岗位或公司高层,一定要用聪明人。不然,公司一定做不大,甚至做不下去。

我们公司用人,也有过这样一个认知过程。刚开始,我觉得一个人只要品质好、爱岗敬业,就值得培养,没有"学习能力"这个考察维度。后来我发现,有人进步很快,有人进步很慢。而进步很慢的人,尽管公司付出了不菲的培养成本,他还是跟不上公司的发展,最终不得不黯然出局。

管理上所说的"选人大于育人",就包括要挑选聪明人。

两类人才：守成与创新

根据我自己的经验和感受，人力资源可以按学习能力的强弱分为守成型人才和创新型人才。

守成型人才学习能力一般，更愿意或更擅长从事稳定、熟悉的工作，适合成熟有序的业务，主要维护或运营延续项目。

创新型人才学习能力较强，擅长开创性工作和项目，适合拓展新业务新领域、创新经营方法、研发新技术新产品等，即从"0"到"1"的工作。

我刚创业时还没有这种认识，用人常常失误。比如，把一位老销售调往市场部，大半年不能适应新岗位，更没有什么创意。让他尝试社群运营，没几天就说"搞不了"，最后回了销售部。一个业务部的人，平时爱刷短视频，总觉得这事儿既娱乐又赚钱，还有存在感，于是申请做短视频。安排了专人指点，"吭哧、吭哧"干了几个月，什么也没干出来，最后主动放弃退回业务部。末了还埋怨："要是换个高手带我，我一准儿能行。"

这些事情让我意识到，有些人确实不能轻易尝试新领域新工作，有人带也不行，因为学习能力不是短时间内能弥补的，很多东西要靠自己钻研领悟。

20. 两类人才：守成与创新

一、人才特征和适应岗位

守成型的人，简单来说就是学习能力和意愿不足，接受新东西太慢，也缺乏创新能力。公司给他们划好范围、立好规则、梳理好流程，带他们操作几遍，他们熟悉之后就可以独立工作了。同属守成型的人，适应工作的难度、复杂度等也是存在差别的，有的人宁愿从事简单重复的工作也不愿学习新技能。当然，他们也是重要的社会劳动力。

而创新型的人，想法多、冲劲足，学习能力也很强，更适合开疆拓土。据说贝索斯就属于这个类型，很多新业务新领域，都是他带头搞定之后，再交给稳固型团队来运营。"创业狂人"季琦，短短十年培育了三家上市公司，他就坦言："与守业相比，我更喜欢创业。"

可以肯定地说，公司的发展壮大，更需要创新型人才。因为市场形势是不断快速变化的，企业若缺乏创新就会被市场淘汰。比如，从胶片照相机发展到数码相机，从功能手机到智能手机，很多企业都就被淘汰了。

随着互联网的兴起，出版行业、电视行业、通信行业，甚至金融行业，都发生了天翻地覆的变化。从 PC 互联网发展到移动互联网，再到产业互联网，也有一大拨儿企业没落了。

即便是一些互联网巨头企业，由于认知固化等，团购慢半拍、外卖慢半拍、信息流慢半拍、金融支付慢半拍，现在短视频跟进又慢半拍，也被许多后来者赶超了。

二、人才类型的判断

我们可以从意愿和能力两个层面来分析。

1. 意愿层面：是否对新事物有好奇心

我们公司的一些员工，经常会给我展示行业出现的新模式、新玩法、新技术，我感觉他们有着浓重的好奇心，一直在关注、研究和琢磨新事物，充满了积极的尝试冲动和创新精神。

一个创新型人才，不论干什么都能玩出花样来，他能从无趣中发现有趣，在重复的工作中发现完善和创新的契机。据说，稻盛和夫刚工作时，先是被安排扫地搞卫生，但他认真地琢磨，提高了搞卫生的效率。后来又被安排烧瓷，他也不气馁，改进了方法，烧得更有质量。

相反，有些人总觉得自己的工作重复无聊，永远觉得别的工作有意思，等他真做上了他向往已久的工作，没多长时间又觉得无聊了。他们对新事物也不会感兴趣，学习意愿也不会高，更不愿琢磨新东西；对新的领域和工作，甚至抱着强烈的抗拒态度。这样的人，大概率是守成型人才。

当然，有学习意愿不代表有创新能力，但没有学习意愿，肯定不是创新型人才。

2. 能力层面：是否独立开拓过新项目

学习能力强的创新型人才，多少可以从其过往经历中得到佐证，或独立开拓过新项目，或尝试过一些创新工作。这一点，对在职、求职的人都适用。

20. 两类人才：守成与创新

一个曾经独立打下过一个山头的人，你可以期待他打下更大的山头。

据我观察，创新型人才还是占少数。一般人在一个岗位上工作好多年，只是反复依葫芦画瓢，不会搞什么创新尤其是重大创新。我刚毕业去一家大型公司等待面试时，觉得旁边一个也在等待的中年人成竹在胸，就请教他："他们这个岗位你知道有什么要求吗？"我是想借点力，想不到他告诉我说："不需要知道啊，都有套路的。你入职之后，会给你各种流程、模板、资料，你照着操作就行了。"这话我至今记忆犹新，因为我没想到，一般人的工作底气是依靠"固定模板"，自己没有一点领悟。

三、守成型人才的职业选择

守成型人才和创新型人才只是特质不同，没有高低贵贱之分，都有发挥作用的地方，都可以给社会做出贡献。特别是现代制造行业，智能化程度越来越高，需要守成型人才可能还会更多一些。所以，这里我也给出自己的几个建议，希望守成型人才的职业之路能走得更顺利。

1. 不做创新创意性工作

创意创新性工作需要极强的认知和学习能力。守成型的人更适合一些执行性的工作，或一些成熟领域或项目的工作，因为具有成熟的体系，积累了各种现成的流程、模块、方法、步骤，只需要按部就班操作就行。

不去做什么，并不意味着失败，反而意味着聪明。古今中外，但凡聪明的人都懂得自己的短板，不要做什么。芒格说：

V. 学习能力

"如果我知道我会死在哪里,那我就永远不会去那个地方。"

也不要觉得自己是守成型人才就妄自菲薄。前面说过,守成型人才是大多数。而且,多数企业的架构分工需要更多的是守成型人才。不要因为自我认知不清,或出于不服气,非得去做创新性工作,把自己弄得灰头土脸,自信都弄没了。

2. 不做新项目

新的部门和项目意味着业务尚不成熟,模式和流程还不确定,一切都在探索当中。关键是新部门未必有高手指导带队,也未必有成熟的人才培养模式。这需要极强的学习能力。上面说了,学习能力是两类人才的分水岭,自己到了新的部门也做不出什么成绩。

我们都活在现实社会里,都是俗人,难免会眼红别人。但是一定要记住,适合自己的才是最好的。

3. 把擅长的事情做到极致

对于守成型人才,我最大的建议是,专注于自己擅长的领域,找到自己的价值所在,并力争做到极致。很多贸然跨界甚至转岗,都是"滑铁卢"的开始。新的东西,你一下子学不来。

比如,一个销售冠军,原本做得好好的,可是他非得想做管理。等到了销售管理岗位,又发现管理和销售是两码事。你卖东西厉害,不一定能管好人,从性格到知识结构,都会产生不适,最后只能黯然退场。

其实,销售也有自身的价值,乔·吉拉德就上了吉尼斯纪录。

4. 不要选择竞争激烈的工作

但凡关心社会变化的人,都听闻过职场竞争有多激烈,淘汰多么无情。一些行业裁员,一下子就裁掉一个或几个部门,一个批次成千上万的也偶有发生。说实话,学习能力不是很强的人适应不了频繁的从头再来。所以,一开始就不要选择竞争激烈的行业,包括某些体制外工作。懂得小白兔不与狼竞争,你就立于不败之地了。

早早意识到自己是守成型人才也是好事,做适合自己的事情就行了。

怎么保持职场发展潜力？

学习意愿是学习能力发挥作用的前提，代表着一个人的学习能力和发展潜力。意愿强弱不同，职业发展也会天差地别。

一、学习意愿是职业进步的基础

美团创始人王兴曾多次讲过这样一个例子：会后需要整理纪要，王兴问助理是否会使用相关设备和软件，助理的回答是"我不会，但我可以学"。这让王兴感触很深，他认为，"我可以学"这句话蕴含着无穷的力量。

"我愿意学、我可以学、我马上就学"就是学习意愿。

有人说，这不是人人都有的吗？错，你仔细观察后就会发现，很多人没有学习意愿。比如我母亲，我多次手把手教她使用智能手机，但她很快就放弃了："太复杂了，我不学了。"

很多大学毕业生求职，非得从事本专业不可，理由大致是"别的工作我不会"之类。本质上是他们缺乏学习意愿，缺乏终身学习的意识，以为大学几年积累的知识可以应付未来世界。还有人担心"浪费了四年专业"，拒绝进入新的领域，没想过接下来还有三四十年的职业生涯，也是可以继续学习各种专业的。

美的集团董事长方洪波，大学是历史学专业。开始是做文案编辑，后来担任公司广告经理和营销部门负责人，最终成长为董事长和总裁。可以想象，没有能力升级和持续学习，这样的奇迹是不可能发生的。他看过很多广告方面的书，自学了财务、并购、大数据、云计算等方面的知识，还赴新加坡国立大学读了MBA，又拿下了南京大学商学院的博士学位。一个创业者、管理者还能在高强度的忙碌之中保持学习的状态，学习意愿该强烈到什么程度。一般人为什么做不到？

我自己在大学毕业后的十多年里，也自学了广告、营销、管理等商业经营知识，在新领域、新业务、新知识上所花的时间，要比大学四年的学习时间，不知超过多少倍。

观察一下周边，不愿学习的人并不在少数，他们在工作上一般跟不上团队进步的节奏，甚至会被很快淘汰出局。这就是企业在入职面试、选拔用人时非常看重学习意愿的原因。

二、为什么缺乏学习意愿？

缺乏学习意愿的表现也很明显：不爱学习，一年到头不看什么书刊、不参加相关培训课程；缺乏好奇心，不会主动请教或关注研究什么，对新事物、新技术、新趋势不敏感甚至抗拒；拒绝接受别人的反馈，给他指出问题或提建议还会不高兴。

我梳理总结了一下，对缺乏学习意愿的原因做些简单分析。

1. 缺乏正反馈

有些人一直没有尝到过学习的甜头，缺乏正反馈。在学校时成绩垫底，没体验过学习有多么快乐，反而只是压力、打压、反感、厌恶。还有些人，从小就是被逼着学习的，毕业后没人逼了，很自然就放弃了。

而学霸类人物，由于一直受到老师的肯定、家长的鼓励、同学的羡慕，一直在接受正反馈，会越来越爱学习。从这个角度看，企业更青睐学霸，没毛病。

我所认识或了解的一些创业者和企业家，表现出来的学习愿望都是非常强烈的：不是在参加商学院培训，就是在参加创业营学习，习惯了手不释卷、随时请教。为什么呢？因为他们时刻面临着竞争、淘汰、变化、挑战，不断提高认知已经成了他们人生存在的方式或本能意识，所谓鲶鱼效应就是这个意思。而满足现状、贪图安逸的人，学习意愿就差多了。

也有很多人觉得学了也没地方用，或者学了也不会用，导致正反馈缺失，形成了"学习无用"的意识。电影《盲山》有个场景，农村大妈看到大学生儿媳在看书，就忍不住嘀咕了一句："看书有啥用？"是啊，农村比的是谁干体力活更厉害，你看书有啥用啊？没有应用场景啊。但是，如果农村大妈到了城里，或公交车通到了家门口，她乘车出门连公交站牌都不认识的时候，就会感叹：读书还是有用的。

2. 缺乏学习氛围

人是社会性动物，是环境的产物。除了少数极其自律的人能自驱、主动学习，大多数人要靠氛围带动。孟母三迁，说的就是氛围和环境的作用。

一些学校会上演这样的场景：备考的高三学生排队打饭时也都在疯狂背书，而且，不是一个是全部，着实令人震撼。是他们天生这么努力吗？不完全是，氛围使然。

21. 怎么保持职场发展潜力？

有些在国企上班的朋友感叹说："我们那里的人上班跟你聊娃，下班拉你打麻将。这氛围，你咋学习呀？"

所以，若想增强学习意愿，找些自驱型或自燃型的人做朋友带动你，或直接参加相关的社会培训班，都不失为好办法。

3. 不会延迟满足

延迟满足是一种甘愿为更有价值的长远目标放弃即时满足的能力。

即时满足追求的是眼前的快乐，玩游戏、追剧、刷抖音、购物、美食，都会让你当时就很快乐。比如，你每刷一个短视频，都会获得一点点快感，不知不觉就能刷两三个小时。为什么很多人对下棋会着迷呢？因为每赢一盘就会获得快乐，甚至每吃掉对方一个子都能获得快乐，而且这种快乐是即时传递给你的，不用延迟，没有滞后。

而高手追求的是更长远、更宏大的目标，更坚持延迟满足。为了明天，为了亲人，他们可以放弃眼下的快乐和利益，而坚持更有助于实现目标的事情，他们专注、执着，能长期坚守自己的信念。

其实，学习也是一种延迟满足，它不像游戏，每打通一个关就会有成就感。有时候，你读了很多书，见识了很多高手，也感觉不到自己有多大提高或比别人更聪明更有料，甚至发现自己还因此耽误了挣钱。于是，你放弃了，因为你想要的结果遥遥无期，甚至不知道努力的尽头有没有结果。

延迟满足能力低，是大部分人学习意愿不强的主要原因。

V. 学习能力

4. 学习意识匮乏

说出来你可能不会相信,很多人是没有学习意识的。一些人对学习的认知没跟上时代的变化,觉得学习会耽误赚钱,或花钱上培训班是浪费时间和精力。还有一些人觉得,自己已经学了十几年,都读过大学了,都硕博了,有必要继续学习吗?"终身学习""拥抱变化""学习力才是竞争力"等口号虽然喊了很多年,全社会的学习意识水平其实提高有限。

我的学习意识是一直在持续提高的。如果说中小学是"不得不"缴学费,那么,创业十几年以来四处报名参加学习和培训,则是主动缴学费。

学费缴多了,我就有了一个思考:学费分为主动学费和被动学费。我们从小到大缴的学费或培训费叫主动学费,而不想缴但不得不缴的"学费"叫被动学费,比如失败、被坑、被骗所带来的损失。据我观察,多数人的被动学费要比主动学费多得多。一个人上学十几年的总学费也就十几万、数十万,但仅仅是工资,同学之间就可能一年相差十多万,被骗一次就可能达到几百万。所以,我非常乐意在参加培训、咨询请教等学习性质的事情上花钱。这才几个钱呀,一门课程几百块?几千块?几万块?若因认知不到位、决策错误导致项目失败,损失的可能是几百万、几千万。

我还发现,平时不学习导致能力不足,处理事情就很费工夫,而且不可能做到完美。坚持持续学习,提高了认知,处理事情就很快。比如,同一个文案、同样的策划,有人只需要几分钟,一个不怎么学习的人可能要抓耳挠腮好几天,他们的差距就是学习意识的不同带来的商业认知储备和信息储备的差距。

我推测,高手的时间多数用来学习、少数用来工作——毕竟他们的主要任务是做判断,而不是做执行。而学习意愿、学习意识都匮乏的人,由于能力不足,需要更多时间来处理工作,还可能做不好。最后陷入恶性循环:越忙越没时间学习,越没时间学习就越忙。

有一个时间管理四象限法则,把事情按照紧急、不紧急、重要、不重要的排列组合分成四个象限。学习属于重要但不紧急的事情,按照这个法则,人们应当将时间和精力放在学习上。

可惜,很多人都在做紧急但不重要的事情,或者在做既不紧急又不重要的事情,由此衍生出一系列做不完的紧急事情。最后整个人每天焦头烂额,疲于奔命,而且效果不佳。

有学习意愿,不代表有学习效果,但没学习意愿,学习能力压根无从谈起。

你的学习能力怎么样?

学习能力可以分为四个层次:能理解是基础,能上心算合格,能应用是人才,有悟性才算厉害。

一、理解

我刚开始工作的时候,上司说过一句话:"理解能力差的人,不论是我讲话还是发邮件,对我强调的事情总是不能很好地理解,再简单的事情,都要再三解释才能明白。"

轮到我做管理后,才感觉到这话多么千真万确。有时候开会,一件事明明解释得很清楚了,大部分人都明白了,但永远会有人皱着眉头、一脸困惑地看着你,表示他"不理解"。还有些人,你发给他一个通知,结果到他复述的时候,就变成了另外一个意思,执行起来更是走样。

理解能力差,毫无疑问,意味着学习能力也很差。

理解能力是最基础的学习能力。

二、上心

上心,就是听得进去、入心入脑、足够重视的意思。

我觉得上心可以作为学习能力的一个层次。我发现,同一个会议，有人能记住内容和关键，有人"左耳进、右耳出"。同是给人指出问题或给出反馈，有人能记住并完美执行，有人还会重复同样的错误。

这已经不是理解能力问题了，可能是态度问题或行为惯性问题了。

我们公司有一个员工，是一毕业就以非常优秀的市场业绩入职的。我曾问他："你大二的时候我还觉得你很普通，为什么到了大四就突然优秀了？"他说："大三的时候，有一次你给我们'校助'开会，说了一句话——跑到别人前面去，能跑多快就跑多快。这句话让我好像一下子惊醒了，我整年都会用这句话激励自己。"我说过很多话，听过我讲话的也有很多人，但能上心的人并不多。

正如一本书，不是每个观点都适合你，如果真有几句话让你上心了、入脑了，我相信，就会对你产生一些作用。

我一次参加培训班学习，一位做中层管理工作的同学自我分析："一位器重我的领导提醒我要扩大格局，开始不明白什么意思，但我知道这句话很重要，在心里琢磨了很长一段时间。后来我慢慢明白了，这是希望我做人做事不要情绪化，要接纳和欣赏同事的优秀，要从公司全局出发来考虑问题。"这个例子给我的印象非常深刻。

在职场，几乎每个人都会收到来自上司的反馈，尤其是一些委婉的暗示，需要自个儿体悟和消化。可惜的是，并不是每个人都能听到心里去。

三、应用

学了一堆东西，如果不能用出去，不能开花结果，那就不叫有效学习。这个层次老祖先叫"学以致用"，比起理解和上心，更接近学习能力的本质。

但现实情况是，有些人学到了新知识不知道怎么用，记住了会议内容就是不能完美执行。事实上，这也是一种学习能力的缺失。

所谓应用，不是小学生考试，把答案从书本上转移到考卷上就可以了。比如，知识、技术更新了，环境、对象变化了，公司战略调整了，领导要求深化了，你不能仅仅抓住其中一个点去思考，而要从全局、从全流程着眼，重新谋划整体行动，所谓牵一发而动全身。新知识、新要求如果是支点，你的工作方式、工作重心、人员安排等，都可能需要做整体改变。

赵括、廉颇都深研兵法，廉颇可力保边城不失，而赵括不但送了自己的命，属下也被秦军"悉坑之"——他们俩的应用水平，相差的是40万条人命。

四、悟性

悟性应该是学习能力比较高的层次了，几乎是一种发现规律、提炼本质的能力。

悟性就是能悟出字面以外的意思，悟出别人不讲的东西，悟出事情的本质，是一种跳跃性的能力，是能把断点联系起来的能力，也是以小见大、发现本质、提炼规律的能力。所谓举

22. 你的学习能力怎么样?

一反三、触类旁通、无师自通、青出于蓝而胜于蓝等，说的都是这个意思。

如果说应用看的是执行，那悟性就要看创新了。

老师教得再好，你再努力，你可能最多只能考到 80 分；而有悟性加持的学霸，才能考到 100 分。

据说，约在 1997 年，李一男在华为负责开发无线产品，当时公司没有相关技术的积累，他仅凭从国外搞来的一张产品说明书，就建立了一套无线产品开发系统。

我以前爱看武侠小说，现在才明白开宗立派的人都是悟性极高的人，你看太极张三丰、逍遥派掌门逍遥子，有谁教他们武功？没有，基本都是自己悟的。现在很多大牌企业创始人，应该也都是悟性极强的人。

现在问题来了，悟性是怎么产生的？我觉得有两点很重要，一是发挥特质，找到适合你天赋的领域；二是深化认知，就是在一个领域或行业做到极致，理解本质。

具体如何提高学习能力，我们后面章节会讲到。你也可以浏览晋早微信公众号里的相关文章，留言交流一下自己提高学习能力的方法。

老板这样判断你的学习能力

有学生问:"感觉自己在学校的学习能力还可以,工作后的学习能力怎么判断?"

有老板问:"工作能力好测试,因为有面试、有试用期,还可以在正式入职后继续考察。学习能力怎么判断?没有几年时间怎么看得出来?"

问题如硬币的两面,角度相反而已。员工自我判断正确才能提升进步,老板评估正确才能识人用人。判断任何问题,既要多方面验证,也要有动态的眼光。我把自己的经验做了一些不完全归纳,大概有如下几点。

一、学习新知识、掌握新技能的能力

学习新知识、掌握新技能都很快,就是学习能力强,这是创新能力的基础。我刚工作的时候,有一次采购部的负责人说:"我们的岗位,要求学东西快。车间的设备坏了,我们要在三天甚至更短的时间内完成购买、安装、调试,所以,能快速了解相关设备制造及相关市场行情是最基本的素质。"这个要求,我到现在都记得。

判断需要参照和比较。不论是自我评估,还是评估别人,都可以适度横向比对：同样学会一个技能，自己需要多久，别人需要多久？进入同一个新领域，自己要多久上手，别人多久就胜任了？

一些大公司会实行"赛马制"：安排几个团队同时做同样的项目，谁先做出成果谁留下来。

一些公司会直接安排新员工进行轮岗实习，一些公司会给目标员工安排新岗位、布置新业务，这都是为了测试评估员工的学习能力和特质，以便定岗、选拔等。我们公司也会安排员工在不同的业务领域进行尝试，如授课、社群运营、短视频、直播等，但有三个目标：一是公司测试、评估、发现人才；二是员工自我评估学习能力、岗位适应能力、发现自己的特质；三是激发员工学习新业务新知识的内在动力。

管理者匆忙提拔一个人，员工匆忙换一个新岗位，然后发现不胜任、不适合再做调整，不但会造成情感伤害，也会浪费时间和精力。这种折腾会对公司的正常运作造成不小的影响甚至冲击。我有一个建议：选拔、调岗之前，公司先分排一些目标岗位职责，员工先接触学习一些新业务知识，能力试探、岗位适应、学习新知识等，都在其中了。

二、总结归纳和发现问题的能力

同样经历一件事情，同样举办一次活动，或同样经历一次成功或失败，有的人不仅总结全面，也能抓住关键所在；有的人就总结得比较肤浅、片面。

同样是听讲话或业务沟通，有人听完之后，能立即理解别人的意思并抓住关键；有人不仅复述不了大意，甚至完全搞不清楚对方的意思。

发现问题，意味着意识到了问题的关键和本质，无疑是一种学习能力。很多人一个工作干了多年，只会围着鸡毛蒜皮的问题团团转，发现不了什么新问题——不论是内部工作的程序、方法、策略、思路，还是外部的营销、推广、客户拓展，更不知道怎么改进、调整或创新。

一个人的学习能力怎么样，很容易从其总结归纳、发现问题的能力上衡量出来。

三、执行力和解决问题的能力

执行力是一种底层能力，看似与学习能力无关，实际上也是学习能力的体现。

很多人被反复指出问题，也明白自身问题所在，只是下不了大决心、采取有力措施做彻底改变，甚至轻微的改进也不会发生。没有反响、没有结果的认知等于没有认知。还有一些人貌似思想活跃、点子很多，但一个也不会落实、执行，更得不到什么成果。

所以，学习也不只是了解一些陌生学科的概念和知识，也包括纠正问题、发生改变。学习能力要体现、落实到具体行为上才有成效。

我与一些老板交流过常遇到的执行问题。如一个公众号编辑会多次重复一个小小的排版错误，三番五次提醒也没用；一个人动不动就会心情不好，把坏情绪传染给同事，甚至带给客户，多次提醒也没用，他自己明白也改不了。

这是执行力问题还是学习能力问题？我觉得本质是学习能力问题。学习的最终目标是行动、是改变。不能发现问题属于自省力局限；指出了问题，给出了方法，但不能改进的人，属于学习能力问题。

作为一种学习能力的体现，执行力可以从以下两点进行直观判断：

第一，指出或发现的问题能否及时改正。针对问题有三个执行层次：我理解了，我听进去了，我改正了。任何层次做不到都属于学习能力问题。

第二，能不能学以致用。我一直强调，做到才算学到。对公司的培训、会议、反馈无动于衷，或执行不到位；自己通过读书学习、观摩请教、反省总结也提高了认知，就是不能付诸行动，所有的努力都如浮云飘过，仅给自己一个心理安慰：我都懂、我都知道了、我努力过了。

解决问题尤其是关键问题，无疑是学习能力的终极体现。常常提出建设性意见，是基于较强的学习能力和创新能力，这样的人早晚会一飞冲天。

四、经历的高峰和创新

看经历也是判断一个人学习能力的常用方式。尤其是经历高峰，即过去做过的最厉害的事情，也能反映他的学习能力怎么样。

很多人都很重视经历高峰。埃隆·马斯克说："我只寻找有

V. 学习能力

出众天赋的人，不一定要很高的学历，如果他过去有过出色的成就，他有可能未来也会施展出才华。"

张小龙在加入腾讯、成为"微信之父"前，就开发过国产电子邮件客户端 Foxmail，已经被证明是一个优秀产品经理了。牛根生成功创办蒙牛之前做过伊利的副总裁，对乳业生产经营非常熟悉，再创业顺理成章。

经历多、跳槽多并没有说服力。真正的经历高峰，也就是在一个岗位或领域做出过让人佩服的结果，才代表优秀。

创新是发现并解决问题的过程。经历中若有创新尤其是重大创新，无疑是真正的经历高峰了，因为创新对学习能力要求最高。重大创新一般是业内皆知的重要事件，一个人在这项创新中的角色和作用就能说明其能力和价值。如果没有这种经历，那你可能不是一个创新型人才。

五、第一学历

大部分人没什么经历高峰，判断其学习能力会更重视本科第一学历，这是因为第一学历可以看作普通人的经历高峰。

有人会疑惑，为什么是第一学历而不是最后学历？硕士、博士不是更高的学历吗？

可以这样理解，第一学历具备相对公平的比较条件和基础：准备的时间都是高中三年，选拔方式是全国统一高考，作弊的可能性最小，据此判断学习能力，失误的可能性也最小。

而自考和硕博学历就比较复杂了：一是每个人的准备时间不一样，二是参考次数不一样，三是每个学校、每个专业的招生标准不一样，四是不同的学校学制不一样，等等。所以，很多单位对硕博学历会明确要求全日制、三年学制、统招等。

当然，第一学历也不可能百分百反映一个人的真实素质，只是一种无奈之下的最优选择。

六、自省能力

自省能力绝对是一种学习能力，包括反思检视自身行为，汲取过往经验教训、总结成败得失等意识和能力。

优秀的人不仅能够轻松察觉自己的问题、找到改进的方法，还能够敏锐地发现别人的优缺点，该借鉴的借鉴，该避免的避免。我自己也是这样，很重视从沟通交流中发现别人的优点，不论是思维方式、待人接物，还是行为习惯、性格心理，都要比照分析发现自身的缺点加以改进。

只有具备了自省能力，能够自我察觉、自我纠正、自我改善，学习才能事半功倍。

刻意练习与学习开关

美国心理学家安德斯·艾利克森和罗伯特·普尔研究发现，不论在什么行业或领域，提高技能与能力的最有效方法都遵循一系列普遍原则，他们称之为"刻意练习"。

刻意练习不能简单地理解为"专门练习""反复练习"或"深度练习"等，牵涉到学习的很多因素，用两位专家的话说就是如何"从新手到大师"、"从平凡到杰出"的一系列原则、方法和步骤。

一、打开"学习开关"

怎么通过刻意练习来打开"学习开关"、提高学习能力呢？

先拿短视频说事。以快手和抖音为代表的短视频兴起之后，很多人都习惯了刷视频，有人一刷就是几个小时。那么，当你看到足够多时，是否就能拍摄、创作短视频了呢？对于大部分人来说，显然是不可能的。为什么？因为没有打开学习开关，就短视频来说，就是你在刷短视频之前，并未设定创作短视频的目标，只会从大众层面去欣赏，没有意识从专业角度来拆解分析短视频。

那么，怎么打开学习开关呢？先定下创作短视频的目标并学习相关知识，从账号定位到拍摄剪辑，再到成交变现等，能够多角度地拆解短视频。再看短视频就不仅是娱乐了，而是有意识地从拍摄、运镜、文案、定位、运营、商业变现等角度去学习、观摩。这个时候，学习开关才算打开。

再比如写作，很多文章都会引发共鸣，触动灵魂。但是，看得再多，大多数人还是不会写作，是学习能力有问题吗？其实也是他们的学习开关没有打开，也就是没有经过刻意练习。

在我们公司的一次写作课上，一篇关于易建联的文章引起了大家的感叹："阿联太不容易了""好厉害呀，我好佩服他""太让我感动了"，等等，都属于情绪反应。接着进入刻意练习，教给他们如何拆解一篇文章：梳理主题、确立框架、框架式写作、填充细节、描述细节、场景式概括、设立明线暗线、拟定标题等环节，总之，一个故事如何讲得精彩有趣等所涉及的要素，都会反复讲解，并动手写作练习。经过几十篇文章的刻意练习之后，他们的写作学习开关就被打开了，看文章的角度改变了，不再陷入文字的情绪和内容，而开始关注主题设定、梳理叙事结构、推敲细节描述、提炼标题规律，甚至开始研究软文植入、措辞分寸等更多写作技巧。

二、商业思维也有"开关"

我在《大学迷茫问答》里说过，很多人的商业思维被"阉割"了。大部分没受过商业思维训练的人，看到广告就逃避，看到传单就躲避，但做企业的人会本能地分析广告和传单，因为他们经过刻意练习。覃彪喜在他的书里写过类似的情节："读

Ⅴ. 学习能力

大学时，每次坐公交车，都会琢磨窗外的广告……"，这也是他为什么刚毕业就能在深圳创办公司。

我给学员分析各类路牌广告、视频广告时，他们会很惊讶：平时避之不及的广告，竟然蕴含着这么多有趣的逻辑和心理。当分析了"药店前为什么有秤、商店前为什么有凳子、楼下的花店为什么倒闭"后，他们恍然大悟："哦，原来如此。"

很多学员经过一番刻意练习后，会更加理解商业的逻辑、社会的运行，也开始有意识地观察世界，留心路边、商店、广场甚至公交运行的每一个细节，然后在学习群里交流点评。还有些学员甚至直接跑到别人店里与老板交流人家的广告有什么问题、如何改进等，作为自己的实习印证。有些人甚至因此获得了工作机会。不能说他们因此都会成长为企业家，但这一番刻意练习，至少打开了他们商业思维的"开关"，增加了一个观察世界的角度，甚至为他们打开了通往商业世界的开关。

一个好老师，除了帮助学生持续提高学习能力外，还有一个关键作用，就是给学生推开一扇窗，告诉他，往这边看也不错。"师父领进门，修行在个人"，"领进门"本质上就是打开了一个领域的学习开关。

三、怎么训练目标感？

有一次，一位主管跟我抱怨："有个新入职的员工，严重缺乏目标感。"

"怎么说？"我问他。

他说："他业绩完不完成我们无所谓，但他在上班时间竟然刷朋友圈、聊天，甚至随便接活儿，比如帮朋友做PPT、帮客户修改演讲稿等。"

我说："这也容易理解。很多人上大学就是这样过日子的，每天无所事事，刷刷朋友圈、凑个热闹。在他们看来，这是很正常的事情。

"在很多人的观念里，根本没有目标感这个词。也就是说，他们没有经过这方面的刻意练习。如果你想增强他们这个方面的能力和意识、打开目标感这个开关，那就做好几件事：细化目标并每天考核，反复提醒哪些行为是缺乏目标感的表现。经过一段时间，他们的目标感就能培养出来。"

所谓学习开关，不仅关乎特定领域的指示或技能，也牵涉到各种难以意识的素质，也就是底层能力。员工的目标感也是需要刻意练习的。

四、专业视角和专业意识

每个人都会从自己的专业角度来观察外面的世界。

你看了一百部电影，知道怎么拍电影了吗？没有。大众看电影的角度是娱乐，是消费一个故事而不是创作。也就是说，创作这个开关没有打开。一个大导演给你拆解几部电影，刻意练习一番，说不定你就入门了。

一个人在路边发传单，推销他们的产品。面对这个场景，不同的人反应大致如下：

形象礼仪师：看他的着装是否专业得体。

职业规划师：搭个讪，看看他是否需要规划人生。

V. 学习能力

牙科医生：不自觉地看看他的牙齿是否整齐健康。

中医：看看他的气色，有没有什么症状。

发型师：看他的头发，是否需要理发造型。

销售员：听听他的话术，心里品评一下优劣。

普通话测试员：他什么口音，发音吐字准确吗？

老板：这个人情商高吗？抗挫力强吗？值不值得挖到自己公司？

路人甲：满腹狐疑，他是不是一个骗子？因为他被骗过多次了。

我可能接过传单，研究一下他们公司的产品、定价策略和商业模式。

为什么不同的人看到的东西是不同的？因为他们受过的刻意练习不同。害怕被骗，其实也来自刻意练习——多次被动的上当受骗。

每个人只能看到自己受过训练的东西。这不是眼睛有没有睁大、近视不近视的问题，也不是用不用心的问题，而是你之前有没有受过相关训练的问题。

很多人并未清晰地认识这一点，看到身边的人竟然报名参加学习沟通表达、情商或商业思维，还会嘲笑他们："这些还用专门去学啊，到了社会上你自然就懂了。"真的吗？八成是学不会的。不然，怎么会有那么多进入社会几十年的人，沟通表达依然有问题，情商依然不高，思维依然肤浅？

一种专业意识的形成，跟进入社会多久关系不大，而取决于你是否经过刻意练习。从更深的层次上讲，你只能看到你能看到的东西。后面的"能"是能力,"看到"需要能力而不是视力。

我在个人品牌课上发现,没有受过 IP 训练的学员,尽管天天发朋友圈、发动态,比如分享、炫耀或认同,但他们没有私域、引流、变现、个人 IP、人设等概念,更多的是出于好玩的本能。未经过刻意练习,IP 方面的专业意识从哪里来?

就像去餐厅吃饭,吃货看到的是各种美味、菜式做法,营销专家看到的是促销方案、引流方式或品牌设置,商标代理专员看到的是商标是否注册,设计师看到的是 VI 设计,老板看到的是商业模式、产品组合、翻台率、供应链管理、利润成本构成等。面对同一个事物,不同的人看到的东西是不一样的。

五、如何增强学习能力?

答案是刻意练习。你练习得越多越深,看到的东西就越多越深。

什么是聪明?理想汽车创始人李想曾说,如果一个人的智商没有超过普通大众的水平,那就不是天才型聪明。也就是说,大多数人的聪明,都是经过长期训练获得的一种行之有效的思维方式。

我提炼一下其中的逻辑:人人都可以变得更聪明,方法是长期的刻意练习。

看问题的角度和深度发生改变,就形成了一种新的有效的思维方式。

我们经常说某个人聪明,意思是他学习速度快、学习能力强。我前面说过，聪明分为天生聪明和后天聪明，天生聪明就是智商高、天赋强；而后天聪明就需要通过刻意练习来获得了。在某个领域进行长期的刻意练习和专业练习，会让你在该领域获得较强的洞察力和敏感度，从而也提高了这方面的学习能力。

六、刻意练习为什么很重要？

就像健身，可以选择跑步、游泳等方式，也可以针对肩、臂、腹、腿、胸、背等不同部位进行特定训练，也就是刻意练习。同样，在日常生活和工作中，当我们需要加强某个强项或弥补某个缺陷时，也需要刻意练习。

刻意练习又可以分为两种：一是深度刻意练习，类似于大学专业学习，一学就是四年、七年或终身；另一种是接触性刻意练习，就是"确实在刻意练习某个能力"，只是所用时间和精力不是特别多。

接触性训练对每一个人都是必要的，它可以拓宽视野，完善知识结构，而这些又是提高学习能力的基础。比如，谷爱凌的深度刻意练习是滑雪训练，那她从小进行的接触性训练就是冲浪、骑马、射箭、篮球、钢琴、攀岩、高尔夫等活动，这些活动也许不是专业训练，但帮助她筛选出了最擅长的天赋，也帮助她能更好地理解滑雪。

我现在越来越重视"学习开关"这个词，我发现，不论在哪个领域，经过训练与未经训练的人，差别还是蛮大的。如果有条件，建议学习谷爱凌的成长方式——尽可能多地在你的专业之外，进行一些接触性刻意练习，不论是知识或技能，还是人际沟通、情商、商业思维、领导力等底层能力。只有通过不同能力的刻意练习，人们才会形成"肌肉记忆"，形成"本能反应"，最后极大地提高学习能力。

最后总结一句，为什么要进行刻意练习？因为你只能看到你受过训练的东西，你只能感知到你受过训练的东西。

多维训练与T型人才

所谓多维训练，就是针对多种能力进行训练，一般用于改善知识结构、拓宽信息接收面、提高感知能力等目的。

一、多维思考和多维能力

我母亲爱看电视剧，情绪会随着剧情发展而跌宕起伏，或哈哈傻笑，或感动落泪，有时候还会义愤填膺地怒骂剧里的各类反派，总之，都属于纯观众维度。母亲追剧没有别的目的，就是图个乐——消费故事。

我会经常陪母亲看看剧、说说话。但作为一个创业者，我长期接触新媒体，学过摄影、短视频创作，开发过文案课，甚至亲自写过剧本、脚本，也就是受过多维训练。与母亲相比，我看剧更多的是多维的专业观察，不仅要看剧情设置、矛盾冲突，还要看镜头转换、音乐裁剪，甚至会看现场用了几个机位。

从影剧效果来看，单一维度的观众只负责"笑和哭"，多维思考的制作人要负责怎么让观众"笑和哭"。

有一次带队参加培训，回来一起复盘时我问大家都学到了些什么。

答案五花八门。新员工说，感受到了组织方的热情，端茶倒水，周到细致。老员工说，老师的演讲能力不错，课件也很精美。

我问："他们的组织流程怎么样？"突然安静了下来，没有人注意这个层面。

我再问："他们的商业模式怎么样？"还是鸦雀无声。

大家的反应给了我不小的启示，倒不是管理上常说的"屁股决定脑袋"，而是不同的人对于同样一件事，观察角度是不一样的。对于培训讲座，多数人的观察角度是单维的，就是只会从单一角度去思考、从熟悉的角度去观察。新员工感受到的是招待热情，老员工专注于讲座的内容和课件的制作。对于组织流程、商业模式，根本没人留意，或者说视而不见，这是因为他们没有经过相关训练。我能关注到，是出于管理者多年养成的一种本能，就是说，我的观察角度更加多维立体，我能看到也能学到更多的东西。这种区别，本质上取决于每个人是否受过多维训练和刻意练习。

二、为什么需要多维训练？

学习能力也是一样的道理。常会有人感叹，为什么别人的学习能力比自己强？答案其实很简单：别人受过刻意练习，而且是多维度的刻意练习，而你没有。"外行看热闹，内行看门道"是必然的。

就像特种兵，会要求多种技能：擒拿、格斗、狙击爆破、侦察渗透等，比单一兵种如后勤、炮兵等，要接受更多的训练。

有人说，我只要学好自己的专业就行了。但社会的要求是，

V. 学习能力

要取得更高的成就,就需要更广泛的知识结构。著名投资人沈南鹏说:"对于一位有志成为管理者、领导者的人来讲,知识应该是多方面的。如果你是学工程的,当走到一个中高层管理位置的时候,可能也要了解财务。"

管理上有一个概念,叫"T型人才",如下图所示,横线表示知识的宽度,竖线表示知识的深度。一个人,如果既有横向的广博见识,又有纵向的专业深度,职业发展空间就会更加广阔,职业选择就会有更多的可能性、更加自由如意。事实上,很多商业大佬,如马斯克、乔布斯、雷军、张一鸣、马化腾、曾毓群等,都是既懂技术又懂管理和战略的,综合能力强大。而精通一个专业、掌握一门技术的人,只能成为一个领域的精英,很难跨领域发展。

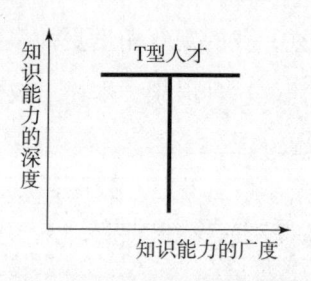

图 5-3 T型人才示意图

说到多维训练,苹果电脑创始人乔布斯的故事就很有意思:大学退学后,他出于兴趣旁听了一门书法课,沉迷于书法和字体,也没想过这种能力训练日后有什么用。等到进入电脑制造行业,他自然地把自己的书法艺术理念融入了苹果产品的设计中,字体成为 Mac 电脑受欢迎的特色之一。"当初要不是选了这门书法课,我们的个人电脑可能不会有这些漂亮的字体。"他在斯坦福大学毕业典礼上演讲时说。

多维训练给一个人的发展提供了更宽广、更扎实的基础和更多的可能性。基础教育的语数外政史地等学科，对我们的未来发展就具有多维训练的作用。假设从小就开始专业学习，没有基础教育，那么，专业知识和技能也不可能学好。扎实的基础教育才能打开专业学习的开关，才能感知更多信号，具有更多可能。如果我一直局限于中文专业一个维度的训练，跨界创业就可能举步维艰，即使勉强成功，发展也有限。

我是如何实现转型的呢？大学毕业后，我刻意学习了销售、文案、营销、广告、管理、战略、品牌等知识，这种多维刻意练习让我具备了一个创业者的眼界、格局和感知能力等。我还刻意练习过很多技能，如人生规划、演讲、摄影、短视频创作，甚至包括财商学习。早些年，我跟很多老年人一样，也只会把钱存银行，或者用来买房子，完全不懂其他资产配置。

明白了自身很多事业受益于多维训练，让我深刻认识到多维训练对人生的必要性。人生之路漫长而坎坷，要应对的东西很多很复杂，仅有专业知识和技能是走不远的。

三、历练也是多维训练

有人问："公司高层和基层人员，看到的东西为什么会不一样？"

这么说吧，公司高层观察思考的角度更加多维，他们从基层一路晋升上去，了解各类岗位的运转情况，干过多种实际工作，等于接受了更多的多维训练。而基层人员一般是长时间从

V. 学习能力

事特定岗位的一项工作，或负责基础工作的某个单一环节，接受更多的是单一训练。

还有一类概念叫作"低维度训练"和"高维度训练"。低维度训练就是一些简单操作，或一些常用技能，属于表层能力，从素质、能力角度看，没有太多竞争力。高维度训练则更需要思维方式、见识和判断力，属于底层能力的训练。就像一个神枪手，未必能做到将军，因为这种思维、判断的维度跨越难度太大了。

如果要做比方，受过单一训练的人拥有的是窄角镜头，而受过多维训练的人拥有的是广角镜头，能捕捉更广阔的风景。受过单维训练的人是通过门缝看世界，视野是受限的；而受过多维训练的人，则是站在屋顶看世界，视野会更开阔。受过单维训练的人是单波段收音机，只能接收一个波段的信号；而受过多维训练的人则是全波段收音机，能接收短波、中波、长波和调频等几乎所有频段的信号。

有时候，我们会责怪一些人的学习能力太差。其实，他们并不是智商低，也不是努力不够或态度不端正，只是没接受过多维训练，感知不到相关信号。

诸葛亮在中国文化里是智慧的化身，仅用"聪明"是不能概括他的。用现代心理学理论来说，他是受过多维训练的——天文地理、阴阳五行、军事战略、心理情感无所不精，不但人际沟通能力强，情商也很高，能力多维，左右逢源。而同时的庞统、杨修，则过早地"死翘翘"了。

最后，我给一个建议：在有条件的情况下，尽量多学习、多接触不同领域、不同行业、不同岗位的知识和情况，尽可能拓宽自己的知识结构，而且要付诸行动、亲身经历，这样的多维训练是提高理解能力、学习能力最有效的方法。

什么是职场天花板？

职场天花板是很多人挂在嘴边的一个词，是指一个人在一个企业或机构工作一定时间后，进步、提高、发展或晋升的空间变得越来越小，也就是说陷入了职业困境。

有人爱用"我遇到天花板了"这句话搪塞别人或安慰自己，而不愿分析原因，更不愿反思和改变。

在我看来，所谓职场天花板分为两种：客观天花板和主观天花板，而学习能力不足造成的天花板最值得重视。清楚了天花板的症结所在，破解起来就有了正确的方向和办法。

一、客观天花板

客观天花板，是你确实遇到了发展瓶颈，但不是你自身的问题，而是客观条件变坏甚至消失了。

比如，所在行业因技术更新或政策变化而整体没落了，供职机构或企业衰退或倒闭关门了，相当于你乘坐的大船要沉没了，如果你不换船继续前进，再怎么原地蹦跶，也无法改变工作境遇或职业前景。突破这种天花板相对容易，只要你自己有能力，换一艘"船"——行业或公司——就行，明天"太阳照样升起"。

26. 什么是职场天花板？

客观天花板的另一种情况是你与上司互相看不对眼，与整个团队气场不搭。别人看你不顺眼就不会重用你，你看别人不顺眼就不会尽心尽力、服从安排。这不算你的问题，也不算别人的问题，换句话说，你们都有问题。就像两个人相亲，彼此看不对眼，你能做的只能是另找一个对眼的。

气场不搭的情况职场常见，很多公司会把这一条直接列入招聘条件，如某互联网大厂招聘时要"闻味道"，就是看你与他们团队是否"气味相投"。谷歌公司招聘面试，除了用人部门，其他部门的老员工也可能到场，就是要从应聘者的气场上感觉一下是否合适。这种做法也容易理解，毕竟沟通不畅或价值观不同导致的团队内部开撕也时有发生。我也发现"气场搭"很重要，如果有一个同事你平时都不想跟他说话，还可能一起做好工作吗？若遇到这种情况，也只能换个"东家"。韩信跟着项羽干的时候只是个小"鸡头"，转到刘邦麾下才开始大展宏图。

二、主观天花板

因个人能力有限造成发展瓶颈或困境，就比较麻烦了。一是提高个人能力，尤其是底层能力不太容易；二是提升自我认知也难度不小，尤其是那些自我感觉良好、对自己能力不足没有意识的人。也就是说，主观天花板源于底层能力欠缺，是职业发展最严重的障碍。

底层能力包括价值观、性格、动机、执行力、条理性、判断力、自我认知等很多要素。一个情绪化问题，就足以成为很多人的职场天花板。

V. 学习能力

经常有人留言问我:"我在公司业绩排名不错,为什么就是得不到晋升?"你若从底层能力看问题,就容易理解了。公司用人,不会只看业绩,而是综合考量,包括价值观、性格、动机、格局等诸多因素。一个人业绩不错,其他方面也问题不大,若情绪化非常严重,也不可能得到晋升。个体情绪化影响范围有限,团队能消化掉,若升级为管理者则会影响一个团队。

主观天花板有些是源于格局、协作问题。比如思考问题只顾眼前利益、不顾长远发展,纠缠战术抓不住关键,嫉妒心重容不得能干的下属,不配合相关部门的工作,等等。有些人单干不错,与别人合作就不行了。

三、学习能力不足造成职场天花板

学习能力不足造成的职场天花板,是底层能力不足最严重的表现之一。

学习能力既体现为纵深的专业技能迭代,也体现为岗位转型所需能力的升级。也就是说,学习能力跟不上的人,迟早会遇到职场天花板。

在职场上,基层通过个人拿结果,中层通过别人拿结果,高层通过认知拿结果。比如,刘备要做的是判断"要不要打曹魏"的问题,诸葛亮要想的是"怎么打曹魏"的问题,而普通士兵想的是"怎么一刀把对面的曹兵干掉"的问题。不同的层级需要不同的能力结构,不同的能力结构决定了不同的层级。

从这个意义上说,底层能力决定人生高度。

一些学校或培训机构的学科教师,教学能力很不错,甚至很快成长为优秀教师、顶级名师。若甘愿做一辈子教学工作，就坚守专业岗位，精益求精努力到老，也是得其所愿，不会有什么遗憾。但还有些老师，希望转到行政岗位，晋升校长、总裁，在更大的平台上发挥作用，努力了许久，也实现不了转型升级，就觉得自己"遇到天花板"了。这种天花板，更多的是源自底层能力的不足：从教学工作跨越到管理工作，思维方式、沟通能力甚至性格，都是需要做出改变的。如一些老师是自我表现型人格，很享受站在舞台上被万众追捧的感觉，但不喜欢做幕后工作，不愿给别人搭建舞台，甚至跟团队成员沟通和协作都成问题，他们怎么能成为一个合格的管理者？

同理，一个优秀的销售员可能做不了销售总监或副总裁，一个神枪手大概率做不了元帅。强行上位等于自废武功——原有特长生疏了，管理或指挥也力不从心。

这类职场天花板，本质上是学习能力跟不上岗位升级，而且，问题多出现在底层能力上。一个程序员提拔为项目主管或技术负责人，需要长期的学习积累，多维训练和刻意练习一个也不能少，才可能形成岗位升级所要求的能力结构，如项目主管需要方向判断、需求判断、资源调配、部门协作、进度管理甚至招人用人等底层能力；技术负责人则更需要思维认知、判断力、沟通协作等底层能力。

四、职场突破

上面说了太多职业转型和晋升的艰难，好像没有人能够做到一样。其实，人之所以为人，是因为具有无限的可能性，能

V. 学习能力

够成长进步、发展提高、完善自我、超越自我，而关键在于不断提高学习能力。

那怎么判断职场天花板，是客观问题还是自己的能力问题呢？我推荐一个简单的方法：如果在一家公司，所有人都没发展，那是公司或行业问题。如果20%的人都获得了晋升和发展，就你没什么发展，那大概率是你自己的能力问题。而你的问题，关键在于底层能力。

人倾向于高估自己，自己没前途就说是单位没前途。想过没？如果是单位没前途，为什么别人有前途？

发现问题、正视问题，是解决问题的第一步。

提高学习能力，不但是超越、突破各种职场天花板最有效的方法，也是人生突破的不二法门。当然，离开情商、认知、意志、执行力等底层能力的支撑，所有的理想都是浮云。因为突破自我、改变命运需要"我不入地狱谁入地狱"般的勇气，不经过千锤百炼，哪来新的人生？

别说太晚了、来不及了，推荐一个人物给你做参照：

云南红塔集团原董事长褚时健，2002年保外就医时74岁，承包2400亩荒山开始学习种橙子，2011年刑满释放，2012年学搞电商已届85岁，被誉为"中国橙王"。

晋升陷阱：升职可能变离职

职场有一种现象：许多人不升职还好，一升职，不久就离职了，晋升变成了离职前兆或陷阱。虽说人在江湖，身不由己，但大多数人还是希望通过自己的奋斗进取而有所进步或成就，这不但是对自己努力的一种肯定，也是给社会关系圈的一个交代。每个职场人都希望超越晋升陷阱，让升职成为职业生涯的新起点，甚至是新的人生起跑线。

这个话题牵涉甚广，我们重点围绕岗位认知和自我认知做一些基本分析。

一、为什么要离职？

不同层次的职位，对人的能力要求是不一样的。有的人职位上去了，但能力没有跟上去，工作表现和绩效与公司的预期或要求差距太大，有时候就会导致：①领导不满意，甚至是失望；②下属不满意，甚至有人离职；③自己压力大，焦虑抑郁；④达不到考核要求，被辞退、转岗或降职。不论哪种情况，都可能造成新岗位"没坐热"就得离开的结果。

尤其是降职，大多会以离职收场。理论上，很多公司都提倡"能上能下"，但现实中大多数人只能上、不能下，社会评价

V. 学习能力

也是如此。一降职，哪怕回到原岗位，也会陷入情绪化——丢面子、不开心，甚至消极、对抗、抱怨。症结从能力不足变为工作态度、人际关系等问题，原岗位也做不好，就必须离开了。

"一升职就挂了"的心路历程一般是这样的。

二、避免升职变离职的三个建议

1. 弄清晋升路径

每一类岗位都有其既定的晋升路径。比如，在一些互联网大厂，技术岗走 P 路线或 T 路线，可以从 P1 一路往上晋升，成长为技术专家。管理岗走 M 路线，从主管一路晋升到经理、总监、总裁甚至董事长。在学校，学术岗走的是讲师、副教授、教授的晋升路线，行政岗走的是主任、院长、校长的晋升路线。

一般情况下，业务、技术、管理各有自己的晋升路线，井水不犯河水。

有时候，会出现"学而优则仕""技而优则仕"的情况，即"错位晋升"，就是把学术好的提拔当院长，把技术好的提拔当主管，或者把销售做得好的，选拔做总监。学习能力强的人，能够完成这种晋升。

但是，也有人并不适合错位晋升：做销售厉害的，未必适合做管理；做学术厉害的，未必有管理他人的欲望；研究技术的，未必有管理才能……

本质上，不同学科、不同岗位的专业属性，甚至底层逻辑，是存在很大差别的。那些"技而优则仕"的公司和当事人，要么是对错位晋升的危害估计不足，要么是低估了管理工作。管理能力与其他专业能力一样,也是需要专门训练、长久习得的,专业优秀并不意味着能够自然胜任管理岗位。很多销售、技术高手转型管理时,都"翻了车",甚至成为他们离职的导火索。

《领导梯队》说:"每一次职位的跃升不代表随之而来的领导力已经完成了升级。"可是,很多人以为自己职位提高了,能力也随之自然提高了,意识不到能力也需要转型升级。职场晋升,看似只晋升了一个职位,实际上是岗位内容发生了本质的改变。

为了避免盲目升职到自己不擅长的领域,对本岗位的晋升路径要提前了解并学习积累必要的知识和能力,这也算一种职场基础知识。

2. 加强岗位认知

我们还必须认识到,不仅不同岗位所需的能力是不同的,就算是同一类岗位,不同级别所需的能力也是不同的。同样是做管理,排长、连长可能是冲锋陷阵,而团长、师长则是排兵布阵。同样是做管理,主管的主要职责是执行,解决怎么做的问题,而总裁的主要职责是制定战略,解决的是做什么的问题。

一个成熟的职场人,若要进入新岗位,要问几个问题:具体做什么内容?最需要的核心能力是什么?怎么考核?没弄清楚这几个问题,就贸然进入一个陌生的战场,可能步步都是雷区。

在短视频刚刚兴起的2018年,有一个伙伴很快喜欢上了,就换岗到短视频制作部门,干了半年也没有什么成绩。转回原岗位时感慨道:"原以为自己擅长拍摄和剪辑就能做短视频,结

V. 学习能力

果发现最重要的是直击人心的创意和文案,但这恰恰是我的短板,也就是说,我并不具备胜任这个岗位的核心能力。"

搞不清目标岗位需要什么核心能力,可以请教领导、前辈,做一番深度调研。就像游泳一样,要搞清楚深浅后再下水。不然,新岗位胜任不了,老岗位又回不去,升职就会变成离职。

很多人对升职存在认知误区,觉得业务能力强、技术能力好,应该优先提拔为管理层。

但实践证明,确有部分学习能力强、底层能力强的人能完成这个转型,但晋升后落个折戟沉沙的人也不在少数。

我读"三国""水浒",一直怀疑里面两军对阵的情节是否合理:两军相遇,彼此射住阵脚,然后一位将军出来叫阵,接着就是双方将军"一对一"斗智斗勇,把武功、兵器、战马、暗器等几乎拼个遍。输的一方,不仅自己可能身首异处,整个队伍也会跟着落荒而逃。我就奇怪,这样打仗,还要军队干什么?难道是做啦啦队?这种描写,明显不符合常识。将军不是武侠,没必要亲自上阵"一对一"比拼,他们比的应该是谋略、是排兵布阵。古代战争的真实场景,应该是将领站在高处观察研判,根据形势进展变化和最新消息,及时发出号令。也就是说,大元帅负责制定战略,各级将军负责战术实施,百夫长、千夫长之类的小头目负责带领士兵在前线冲锋陷阵。

职场也一样,不同领域、不同岗位、不同级别所需的核心能力是有差别的。不能想当然地认为,一个演员做到了大明星,做导演就一定会驾轻就熟、小菜一碟。

3. 加强自我认知

自我认知是一个永恒的话题，那什么是自我认知呢？

简单来说：你是一个什么样的人？想要什么生活？是什么性格？有什么能力？喜欢什么？擅长什么？不擅长什么？

学什么专业、选什么行业、做什么工作、要不要升职，等等，都跟自我认知有关系。自我认知模糊的，每一脚下去都是坑。自我认知清晰，才能做到知深浅、懂进退。

一个人的能力和素质，按照冰山模型，分为知识、技能和情商、人际沟通能力、学习能力、执行力、条理性等底层能力。所以，仅仅是能力的自我认知就不容易。

比如做销售靠的是自身特质，如目标感、亲和力、自律等，但如何让下属做到与你一样优秀就比较难了，毕竟特质很难复制，自我管理容易，管理别人需要的能力可能恰是你的短板。

一个人的痛苦多来自超过自身能力的欲望。无论做营销还是做技术，只有适合自己，职业之路才能踏踏实实、日益精进。

我一直觉得，自我认知是一门很重要的课程，其重要性不亚于自己的专业。但是，认识自己真的很难。看别人，优缺点清清楚楚；看自己，缺的只是"路子"。所以，苏格拉底"认识你自己"的提醒才成了人类普遍适用的经典。

三、超越晋升陷阱

人在河边走，哪能不湿鞋？任何一个职场人，无论是得不到重视或提升，还是因为同事的晋升导致自己职位的相对下降，都会产生情绪变化，一时的不满、愤怒、失望可以理解，但因

V. 学习能力

此而在工作上消极应付，甚至产生敌对心理，故意损害企业利益，很久不能恢复正常，问题就严重了。

有一些管理者对当事员工的情绪和反应不够重视，没做好后续安排和抚慰工作，可能导致问题持续恶化。即使是大公司，因为人事任命引发的情绪问题，一点都不比普通公司少。

那么，如果是你自己遇到了这类事情，应该怎么做呢？我提供几点建议。

1. **去留随本心，不为他人左右**

当你感到不再被重视或重用了的时候，不一定要离职，更不能负气离职。决定去留要基于自己的客观衡量和判断。"他强由他强，清风拂山冈。他横任他横，明月照大江"，他人的议论和态度都是浮云。

如果目前岗位还有足够的发展空间，那就更加努力地工作，加强学习和提高。要相信，大多数老板都是公平的，当你能够创造更大效益的时候，谁也不能忽视你的存在。

该离开的时候，也不要拖泥带水、犹豫不决，那是浪费自己的生命。自己的遭遇自有因果使然，不抱怨、不迁怒、不失态。世界太小，圈子就那么大，留下一缕思念，日后也好相见。

2. **坚守职业道德，不损职业操守**

职业操守是指职业活动必须遵从的道德底线和行业规范，既是对一个人从事职业活动的行为要求，又是对社会要承担的道德、责任和义务，具有基础性、制约性等特点，就是说每一个从业者都必须做到。

人生就是一场修行，所有可能遇到的挫折都是一次考验和历练。人生漫长，做什么事情都可能遇到不公和伤害，狗可以咬人，但人不能咬狗，不能因"遇人不淑"而降低、损害了自己的道德追求和人格尊严。在职场，别人出于利益怎么做那是别人的事情，你不能因此损坏了自己的做人原则，守住本心，不忘初心，抱着一颗平常心。即使你决定离职，但只要在岗一天，也要尽心尽力履行好自己的职责，尤其注意"站好最后一班岗"，做好交接，不给自己的做人品质留下任何瑕疵，"挥挥手，不带走一片云彩"。

一个人，可以能力不行、情商不高，但自己的道德、操守不可以失守。

3. 反省总结，突破职业瓶颈

自我认知是一个超级艰难的命题。大部分人不会认为自己能力不够，只觉得自己"工作了这么多年"、"有过很多苦劳和功劳"，结果，晋升的机会给了他人，或给了一个外来的"空降兵"，是社会不公、上司自私、同事嫉妒等造成了自己的困境，看不到自身有什么缺陷。

而实际上，对于大部分人来说，职业瓶颈本质上还是能力瓶颈。自我感觉能力不错多属于"优越错觉"，自我评价和他人评价的不一致，会导致心理上的更大落差。意志力薄弱的人，可能被一次挫折击垮，毁了自己的一生。

军队经过一场战斗，不论胜败都需要休整。你也可以给自己一段缓冲时间，平静下来总结反省自己的优势和短板，可以参加职业培训给自己充充电，研究一下适合自己的行业。准备

V. 学习能力

好了,就开启自己新的职业生活。

记住,永远不要陷入一个职业陷阱里不能自拔,你的人生应该由你自己来书写。

现在,我们来做个互动吧。

欢迎到我的微信公众号里(前勒口和封底都有二维码)留言,分享你的学习方法和独门绝技。我想,很多伙伴在看到你的留言分享之后,会感激你的。

Ⅵ. 价值观与动机

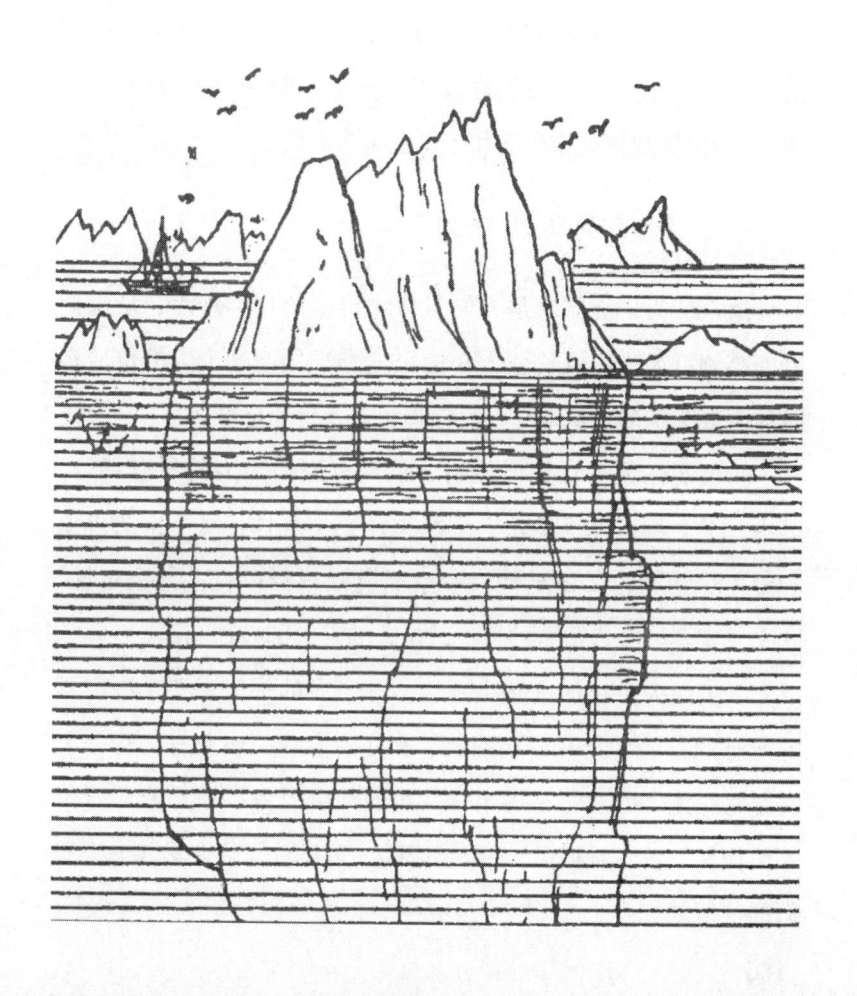

什么决定了你的选择？

在日常生活和工作中，人们总要选择取舍，看待事物、处理问题都有自己的原则和标准，这就是现在人们挂在嘴边的所谓"三观"了。一个人怎样思考、判断、行为都取决于"三观"，而价值观体现在生活和工作上尤为突出。

一、价值观及其作用

通常认为，价值观是人们对事物价值的根本观点，是人们判断事物有无价值及价值大小的尺度和准则。一个人的价值观具体表现为他的价值取向、目标追求以及价值标准。

价值观作为一种底层能力，也具有底层能力的所有特征。其中，三个特点尤为突出：①特殊性或主观性，每个人的价值观都不尽相同；②稳定性，一旦形成便很难改变；③决定性，几乎决定了一个人所有的选择，是人的行为的心理基础。

我们最应重视的是其决定性，一个人的价值观几乎决定了他所有的行为和选择，如购物、交往、专业、职业等。每一天甚至每一刻，面对每一件事物，我们都会思考"有没有用、值不值得做、看不看得惯、想不想要"，而判断的结果就取决于我们的价值观。

二、职业价值观的决定性

一个人的职业价值观具体表现在他对职业的认识、选择、态度、目标和追求等方面。

徐新在南京大学演讲时有一段话，很能说明价值观的决定性：她在银行工作的那段时间，该拿的荣誉都拿了，日子却没什么变化。有一天，她经过一座修了很久都没修好的桥，心里暗暗发誓："在桥修好之前，我的生活一定要有变化。"后来，她考取了英国注册会计师资格，进入普华永道工作，跨入投资业大门。徐新的职业发展和生活变化，不是别人推着她向前走，也不是等来的运气，而是她追寻可能性的价值观一直促使她寻找机会。

潘石屹也讲过自己放弃公职、投身创业的故事：他毕业后就在一家体制内单位工作，工作清闲，收入也高。有一次，他带领一个新同事去后勤部门挑选办公桌，新同事说"这桌子是要陪我一辈子的"，一句话吓醒了潘石屹。他感慨道，在机关里待着，一切都不会变化。第二天，他就辞职下海了。在很多人眼里，能够进入机关事业单位，工作稳定，薪资待遇也不错，是人人梦寐以求的好事情。但对潘石屹来说，一辈子没有变化就是桎梏，这让他恐惧。

价值观体现在职业上有多种具体问题，如"哪个职业、哪个岗位适合自己，工作目标是什么"等。

美的董事长方洪波的职业选择也体现了价值观的决定性。他毕业后的第一个工作单位是一家国企，也是工作稳定、薪资

VI. 价值观与动机

不错。没过多久,他发觉自己不对劲了:没有了激情,感觉已经看到了自己 50 岁的样子:"在单位,干顶天了也就是一个处长。有些同事,整整二十年在办公室的位置没挪过窝……"他也对这种稳定产生了恐惧,听从了内心对可能性的追求,果断辞掉"铁饭碗",下海加入广东一家乡镇企业,开始了一份在外人看来"极其不稳定"的工作。不稳定就是可能性,他拥抱了梦想才会得到机会,找到了更适合自己的发展平台。事实上,他进美的第三年就担任了美的广告公司经理,第四年任市场部部长,第五年任公司空调事业部国内营销公司总裁。第 21 年,他担任了美的集团董事长兼总裁,此时美的市值已上千亿,方洪波走向了自己的职业巅峰。

曾毓群名校毕业之后,也被分配到了福建的一家国企。上班不到三个月,他就顶着家里所有人的反对辞职了,去了东莞的一家外资企业,做了一名打工仔。如果没有他当年的决然,也不会有后来的电池巨头宁德时代。

这些故事还有很多,并且每天还在上演。你看多了就会发现,这些故事有一个共性,好像冥冥之中有一种力量,在推着每一个人走向他自己想去的地方:喜欢稳定的人去了安逸的地方,不甘平庸的人去了折腾的地方。这种力量,除了机遇,就是价值观了。

我们要选什么工作、要成为什么样的人、要走什么人生路,都是由自己的价值观决定的。虽然很多人说不出自己的价值观具体是什么,但不等于它不存在。你的价值观一直在起作用,它在冥冥之中指挥着你的所有选择。有人喜欢稳定性,不在乎一眼望到头;有人喜欢可能性,讨厌一成不变,喜欢冒险,拥抱未知和变化。

三、价值观可以改变

人们常说的"92派"就是追求可能性的典型人物,即1992年邓小平视察南方发表重要谈话后涌现的一批企业家。当时很多知识分子受小平南方谈话的影响,主动放弃稳定工作,从政府机构、科研院所辞职,开始下海创业。这说明,价值观虽然是长期形成的,具有稳定性的特点,但绝不是一辈子不变的,也会随着经济社会的发展和个人阅历的增加,以及认知的逐渐深刻等因素而发生变化。

我读中小学时,父母给我强调的是要进入体制、端上"铁饭碗"。那时候大家都这么想,我还不了解外面的世界,没多想这个事情,但也没有想过其他可能性。到了大学,见识了一些不同的生活方式,对父母灌输的"铁饭碗"开始有所怀疑了。这是一个非常迷茫的阶段,因为处在自我认知的关键阶段。研究生毕业之后,我几乎确定自己不会进入体制内,也不喜欢端"铁饭碗"。相反,我发现自己非常喜欢商业经营,于是一头扎入了创业的浪潮。

可见,价值观是逐渐形成的,也是可以改变的。理论说起来好像很"高大上",其实就是每个人都会选择做自己喜欢的事情,"我的事情我做主",而且会"与时俱进",就如"坏人变老""老人变坏"两种现象一样,都是确确实实存在的。

Ⅵ. 价值观与动机

四、超越"小富即安"

当然,不是每个人的价值观都是富有追求的。这些年来,我认识了很多有所成就的人,包括老板、学者、官员等,接触、走访了很多单位尤其是经营单位,发现了一个现象:有人会一直锐意进取,有人会"小富即安"。

"小富即安"是什么表现?

房子、车子、票子都有了,财富自由了,经常觉得自己"比上不足,比下有余",没必要继续拼下去了,于是,不同程度地开始懈怠。很多老板更是这样的状态:"现在谈不上大富大贵,但一年也有几十万收入,也算衣食无忧了。小孩也在名校读书,一切都算稳定了。自己也上了点年纪,不想折腾了。"

我有时在想,他们真正的对手是谁?应该是他们自己。要想持续取得人生辉煌,成就更大事业,必须超越"小富即安"这条四字魔障。

刘备能成就霸业,是因为他一直没有失去雄心壮志,哪怕是在依附公孙瓒、陶谦、曹操、袁绍、刘表等人的日子里,也一直在想着怎么"搞大事"。"髀肉复生"说的就是刘备发现自己的大腿长了肥肉后,焦虑自己"老将至矣,而功业不建"。

所以,仅有正确的职业价值观是不够的,还必须有积极进取的人生价值观才能支撑人生的进步,就是从人生的高度考虑谋划自己的生活和工作,体现为"我想要什么生活,我想成为一个什么样的人,怎样活着更有意义,应当怎样度过自己的一生"等问题。

28. 什么决定了你的选择?

褚时健74岁开始种橙子,85岁成为"中国橙王"。他所追求的,就不仅是生活的富足了,他的梦想是证明自己的人生价值,追求的是自我实现。

价值观就是这么影响着所有人的选择。也因为价值观的导向性,很多企业也都有明确的价值观,努力构建自己的企业文化,谋求不断发展壮大,永葆勃勃生机。

你为什么会痛苦？

人生的痛苦很多，原因也很多，但归根结蒂是价值观跟现实的冲突。

有些人志向远大，总觉得自己能做一番事业，可现实是总是处处碰壁或无从着手。有些人喜欢可能性，有各种想法和创意，可惜入错了行，每天坐班无所事事，还必须耗够时间。还有些人，总是期望自己的名声、财富、地位，甚至婚姻、情感等达到一个理想状态。当现实和理想差距太大时，痛苦就不可避免地产生了。

有人说，一切痛苦都来自超出能力的欲望，能力撑不起野心。欲望、野心、梦想都属于期望值，也是价值观的具体呈现。价值观与现实冲突就会痛苦，价值观与现实一致就不会痛苦。

一、价值观的改变升级

每个时代、每个国家、每个民族，都有其推崇的价值观。我们国家提倡的是社会主义核心价值观，我们从小接受的教育都是在帮助我们树立正确的价值观。

有人说，人生就是一场修行。修行就是当你痛苦不堪时，开始反省内观自己的价值观，看看自己的问题所在，然后做出改变。拿欲望来说，一种改变是降低、控制、调整欲望，以期符合自己的能力、适应经济社会发展水平、合理看待环境条件局限；一种是行动起来尽力达成自己的欲望，实现合理的欲望就是积极正向的奋斗进取，这都算修行。

而不择手段地追求超出能力的欲望满足只能走向邪路，那不是修行，更不是奋斗，是堕落、是沉沦。

人在不同阶段也可能会有不同的价值观，价值观会因为一些人、一些事而发生改变。中华民族几千年来推崇的"修身、齐家、治国、平天下"，就是要求人们改变升级自己的价值观，改变升级的过程也是自我完善成熟的过程。

二、积极奋斗的价值观

有朋友曾经问我："既然价值观与现实产生冲突会导致痛苦，那我修改我的价值观，让我的价值观与现实一致，那是不是我就不痛苦了？"

一个人的价值观是在长期经历的基础上形成的，一旦形成就有很强的稳定性，可能比性格更加稳定，很难轻易改变。经常有学员跟我说："我好痛苦，我的性格太内向、太敏感、太脆弱、太容易情绪化。我想改变我的性格，我要提高我的能力。"但是几乎没人说："我好痛苦，我需要的太多、想要的太大、梦见的太美、要去的地方太远。"也就是说，很少有人想改变自己"对美好生活的向往"，他们都只想改变现实，那就只能积极奋斗了：

现实太穷？不行，努力改变，实现富有的生活；

VI. 价值观与动机

现实寂寂无名？不行，努力改变，实现有影响力的生活；

现实中性格太内向？不行，努力改变，实现有参与感的生活。

……

中石油对一些人来说是理想的就业选择，但潘石屹就忍受不了，不甘守着"一张办公桌"过一生，果决地跳了出去。

雷军 40 岁之前就实现了财富自由，卸任金山总裁之后闲了下来，但没有感觉开心而是痛苦："金山上市后，我选择了离开。离开金山那半年，没有一家媒体想采访我，没有一个行业会议邀请我参加。我有的是时间，但没人记得我，我似乎被整个世界遗忘了，冷酷而现实。那个阶段，我变得一无所有，除了钱。"雷军追求的可能是更大的行业影响力，做一家"像苹果一样伟大"的企业。现实是"后来者"马化腾和丁磊所做的公司市值远超金山，自己又"被世界遗忘"。所以，他转身又去做了小米。

三、让价值观成为人生的翅膀

为什么有些很懦弱的人会变得很勇敢？为什么有些性格内向的人会变得很开朗？

这是因为，他们原来的性格对实现自己的价值观形成了阻碍，为了实现价值观，性格做出了改变和让步。也就是说，当性格与价值观产生冲突的时候，价值观会改变性格。

我对中学同学与大学同学做过一个观察，发现有些同学在学校时成绩一般，表现力一般，领导力更无从谈起，甚至情商也很低。但十多年之后,很多当年表现一般的同学,都取得了不错的成就。反倒是有些当年在校园就叱咤风云的同学,进入社会后日渐平庸,没有做出什么大的成绩。

抛开所有的偶然或机遇不说,这种转变的最大原因是价值观的导向作用。

如果你拥有不甘平庸的价值观,当你非常渴望某种生活的时候,这种价值观会促使你改变性格,提高情商,改善自己的处境,甚至是改变自己的命运。

价值观的力量就是如此强大。

为什么你们的观念不一样?

一、价值观的与时俱进

有一天,我在电梯里听到了一对母女的对话。女孩子穿着校服,看起来是个高中生。

妈妈说:"你要加油,以后进国企。"

女孩子一翻白眼:"为什么要进国企?我觉得创业当老板也挺好的。"

这是一次很平常的对话,但反映了两种价值观的冲突,即年轻一代和"上一代人"职业价值观的冲突。"上一代人"更看重职业稳定性,年轻人追求更多的人生可能性。

很多"上一代人"受历史原因的影响,找工作都倾向于稳定性,也就是体制内的"铁饭碗"。也许是因为他们受够了各种颠沛流离,所以特别羡慕轻松稳定的生活。他们也是这么教导下一代的:"你要当老师、你要考公务员、你要进国企","因为稳定、因为是铁饭碗"。这种追求稳定的价值观很常见也很正常,在某种程度上,它体现的是一种底线思维,就是"如何不太淘汰,如何永远有饭吃"。

而年轻一代的价值观已经发生了明显变化——他们工作不

是为了活着，他们活着也不是为了稳定。很多年轻人有了上一代人积累的物质基础，对工作的第一诉求已经不是"稳不稳定"，而是"有没有意思"了。

当很多人还执着于"老师、医生、公务员"这些传统择业观念的时候，越来越多的年轻人已经选择了"上一代人"不能理解的职业——我要去唱歌，我要当网红，我要搞直播……

随着经济社会的快速发展、文化交流的加速，人们的价值观必然发生变化，表现出鲜明的时代特征：

以前农民会开荒垦田，比谁家田多，现在很多土地都抛荒了。

以前吃饱就行，现在吃好才满意。

以前是愁没什么吃，现在是愁吃什么好。

以前婚姻要"凑合着过"，现在是过不下去就拉倒。

时代变了，价值观也在改变。

二、拥抱价值观多元化

其实，无论什么时代，世界上总有一些价值观异于常人的人，他们讨厌一成不变的生活，更喜欢追求人生的不确定性和更多的可能性，他们热烈拥抱未知，倾向于给自己建立一种新的生活，想的是如何实现人生价值的最大化，表现出更多的冒险、进取、奋斗思维和精神。

价值观的多元化，是指一个时代、一个国家或地区、一个族群或组织，允许或容纳不同的价值标准与追求，承认并尊重每一个人不同的存在意义。

Ⅵ. 价值观与动机

很多人不明白这个道理,所以总是把自己的价值观强加给别人或他们的下一代。

几年前,有一个家长给女儿发微信:"你竟然去做网红?做主播?说说唱唱拍拍照,有前途吗?"女儿回答说:"谁说做网红没前途?有内涵的网红具有流量价值,现在主播也是一个重要职业,很多名人、老板,甚至一些官员,都开始做网红了。"

很多人会莫名其妙地鄙视体制外的工作,总觉得不靠谱、不是正道、没有前途,甚至贬低、鄙夷体制外工作的价值。

有人在可口可乐公司工作,父母会说:"一个卖汽水的工作,有前途吗?"有人在沃尔玛工作,亲友会说:"在超市卖东西,有什么前途?"按照这种思维,所有做销售、做服务的行业都没有前途。事实上,不论是卖汽水,还是卖衣服,都可以做成国际性大企业。哪怕是个卖龙虾、卖鸭爪的,都可以发展到一年营收几十个亿。

互联网已经从信息互联网发展到产业互联网,招聘用人从单纯看学历和技能转向更加重视底层能力,工作目标也慢慢从谋生转为成就感和参与感。

面对价值观的多元化,其实没必要彼此说服,而应该彼此理解。水里的鱼不要说岸上的鸡不会游泳,岸上的鸡也不要说天上的鸟是飘着的,凡是适合自己的,就是最好的。这就是对待价值观多元化的合适态度。

我们从农业时代、工业时代、信息时代发展到智能时代仅仅用了几十年时间,走过了发达国家曾经需要200多年走完的路,发展太快,转弯太急,社会观念呈现出新旧并存、城乡融

30. 为什么你们的观念不一样?

合、差距扩大等特点。我们的国家和社会只有具有更大的包容性,让每个个体享有更多更自由的选择、更加广阔的发展空间,所有参与其中的组织和成员才会拥有更加美好的前景,国富民强、民族复兴才能最终实现。

怎么找到更适合你的公司?

很多人之所以会主动或被动离开一家公司,除了能力、待遇等因素外,最大的原因可能是个人的职业价值观与企业价值观的匹配度出问题了。

一、企业如人,也有自己的价值观

一家企业与一个人一样,也是有价值观的,不论是倡导"诚信·创新",还是信守"客户第一,员工第二,股东第三",都是其价值观的体现。

有些工作可能很赚钱,但你不开心,因为公司产品属于假冒伪劣,不符合你的价值观。

有些工作可能很稳定,福利很好,但你不开心,因为岗位很无聊、"一眼能看到头",不符合你喜欢折腾的价值观。

你很想做一番事业,但进入了一家很懒散的公司,处处拉帮结派、论资排辈。你很绝望,因为不符合你拼搏的价值观。

……

有经验的老板或人力资源主管在招聘的时候,会重点考察求职者与企业的价值观匹配度。

我曾听一个老板说:"我们是一家扩张中的公司,我们不会招聘那些讨厌出差、讨厌新工作和新业务、来混养老的人。我们招聘的是能折腾、肯拼搏、喜欢可能性、追求成就感的人。"他的话无所谓对错。企业如人,每个人都可以有自己的价值观。事实上,企业与人一样,别人很难改变它的价值观。你觉得合适,可以进去成为其中一员;你觉得不合适,远离就行了。

二、如实呈现真实的自己

我是不太建议面试的时候过度包装自己,更反感背诵什么"面经"。

我主张如实呈现,你是什么人就表现出什么样子,你喜欢什么就说喜欢什么,你讨厌什么就说讨厌什么,你在乎什么就说在乎什么。只有这样,面试官才能了解真实的你,才能判断你是否适合企业需要,才能把你安排到合适的岗位。

不然,就算你侥幸进入一家公司,由于他们之前没有了解真实的你,把你安排到一个不合适的岗位,痛苦的是你自己。或者把你招进了公司,几个月后发现你从能力到价值观都不适合企业的需要,不得不把你辞退。你和公司双方都有损失,因为你的时间被耽误了,你也产生了机会成本,而公司也付出了招聘成本、培养成本、机会成本。

这就像谈恋爱,如果双方都"端着",都不以真实面目示人,表面上或短时间内双方会相安无事,但最终都会原形毕露。这就是很多人"因为不了解而在一起,因为了解而分手"的原因。

不论是企业还是个人,都不要害怕暴露自己的价值观,双

Ⅵ. 价值观与动机

方都应该主动展示自己的价值观，这样双方才能有效筛选、志同道合，都降低了选择成本和沟通成本。

我不喜欢开会迟到，我没说出来，别人就不知道，结果是经常有人迟到。后来，我明确告诉大家我讨厌开会迟到的行为，之后就很少有人迟到了。不仅如此，我还把其他我讨厌的职场行为说了一遍，我发现，我们的行动标准就更趋一致了。

情感、朋友也是如此，你得公示自己的原则和价值观，明确说明你喜欢什么、讨厌什么。这样大家才有行动标准、行为底线。不然，经常会因"踩线""逾矩""过头"而发生冲突。

企业招聘更是如此，要先把价值观喊出去，才能吸引到适合的人才。2011年我出版了第一本书，不仅让我产生了更大的影响力，也让一些优秀的人了解了我，让认同我的教育理念、人生理念、事业理念的人，从全国各地不远万里加入我的团队。

三、同声相应，同气相求

人们常说，人以群分，物以类聚。相同的价值观，总是会吸引相同的人。

现在，很多人感到很孤独，没有团队，没有朋友。我发现，很多时候是因为他们从来没有"喊出"自己的梦想和价值观，所以吸引不到志同道合的人。

喊出价值观，会让不喜欢你的人远离你，但也会让认可你的人靠近你。事之大者如建党建国是如此，普通人交朋友、组团队也是如此。我觉得，能把人识别或分离出来，就是一件好事。

31. 怎么找到更适合你的公司？

马化腾说："我们公司的价值观第一就是正直，就是人品要正直。如果不是，哪怕能力再强也不用。"

雷军也讲过一个故事："我面试了一个高管推荐的人，他觉得这个人非常非常厉害，我跟他说这个人不行。我跟他聊了一个小时，他的简历接近完美，为一家重要的供应商工作，他接手时公司营收是一年 900 万美金，他四年干到了两亿美金。我说你真挺牛的。他说他有能力把稻草卖成金条。我跟他说，你跟我们的价值观不符，我们不需要蒙骗用户的人，不需要把稻草卖成金条的人。"

我相信，他们这些价值观的明确昭示，不仅会对现有员工起到行为引导的作用，也会对外面的潜在人才起到筛选和吸引的作用。

在现实中，很多人都会纠结工作和生活要不要分开。其实，怎么做都无所谓对错，都是源于自己的选择。如果你的价值观不太那么爱拼搏，但你所在的公司或即将要去的目标岗位对工作有特殊要求，如经常远赴国外出差，那可能就不适合你了。毕竟，很多公司都要求高管 5 分钟必须回电话，24 小时必须回邮件。

事实上，很多人也无法把工作和生活截然分开。马云说自己每天走路、洗澡都在想着工作。美团王兴说："如果你是一个尽职的员工，你每天上班八小时不开小差，就用这八小时想着公司的事情，这是合格的。但如果你是一个中高层管理人员，那么你应该在所有醒着的时间都去想公司的事情。"

怎么明确你的价值观？

价值观是个很烧脑的话题，虚幻缥缈，很难描述。有些人根本不知道价值观为何物，如果问"你是什么样的价值观"，大多数人会一脸茫然。虽然很多人不清楚自己的价值观，但不等于它不存在，就像很多人可以流利地说话但不懂语法一样。

可以肯定的是，每个人都有自己的价值观，价值观具有决定性和导向性，如经济学所谓"看不见的手"一样，会默默地决定着你的选择、不知不觉影响着你的生活方式和人生走向。

价值观认知明确的人做选择相对容易，价值观认知模糊的人做选择会更加困难和纠结。

这些年来，随着思考的深入和阅历的增多，我对自己价值观的认知越来越清晰，遇事做判断、选择就容易多了。我能明显地感觉到，一些曾经令我困惑的问题，如考研考编、学什么专业、进什么行业、找什么工作、跟什么人在一起、要不要做什么项目，等等，现在都不再构成困惑了。而根源在于，我基本想清楚了自己想要什么、适合什么、能做什么。

明确认识自己的价值观，正视自己的价值观偏差，深化自我认知，无疑有助于超越自我，实现人生目标。那么，如何认识、明确自己的价值观呢？

32. 怎么明确你的价值观？

一、扩大眼界，增长见识

人是社会化动物，一般是基于自己接触、见闻的人物、事件、社会评价等而逐渐形成自己的价值观，慢慢选择想要的生活方式。反过来，当我们需要自我认知、需要明确自己的价值观时，也需要一个逐渐发现的过程。

可以说，未曾见闻的事物，对一个人来说等于虚无的存在，就像火星、微积分、原子之于一个远古人一样，很难有什么影响或启示。那么，价值观的形成和认知，都需要多见闻、多读书、多历练了。

雷军在大学期间就开始创业，他曾公开表示："一本书、一个人改变了我的一辈子，这使得我上大学一年级的时候，就想建一家世界一流的公司。"这本书就是《硅谷之火》，讲的是比尔·盖茨和乔布斯等人的创业故事。

我读大学的时候没想过创业，一直以为自己是要按专业方向就业的。但读研时偶然接触了一些创业案例，听过一些创业者的演讲，发现"原来还可以这样生活"。于是，我的人生打开了另一扇窗口。

很多原本很迷茫的人，可能在见识过某个人的生活、职业、经历之后豁然开朗，发现"这就是我想要的生活"。

所以，如果是方向性迷茫的话，只能说见识太少；如果是选择性迷茫的话，那是价值观模糊；如果是获得性迷茫的话，那就是能力不足，撑不起野心了。

扩大眼界，增长见识的方法，就是"读万卷书，行万里

VI. 价值观与动机

路",多读多看多走走。

多读,就是多读书,各类传记、各类资讯、各行业人物访谈可以重点阅读。

多看,就是多看看各类人的生活方式和生活状态。

多走,不是多去旅游景点旅行,而是多走一些不同的地方、多去一些不同的场合、多尝试不同的行业和岗位,多经历一些未曾见闻过的人和事。

之所以要加个"多"字,就是不要局限于身边几个人,不要局限于自己的专业和行业,不然见识也会变得狭窄。见识狭窄,可能就找不到你的价值观。

假设你的价值观是 D 选项,而你只拥有 A、B、C 三个选项,那么,不论你怎么选,都不可能得到正确答案。

二、对照他人,比较细节

价值观虽然缥缈,但一定体现在生活细节之中。当你无法自我认知、明确价值观的时候,可以用对照他人、比较细节的方法,加深自我认识,发现价值观所在。

大学期间,有一次与同班同学阿玢交流,她很肯定地说:"我以后不会去当老师,学生一年比一年年轻,而我一年比一年年老,沟通会越来越困难,尤其是我不喜欢做重复的事情。"且不评论她的价值观如何,这是我第一次发现,有人对自己"想要什么、不想要什么"这么清楚、明确和肯定。

读研的时候,同宿舍有个同学,每天泡在图书馆,发表了很多论文。有很多次他回来后都显得很开心,我问他有什么好事,他说:"今天在图书馆安静地待了一天,没有干扰,看了很多书,完成了一篇论文。"我想,这也能让他开心?如果是我在图书馆待一天,一定会感觉很无趣很煎熬。让我一天都开心,那一定是做了一些有趣的事情、见了一些奇怪的人,或折腾了一些很有创意的想法。

我对这些细节反复回味后发现,自己很不喜欢一成不变的生活、不喜欢循规蹈矩或束缚太多,我更喜欢未知、更喜欢有期待的生活。

这些细节就是价值观的具体表现方式——你想过什么生活,你讨厌什么,你喜欢什么,做什么事你才觉得有乐趣和有意义。

事实上,这些细节确实预告了我们的未来走向:这位"在图书馆很快乐"的同学,后来考上了博士,现在成了教授;而我在换了几份工作、走了几段弯路之后,最终走向了创业的道路,并且乐此不疲,越走越远。

三、价值观认知的两个步骤

为了更方便地认知明确自己的价值观,我建议两个步骤,这样可操作性更强一点。

1. 吸引

你会被什么吸引?你对什么感兴趣?这些事物往往是你自己价值观的投射。

我大学原本在读着专业、学着英语,对创业毫无概念。后来听了一些知名创业者的演讲和故事,我就动心了,从此心里埋下了创业的种子。

Ⅵ. 价值观与动机

所以,如果通过自我思考不能明确自己的价值观,那就看你容易被什么类型的人影响、吸引和激动。

还要有意识地去想想,哪些事情能让你开心、有动力、有成就感?哪些事情即使不给钱你也干?这样的事情,你可以多干,干多了也许就找到了突破口。这种实践活动,不仅是兴趣的挖掘,也是价值观的寻找。

如果因为眼界、阅历有限,暂时发现不了吸引自己的东西,还可以用排除法——你至少可以明确自己不想要什么样的生活。

2. 验证

当发现自己感兴趣或容易激动的事情时,就需要通过实习、尝试、接触等方式去验证你的认识,避免"因为不了解而产生的误解"。

大多数时候,我们不是在明确了自己的价值观之后才开始做事情的,而是在不断尝试中慢慢明确了自己的价值观。

价值观是一种底层能力,也是自我认识的重要内容。

你可以说不清价值观这个概念,但一定要能回答"想要什么生活",因为这是价值观最直接的体现。有些人文化程度不高,但很清楚自己想要什么,目标明确,人生有奔头。

我们为什么会离开一个圈子、放弃一份工作?很大程度上是因为"这不是我想要的生活"。

动机的力量

一、什么是动机?

美国学者伍德沃斯认为,动机是决定行为的内在动力。我们可以理解为,动机是人们做某件事的内部驱动力或者内在原因。

人们做任何一件事,都存在着动机的成分。作案有作案动机,求职有求职动机,交往有交往动机,靠近有靠近动机。

拿考研来说,有人是因为热爱学术,有人是因为暂时找不到工作或不想去工作,有人是觉得考研后就业竞争力更强,有人是因为迷茫,有人是因为"妈妈要我考研"……不同的动机,决定了他们接下来的人生走向和学术表现。

甚至请人吃饭都有动机。有人是求人办事,有人是感谢帮忙,还有人只是拉人作陪。有人说:"不对呀,我请朋友吃饭,就是为了吃饭聊天,没有别的动机。"其实,没有别的动机就是动机,比如满足交往需求。情商高的人,别人请自己吃饭,会下意识地思考一下饭局主人的动机。要知道,鸿门宴就是一场别有所图的饭局。

人生也是有不同动机的。有人做某件事,是因为有生存需

Ⅵ. 价值观与动机

求；有人做某件事，是因为快乐等情感需求；还有人做某件事，是因为成就需求。为什么同班同学，一样的学历、一样的技能，在毕业几十年后差距越拉越大？有人说，是因为他们的志向不同，有人小富即安，有人是"燕雀安知鸿鹄之志"。志向，说到底就是人生动机。

二、动机的力量

动机是一种底层能力，具有隐蔽性、决定性等特征。

1. 目标理性：动机覆盖情绪

在职场，为什么有人不会情绪化？除了性格等原因，就是动机使然了。有人因为失误被批评了，不是没有情绪，而是被另一股力量——知道自己想要什么，比如，更快地成长、实现职位晋升——"抵消"了。如果有了一种更为强烈的动机，那不爽的情绪就会消失。我把它称为"动机覆盖情绪"。韩信甘受胯下之辱，不是没有情绪，而是为了实现更伟大的抱负。用现在的话来说：当你知道为什么而活着的时候，就能忍受任何一种生活。

"女子本弱，为母则刚"也是对动机覆盖情绪的生动诠释：有些性格柔弱、平时说话都会脸红的母亲，为了保护自己的孩子，会变得像狮子一样强大。这就是保护动机覆盖了害羞情绪。

2. 热爱工作：我是在给自己打工

不同的人有不同的动机。有人觉得是在给别人工作，有人觉得是在给自己工作。周鸿祎有一段话流传甚广："我在方正工作过，在雅虎工作过。我跟别人最大的不一样，是我从没觉得自己是在给别人打工，因为这些能力都是我以后需要的，我就是在给自己打工。当年有些一起工作的同事，下班就骂公司剥削自己，我认为这些抱怨毫无意义。如果把自己定义为一个打工者，自然盯着那点可怜的工资。"

3. 创业勇气：动机覆盖恐惧

为什么有人敢于"再出发"？一样是因为动机强烈。其实，任何人要改变现有生活方式都挺艰难的。要不要辞掉现有的工作，开启一番前途未卜的创业？或到另一个城市从零开始打拼？这些决定，对每个人都很难。但是，那些动机足够强烈的人就做到了，我们可以称之为"动机覆盖恐惧"。

我创业的时候，也不是觉得自己一定会成功，也不是因为准备足够充分，而是很讨厌当时一成不变的生活，非常渴望人生的其他可能性。当这种动机强烈到再也抑制不住的时候，人就能迈出新的步子。

三、动机万千，不如热爱

求职也是有动机的。招聘工作中一个有意思的事情，是可以看到各种不同的动机、性格、价值观。

有人找工作是为了谋生，"因为我需要工资吃饭"，所以，"哪里给钱多，我就去哪里"。

有人找工作是为了养老，所以他们的第一诉求是稳定性。

有人找工作是为了增值，他们在乎的可能是行业和平台的价值，以及领导的能力。

Ⅵ. 价值观与动机

有人选工作是因为成就感的需要，张勇说自己加入阿里巴巴是因为："我已经做过一个 30 亿美金的上市公司了，还想做一个 300 亿美金的上市公司。"

有人找工作就是觉得好玩，因为家里已经有了一辈子也花不完的钱，他们只是需要社会参与感和自我实现，所以更在乎工作的意义或人际关系的和谐。

有些人应聘是为了学习观摩，他们目的明确，往往不在乎薪资、股票、期权等实际收入。

我还见过一些人，他们只是需要找一份临时的过渡工作，因为"家里的店面还在装修，还需要几个月才能开张"。当然，很多人不一定会说出自己的真实动机，至于怎么了解他们的真实动机，那就要考验招人用人者的智慧了。

值得一提的是，在所有的求职动机中，热爱也许是一种能满足求职者和用人方双方需求的动机。热爱的对象或内容包括工作本身和工作团队。我发现，有热爱工作动机的人，表现会更好，进步也会更快。毕竟，知之者不如好之者。热爱，才会主动研究和琢磨。

管理者都会发现，不同工作动机的人，战斗力和职场存活率是不同的，有人会走得很远，有人很快就不干了。

"到底招什么样的人？"张勇说，"第一种是体制内的不安分者——日子过得很好，但老想干点啥。"

慧子姐在总结管理经验时说："有强烈企图心的人更值得培养，因为他们对自己有更高的要求，非常渴望把事情做成。"

动机不同，表现就不同。我做过一个观察：那些以帮助他人为乐的员工，比纯粹为了完成业绩拿奖金的员工，状态更积极，结果也更好。

四、动机决定事业高度

动机不仅决定了一个人的生活态度、工作感受，也决定了一个人的事业高度。在人生追求层面，动机往往体现为野心、雄心。

企业家研究者发现，一个人动机的强弱首先决定了他的人生态度。刘强东说起少年时："我讨厌认命，不愿一辈子烂在村子里，不甘心当一个平庸者。"这句话表现出强烈的进取心和事业动机。正是这种力量促使他努力学习，走出山村，一路折腾，一步步把京东做大。

躺平是一种人生动机，折腾也是一种人生动机，不同的动机使人有不同的表现。在一次直播中，丁磊谈到"选择上清华，还是选择一个亿"的问题时说，自己选择上清华："创造财富的能力更重要。这道题的潜在问题是说，拿到一个亿，你就终止学习了，那不可以。对我来说，给100个亿我也不会躺平，还是要折腾一些事情的。"

雷军是一个成就动机显著的人，也谈过动机对于事业的推进作用："离开金山对我是一次重创，心理上的创伤超过了大家的想象。我这个人很努力、很勤奋，带着一帮和我一样的人，打了这么多年江山，整成这个样子，我肯定不服气。要是我没努力也就认了，但是我非常努力。二十多年，这么多的机会一个都没捞着。我问自己为什么，问题肯定出在我身上了，那我

VI. 价值观与动机

的问题是什么呢？就是不服输。""我是一个成就驱动型的人，我就是想做一件伟大的事情，享受骄傲自豪的感觉。"

你稍做观察就会发现，几乎所有能做出一番事业的人，强烈的成就动机一定是他们的一项底层能力。

"我天生就是要当老大的。上幼儿园的时候，如果有台阶，我就一定要坐在最高的那层上面，下面的人都要听我的。"蘑菇街创始人陈琪如是说。

"我这辈子从来没有浪费过时间。"远大空调创始人张跃说，"我每天的工作时间差不多都在 14 小时以上，每月工作日接近 29 天。"

看准网创始人赵鹏在团中央任职 11 年，做了 5 年的处级干部之后离开了仕途："我身上有适合创业的某种精神，更偏好不确定性一些，对不确定性感到兴奋。"

企业界有一个说法：创业是为了一个伟大的企业还是为了赚点钱，这个动机的差别，最终会导致事业高度的不同。

总有人好奇，有些企业家为什么有钱了还那么拼？为什么有人六七十岁了还那么拼？如果你站在动机的角度就好理解了，因为他们不是为了钱，而是成就感和人生意义。

朋友圈看到一个老板退休后又复出创业："没事干太无聊了。哪怕靠运气赚的钱这次凭实力亏掉了，也要继续创业。"

总之，动机决定了一个人的表现，不论是创业还是求职，都需要了解自己的动机。

是动机和各种底层能力，塑造了一个人与另一个人的不同。

Ⅶ. 生活态度

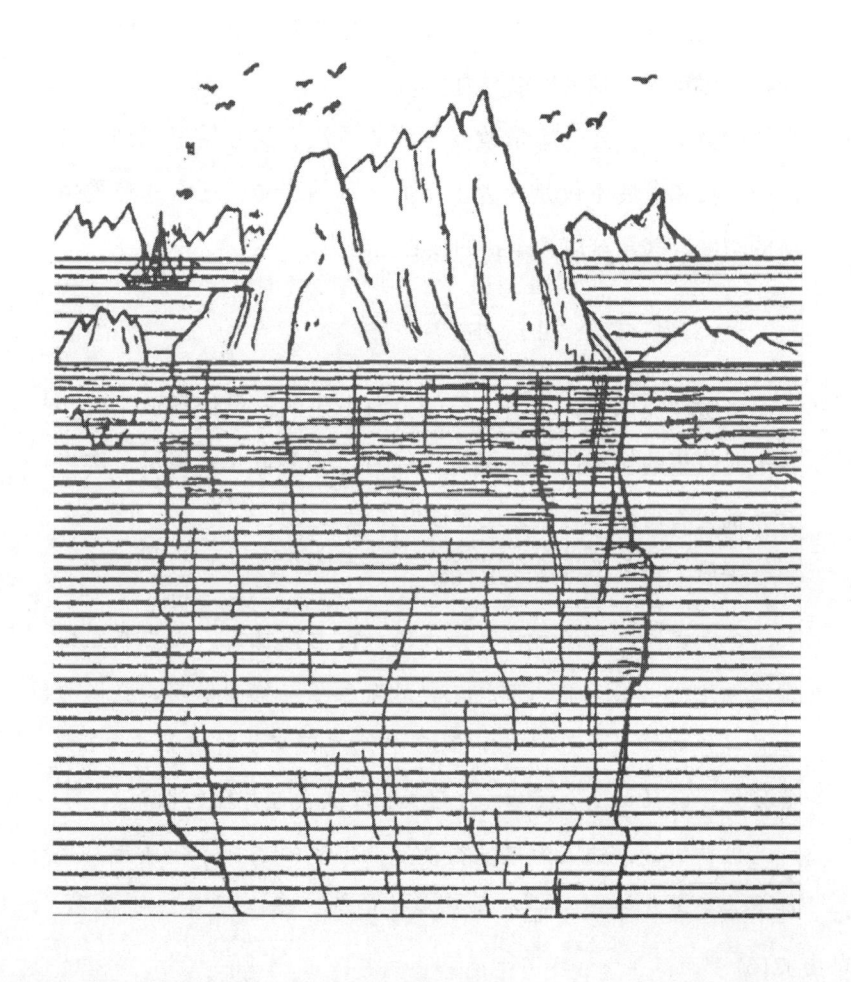

什么人具有更高的能量值?

过去很长一段时间,我一直觉得自己的成长和发展,主要归因于勤奋和努力。毕竟,从高中开始我就很努力,从创业到现在十多年了,我依然很努力。

但前些年,几件事情改变了我的看法。我开始意识到,自己的成长和发展不仅是因为十年如一日的努力,还有我热爱生活的态度,甚至这应该是我的核心竞争力之一。

一、感受不到快乐

一次课间休息,我给底层能力研习班的学员们播放了一些我平时收集的短视频。虽然我已经看过很多遍了,但每一次再看,都会看得津津有味,还会被逗得哈哈大笑。

事后,一个学员给我留言:

今天课间,我没有认真跟大家一起看短视频,因为我觉得那些没意思,很无聊。但我认真地观察了一─你。以前,我以为你是一位高冷的老板,想不到几个短视频都能让你那么快乐。我发现,我只关注自己、关注目标,不太关注外面的世界。

以前的我,给人的感觉很淡定。但我知道那不叫淡定,也许更多是不在乎吧——不在乎身边的人,不在乎身边的世界,感觉跟我无关。

以前总觉得自己是一个没有心的人，不会伤心，不会难过，也很少流眼泪。说我一年只流一次眼泪，也一点都不过分。

是你教会了我，让我试着去感受生活的快乐和温暖、发现并欣赏生活的每一个美好瞬间，在追求目标的同时，也要放慢脚步看看周围的风景。当看到你把收藏的短视频一段一段地放给我们看的时候，我似乎觉得，这才是生活。

以前，我的微笑都是笑给别人看的。从现在起，我要试着笑给自己看。

看完这段留言，我很开心，有人因为我一个不经意的举动而有所触动。

但我更多的是震撼，一些我认为是理所当然的快乐，有人竟然感觉不到。以前有人跟我说他们的天空是灰暗的，我不能理解。后来，见了更多的人，听了更多的故事，我才慢慢发现，每个人的生活态度是如此不同。

这些不同，让我在理解他人的同时，也在进一步认识了自己。

二、一次讲座反馈

2011年一次讲座过后，一位听众给我这样留言："我朋友说你口才很好，思维很强悍。今天听了你的讲座，在你身上感受最深的一点，是你对生活的热爱。你对生活的态度感染了我。"

这个反馈对我的意义非同寻常。倒不是因为他表扬了我，而是他提供了一个新的角度。以前的留言多是说收获了多少新东西、怎么开阔了视野,但只有这位指出了我对生活的热爱。这也是我之前不曾意识到的,甚至都没作为我的底层能力之一。

我很感谢他的真诚反馈:"一开始,我也没意识到我的特质还有对生活的热爱。是你让我意识到原来热爱生活也是我的核心竞争力。也许别人听到了一些知识点,而你悟到了最本质的东西。听到的知识终究会忘记,但生活态度会伴随你一辈子。我希望你也能把生活态度变成你的一项底层能力。"

三、反正要离开的

随着公司人员增多,我现在已经不怎么亲自授课了。但在创业初期,我是经常授课的,包括职业规划、情商、商业思维等底层能力课程。有些课程虽然只有短短几天,但我依然讲得激情澎湃。奇怪的是,每年都会遇到这样一种论调:"过几天就散了,何必那么认真呢。"我观察后发现,说这类话的人参与度不高,对同学也漠不关心。

我很奇怪他们的生活态度。按照他们的说法,人反正都要死的,那还吃饭干什么?我认为,每一个人对待工作和生活都应该全力以赴,人生的每个阶段都是如此。

每个班都有结束的时候,每个学员都会离开,但我都会全力以赴,整个过程我都很快乐,这就够了。这一期结束,我会期待下一个班、下一群有意思的人出现。就这样,我每一段人生都倾情投入,每一段人生都很快乐,最后拼接成为一生,那我的一生都很快乐。

活在当下最重要,过分在乎结果,那活着就没意思了。

34. 什么人具有更高的能量值?

确实存在这样一些人,无论做任何事,连一个瞬间的全身心投入也做不到,即使是一次轻松的朋友聚会,他们也不会努力融入,原因各种各样:"没意思","散了之后大家谁也不联系谁,何必那么热情"……他们的生活拼接起来,就是无趣且平淡的一生。

人都需要在反馈和比对中,进一步认识自我。我也是在一次次感受到与他人的不同后才发现:原来,热爱生活是我的一项底层能力。

四、热爱生活的力量

回想起来,我的发展并非一直是顺风顺水,也遭遇过很多困难和挫折,之所以能扛到今天,是因为热爱生活的态度。

当初,我攥着几千块钱、抱着一台电脑就开始创业了,完全没有瞻前顾后或犹豫纠结。不仅如此,创业的第一年,我还经常请朋友们大碗喝酒,那也是我喝酒最多的时候。有人问我为什么不担心失败?我说我相信未来。

创业之初,由于经验不足,老想着做"大项目",遭遇了不止一次的项目失败、团队解散。但我没想过要去打工,而是在痛定思痛、几经辗转之后,依靠自己一个人的力量重新开始创业。

不仅如此,我租办公场地遇到过好几次坏房东,都是把我的押金给赖掉了,少则几千,多则几万。起步阶段每一分钱都弥足珍贵,但我也不会因为被坑就收摊不干了。这些买来的教训,反而给我积累了很宝贵的经验。

Ⅶ. 生活态度

我有时候在想，为什么创业这些年有这么多伙伴从天南地北跑过来追随我？答案肯定不是我给他们发很高的薪资，而是他们被我积极奋斗的生活态度感染了。

我发现，生活态度真的是能让人从无到有、勇往直前、百折不挠的底层能力。

我现在也关注着很多人，包括很多创业者。有些人其实也不太成功，甚至屡战屡败。我为什么会关注他们？答案是他们始终昂扬、永不言弃的生活态度感染了我。在他们身上，我看到了自己的影子，同时也吸收着他们的力量——每当疲惫不堪的时候，就看看他们，然后告诉自己："在这个世界的另一端，有人跟我一样在努力呢。"

五、什么是生活态度？

在我看来，生活态度与价值观略有不同。价值观是你判断事物有无价值及价值大小的尺度和准则，比如一件事情值不值得做。生活态度是你对事物的反应，比如你大多数时候是积极乐观还是消极沮丧，以及你对生活中的人和事是个什么态度。

看到过这样一个故事：

一位妈妈有两个女儿，一个卖布鞋，一个卖雨伞。刚开始，她总是很沮丧，因为下雨天她担忧卖布鞋的女儿生意不好，大晴天她担忧卖雨伞的女儿生意不好。后来有人告诉她，你应该反过来想，下雨天就想卖雨伞的女儿生意好，天晴就想卖布鞋的女儿生意好。这位妈妈果然每天都很开心。

34. 什么人具有更高的能量值？

故事很简单，但生动说明了生活态度和思维方式对人的影响有多大。你控制不了外部世界，但可以控制自己的情绪和反应，这就是一种生活态度。

只是让一个人转变生活态度，并不像这位妈妈这么容易。对于大部分人来说，改变生活态度跟改变性格一样困难。

学校教育、家庭教育习惯性地更重视知识和技能的学习，难以顾及生活态度对人的长期影响。一个人，仅仅学习知识和技能是不够的，必须具有良好的生活态度，两者结合起来才能发挥更大的作用。

生活态度作为一项底层能力，具有相同的特征——基础性、隐蔽性、决定性、先天性、可迁移性，在人的一生发展中，始终发挥着基础作用。学习同样专业的人，生活态度不同，幸福指数不同，职业发展高度不同。

只要热爱生活，再黑暗的地方你都会发光。

用什么抵挡日复一日的消耗？

我越来越感受到，生活需要极大的热忱。我觉得热忱就是人生的一项底层能力，它不像一个技能，学会了就可以胜任一个工作。如果没有热忱做驱动，一项简单的工作也不会做好。

一、发现热忱

我是怎么发现的呢？

2013年有一段时间，我事情特别多，压力特别大，每天早上六七点上班，常常忙到凌晨才能下班。每天都感觉特别累，有一种精疲力竭、全身都被掏空了的感觉。有时候甚至会想，第二天别再这么拼命了。但是，第二天一早我又会准时起床，精神满满地去工作。我清晰地记得，有天早上我发了一条动态："一觉醒来，又是一条好汉。"个中滋味，只有经历过才能懂。

为什么说生活需要极大的热忱呢？因为每一天的疲惫需要靠它修复，不仅如此，日复一日的坚持也需要热忱来维持、充电。

努力三天谁都能做到；努力一年大多数人都能做到，我当年考研的时候，也是闭关一年、每天早出晚归的。

35. 用什么抵挡日复一日的消耗？

努力三年也有很多人能做到，比如我高中三年，在被窝里看书，在路灯下看书，连洗澡都没时间，吃饭都要跑步冲刺，争分夺秒地学习。

努力十年呢？十年如一日地努力呢？多少人能做到？很少。

创业十多年来，我深切地感受到，每天都要自发地产生热忱，保持奋斗的状态。不然，我可能也会在拼个几年之后，热忱磨灭，开始躺平或小富即安了。

二、生活靠热忱继续

生活靠什么继续？只有那些能每天产生极大热忱的人，才能更好地迎接生活。

被拒绝，是常有的事情。被拒绝的感觉，当然多少有点不好受，或沮丧，或崩溃，或失落。靠什么修复呢？热忱。你需要第二天产生新的热忱，去消化前一天的拒绝。

当你发现自己的一个宏伟理想破灭的时候，当你原本自信的一个想法和创意被现实一次次证明不可行的时候，什么能支撑你继续下去？答案是热忱，你需要持续产生新的热忱。不然，你可能像很多人一样，早早地破罐子破摔或借酒浇愁了。作为一个创业者，这种感觉，我经历过无数次。

就算还没有被拒绝，梦想还没有受挫，仅仅是一个人的坚持，就需要每天产生极大的热忱。当你周边的人都一个接一个放弃了，只有你还坚持着一件事情，你会怀疑自己吗？你会问自己值不值吗？你会问自己对不对吗？当你产生这些想法的时候，你就已经开始情绪内耗了。内耗到一定程度，结果也是放弃。那一个人靠什么坚持下去呢？每天产生新的热忱。

为什么我感受这么深刻？因为我就是这么历练过来的。

当我身边的人都在寻找一份安稳工作的时候，只有我一个人选择了创业。刚开始，收入朝不保夕，公司前途未卜。这时候，很多人有意无意地不断提醒劝告："你这个事情是做不成的"，"你这个事情没意义啊"，你还会坚持吗？更要命的是，你身边曾经互相信任的几个伙伴，也一个一个"因故"离开了，你的内心真的不煎熬吗？

那靠什么支撑你继续下去、坚持下去？

每天产生新的热忱。

哪个创业者不是这么过来的？

为什么有些事情只有少数人能做？为什么有些路只有少数人能走？因为只有少数人能持续产生新的热忱，只有少数人具备这种底层能力。

三、用热忱抵挡消耗

现实生活中，不要说各种伤害和挫折，即使是日复一日的平凡和琐屑，就足以磨灭很多人的棱角和激情。

每天照例上班，每天踩点下班。说不上吊儿郎当，也谈不上轰轰烈烈。收入不多不少，但看不到太多希望和变数。生活没有危机，但也没有惊喜……

就这样，日复一日的激情消磨，少年时期改变世界的梦想变成了"混口饭吃"，最后变成了自己曾经讨厌的人，并开始不断教育另一个人："你这事是不可能的"，"那事是做不成的"。

你看，连抵抗生活的平凡和琐屑都需要极大的热忱，更别说还有各种颓废的氛围在影响你，各种负能量的人在向下拉你。

还有各种伤害呢？

你付出了几年的时间和精力，辛辛苦苦培养一个人，结果他不仅背叛了你，带走了你的很多技术机密，甚至还到处说你坏话。你还愿意培养新人吗？

你曾经无比地相信一个人，把心里话讲给他听。有一天你发现，他转身就把它当作笑话讲出去了。你还敢相信朋友吗？

曾经山盟海誓，你觉得自己遇到了"山无棱，天地合，乃敢与君绝"的人。现在，说分就分，离开都不带回一下头的。你还敢相信爱情吗？

你曾经把钱借给一个人，帮了他大忙。后来他不仅不还了，还四处说你不好，你会不会怀疑人生？

你在路上，好心地扶起一个倒地的老大爷，结果他揪住你的衣领，说是你撞倒他的，要你负责，你会不会"三观"尽碎？

……

现在你明白了我为什么会说生活需要极大的热忱，为什么热忱就是一种底层能力。

生活不仅有太多的伤害需要修复，也有太多的琐屑需要激活。

四、"历尽千帆，归来仍是少年"

如果你每天产生的新能量抵挡不了消耗，那你不是在平凡中坠落，就是沦为被别人改造的对象。

Ⅶ. 生活态度

有一个人，二十多岁，整天没有表情。有一次，我忍不住问她："为什么你的表情很少有变化?"她说："高中时有人告诉我，我笑起来太难看了。从那以后，我就不笑了，长期下来，我就慢慢形成了这种面瘫脸。"

天啊，还真有人因为被伤害而改变了自己的生活态度。

后来，我就很注意看脸，因为每个人的经历和生活态度都会沉淀在他的脸上。当然，情况也不尽然：有些人没经历过什么事情，也会把自己弄成一脸苦大仇深的样子。而有些优秀的人，经历过无数的挫折、坎坷、打击、伤害，也不会把痛苦写在脸上，依然亲切和善、满脸春风。

我很佩服这些"历尽千帆，归来仍是少年"的人，因为他们拥有极大的自我修复力和生活热忱。

小时候看过一部电视剧，有一个情节到现在我记得还很清晰：

有一个女人被情感伤害了，于是她武断地得出一个结论："男人没一个好东西"。不仅自己从此不再接触异性，自己的三个女儿也不许接触异性。有一次，一个女儿跟一个男人说了一句话，就被她逼得刷牙刷出了血。

等亲身经历过多次挫折后我才明白，这是一个因为缺乏修复能力而被社会改造的悲剧，而且，这类悲剧很普遍。很多人受到伤害后，会本能地把自己封闭起来，以为这样就能避免伤害。

其实，应该想想，是继续绽放自己会收获更多，还是封闭自己会失去更多。

35. 用什么抵挡日复一日的消耗？

遇到伤害后，你有两种生活态度可以选择：

A. 闭门谢客，退隐田园。每日舔舐伤口，长吁短叹，顾影自怜。

B. 简单包扎伤口，投入下一场战斗，拥抱下一个朋友，把握下一个机会。

没有 C，也没有 D，正如我们的人生，选择真的不多。

怎么才算热爱生活？

一个人要怎么生活才算是热爱生活？古往今来很多人都思考过、争论过。法国思想家、文学家罗曼·罗兰极为推崇"在认识生活的真相后依然热爱生活"的人生态度，也就是说，我们不能因为生活的残酷而绝望颓废，而是要积极地发现并创造生活的美好，"世界以痛吻我，我却报之以歌"，这才是真正的热爱生活。

热爱生活是一种人生态度，是战胜挫折、跨越逆境的精神底蕴，是为生命赋予意义的积极体验，生活因为热爱才会美好。

一、发现生活之美

尽管工作压力很大，甚至要面对困难、挫折甚至失败，但在上下班的路上，我也会感受到生活的美好：透入车窗的温暖阳光，伴我回家的繁星点点，相互搀扶着的老夫老妻，以至于花草的一缕香味、蚂蚁搬家的坚持，都让我觉得愉悦而美好。

说起来许多人可能不信，我们的团队在鸣沙山沙漠，就是进门那个方圆不到一公里的地方玩了三天。有人惊讶："就那几个光秃秃的沙丘，你们玩了三天？我们骑了个骆驼转了半圈，半天就玩完了。"

36. 怎么才算热爱生活?

我能理解他们,但他们不理解我们。有这么一句话:"重要的不是去哪里,而是跟谁去。"就我自己的感悟,我还可以补充一点:"同样的地方,与不同的人去,心境是完全不同的。"为什么?因为有时候你是跟热爱生活、有趣的人一起去的,有时候你可能是被绑参团去的。

橘子洲公园,有人可能第一次去就觉得不好玩。但我们去了几十次了,每次都觉得很好玩,因为我们热爱生活,每次都能发现新的风景、新的角度、新的心情。

二、善待他人,感恩生活

热爱生活还体现在你如何看待、对待身边的人。

如果你经常看不惯身边的人,讨厌很多人,冷漠地对待陌生人,就不能说你热爱生活。只有热爱生活,你才能发现别人的美好和优点,才会觉得别人有意思。经常说"这没意思,那没意思"的人,本身就是没意思的人,这是我看了很多人之后的感悟。因为有意思的人,到哪里都有意思。

感恩也是热爱生活的一种体现。感恩不仅是感谢曾经帮助自己的人,也包括感谢各种挑战和挫折。面对曾经的工作,你可以感谢它提供给你的历练,也可以抱怨它的种种不足;面对曾经的爱情,你可以感谢对方曾经的陪伴,也可以怨恨它带来的伤痛;面对曾经的背叛,你可以感谢它让你对人性有了进一步的认识,也可以在内心种下一颗仇恨的种子。

但可以肯定的是,如果你总是开启受害者模式,那你会越来越不幸福。

Ⅶ. 生活态度

也许很多人觉得,感恩是在感谢别人。我觉得,感恩是在帮助自己,是我们选择了一个更好地感受世界的角度,让自己的心灵更加富足。

三、创造美好的生活

写到这里,我介绍一位盲人按摩师:

因为长期伏案工作,我常常感到腰酸背痛。刚好,我家对面有个盲人按摩馆,有时候我就带着伙伴去按肩。

一开始,我就觉得这个盲人特别有亲和力,因为她的声音、语调以及聊天,都让人觉得特别舒服。不仅如此,她还会时不时地爽朗大笑。她说:"好多来做按摩的人,都成了我的好朋友,有人给我带吃的,有人邀请我上门做客,还有人与我分享她们的秘密。"

"她们为什么愿意把自己的秘密跟你分享?"我随口问道。

"我也不知道为什么,她们相信我可能是觉得我'无害'吧,或觉得跟我聊天比较轻松吧。"她笑着说。

她这话我信。因为我也经常跟她聊天,我也觉得很放松,不只是肩颈的放松,还有心理的放松。

一来二去,我与她就很熟悉了。我了解到,她初中的时候得了眼疾,家里没钱看病,拖了半年,最后失去了视力,一点光影都看不见了。不仅如此,由于家里重男轻女,还遭受了不少欺负,包括周边坏人的欺负。

我问她:"你眼睛看不见,从小又被欺负,可你也没有憎恨生活,抱怨命运。为什么啊?"

36. 怎么才算热爱生活？

"抱怨有啥用啊？都是过去的事情了，说什么也没有用。"她笑着回答，"我现在也很幸福，虽然老公也是个盲人，但我们感情很好。我们还有个女儿，很健康，眼睛没问题，才三岁就知道妈妈看不见，说要赶紧长大，多带妈妈出去玩玩……"

听着她刹不住地唠叨起了她的幸福生活，我很感慨。

如果说，以前只能在新闻故事里看到这样的人，但现在这位给我做按摩的盲人，就在我的身边，我可以清晰地感受到她积极的生活态度。

"经过我们夫妻俩的努力，我们终于按揭了一套门面房。虽然面积不大，但可以放下三四张按摩床，收房搬过去后，就不用再租别人的房子了……对了，我昨天经过芙蓉路，发现路边的花好美。"

我忍不住打断她说："你不是看不见吗？怎么发现路边的花很美？"

"我可以想象啊，"她说，"不瞒你说，我还经常看电影呢。最近这部电影，我已经看了三遍了，有些台词我都会背了。"

"也是想象吗？"

"是的啊，我一边听电影，一边想象画面。"

……

我都不知道说什么好了。

虽然我自己也是一个生活态度积极的人，但听了她的故事，我觉得值得自己学习的东西太多了。

热爱生活，才能创造美好的生活。

生活态度决定职业态度

一、两道面试题

几年前,有一个人想到我们公司工作。跟他电话面试时,我问了他一个测试性格的问题:"生活中,你最讨厌什么类型的人?"他说最讨厌他爷爷:"爷爷人很自私,经常虐待我父母,而且脾气不好,每次为点小事都会打我,尤其是在他每次喝多掀桌子的时候,我真想杀了他。"他回答得很直率,但我不敢录用一个心里满是仇恨的人。

还有一次面试,我问一个求职者:"为什么选择来我们公司工作?"他说:"我已经半年没有工作了,下个月的生活费还没着落,所以,我必须找到一份工作。"我欣赏他的诚实,但不欣赏他的生活态度。一个人生活费没着落了才想起来找工作,显然是忧患意识不够、缺乏积极的进取心。起码,我觉得他跟我们的团队不是一类人。我更推崇凡事积极准备,未雨绸缪。

二、怎么看一个人的生活态度?

有人问过我一个问题:你是怎么看出一个人的生活态度的?说实话,方法太多了。比如,你对曾经相处过的人是什么态度,不论是离职的公司,还是前男/女友,都反映了你的生活态度。很多企业都不会招聘那种说前东家坏话的人,是因为他们觉得,这样的人要么是人品有问题,要么是生活态度有问题。因为这类人不会反省,把自己的失败都归咎于别人,是上司、同事造成他没做好工作,事业发展不顺。

从十多年的管理生涯中,我发现一个人的生活态度很大程度反映了他对工作的态度、对客户的态度、对同事的态度。

生活态度不靠谱的,工作态度大多不靠谱。

生活中怨天尤人,工作中也爱抱怨。

生活中不懂得感恩,在职场的感知力也不行。

生活中冷漠消极的,对客户也无感。

一次我拜访一家公司,无意中听到他们的一个员工抱怨:"我讨厌看到客户的消息,看到就讨厌,根本不想打开。"我当时很震惊,你那么讨厌客户,为什么要选择这种跟人打交道的工作?从此,我也记住了,不能录用生活态度消极的人。

我外出旅行的时候,会遇到一些奇葩的导游,共同点是无精打采、面无表情,看人如打量物品一样。我觉得他们挺悲哀的,是天天重复的工作把他们变成了这个样子,还是因为天性如此?

三、感受生活态度的力量

我也感受过生活态度有多么大的力量。

十多年前,我策划了一个生存实践活动,活动文案也是我写的。我写得很认真很投入,把我的一腔激情都写进去了。后来，有上千人报名参加这个活动。有人跟我说:"一看你的文案,我就忍不住读了几遍,读得热血沸腾。必须报名啊。"这次活动让我领悟到,生活态度是可以力透纸背的,是可以融入策划、文案,甚至管理等工作中的。

一个多年的律师朋友叫肖迪,聊天时他跟我提到一个细节:"你开始创业的时候,我看了你小小的办公室后觉得你太难了。但见到你本人,那气势,信心满满、气势如虹,又震撼到我了。每当我遇到困难的时候,都会想起你当时的艰难,还有你当时的生活态度,这么多年来一直深深地影响着我。"

说实话,我并不知道当时震撼到他了。当时我一直在绝望中寻找希望,到现在也记得很真切。回头去看,也感觉很荣幸给他的创业之路打了个精神样板。

2019年,在邀约一个朋友加入我们公司的时候,他突然说了一句这样的话:"多希望此刻我已经在咱们团队里了呀,你的状态感染了我,你的眼睛都是发光的。"

他们的反馈,让我更加确信,生活态度是有力量的。

因为认识到了这一点,我在招聘团队成员时,也非常看重这种底层能力。

四、良好的生活态度有助于事业发展

通常来说,拥有良好生活态度的人,事业也会更加顺利。

桥水基金创始人瑞·达利欧说:"对我而言,我的钱能够满足我的基本需求就行。尽管赚钱很好,但具有意义的工作和人际关系要比赚钱好很多。对我而言,有意义的工作是指一项我能全身心投入的使命；有意义的人际关系是指我既深深地关心对方，对方也深深地关心我。"

而当生活态度发生变化时，工作状态也会受到直接影响。这一点，不论是在小公司还是大公司，不论是在基层还是高层，都是一样的。罗伯特·艾格在他的自传里记录了迪士尼前首席执行官迈克尔的一些生活细节："在他的晚年，随着肩上的压力逐渐增加，悲观主义从例外变成常态。他会一字一句地告诉我说：'天要塌下来啦。'久而久之，一股前景暗淡的阴霾开始在公司里弥漫开来。"

纵观古今中外，所有拥有领导力的人，他们积极的生活态度，都散发出强大的感染力。很多人以为领导力就是思维要比别人深刻，眼光要别人更长远。这也没错，但我觉得最核心的一点，还是积极的生活态度。

我观察了一下，那些职场发展比较好的人，生活态度通常也很积极。而那些发展不太顺利的人，要么冷漠，要么消极，要么对人没有感觉。道理也容易理解：生活态度消极的人，带动不了团队，感染不了客户，甚至工作都是在敷衍。

对于价值观、动机、性格、生活态度之类的底层能力，不了解的人会觉得虚无缥缈，毕竟它不像背了多少个英文单词，能够数出来。但对于理解深刻的人来说，它就很明确、实在，具有巨大的力量。

看人用人要看生活态度，培养下一代，也要重视从小培养积极进取、奋发向上的生活态度。

Ⅶ. 生活态度

现在,我们来做个互动吧。

欢迎到我的视频号(前勒口和封底都有二维码)留言,说说你对生活态度的看法。你认为它是有力量的吗?你曾经发生过生活态度的转变吗?有没有从中受益呢?

我非常乐意看到你的故事。我想,说不定我们还会因为同频而成为好朋友呢。

Ⅷ. 性　格

性格如何影响职场表现？

性格也是一种能力，而且是一种非常底层的能力。不仅交友、恋爱要看性格，招人用人更要看性格。

一、性格的重要性和基本特征

性格的重要性不用多说，"性格决定命运"、"三岁看大，七岁看老"，说的就是性格不可忽视。三岁小孩看什么？不可能是知识或技能，而是性格。因为孩子一出生，除了遗传因素，性格养成就开始了，三岁初露端倪，七岁基本成型，提醒父母高度重视，不要错过培养的黄金时间。

性格的重要性经常被人忽略。有些单位招聘时只看学历、专业、经历，往往忽略性格考察。很多人相亲时看学历、职业、外貌、家庭背景、经济实力等，但分手离婚大都源于性格不合。

在生活中，朴素友善、开朗大方的人，绝对比狡黠多疑、自私小气的人更受欣赏、更受欢迎。在职场里，尤其是在创业阶段，积极乐观、敢于挑战、果断坚定的性格，一定要比消极沮丧、畏首畏尾、纠结犹豫的性格更有竞争力。

性格作为一种底层能力，也具有隐蔽性、决定性等特征。

俗话说"路遥知马力，日久见人心"，这里的"人心"除了"三观"、生活态度等,也包括性格等其他因素;"我当初就是瞎了眼才找的你",是很多夫妻吵架时常说的一句话。"路遥、日久"、"瞎了眼"说的就是性格的隐蔽性。

二、几个性格类型的职场适应性

性格也是一个心理学名词,内涵丰富,外延广泛。我们这里重点说说性格是如何影响职场表现的。

1. 粗心大意

粗心大意的毛病看似不起眼,却会给人留下不靠谱的印象,也是影响职业发展的一个大问题。曾看过一个老板亲述的故事:

老板让员工给乙方转款,员工粗心大意多写了一个"0",30万直接变成了300万。这乙方也没诚信,硬是不退给他们。最后不得不诉诸法律,花费了一年时间,才把钱追了回来。公司为此折腾得人仰马翻,给正常运营秩序造成了无法估量的影响,老板也身心俱疲。

十多年前我刚创业的时候,一个实习生也让我头疼不已,至今印象深刻。她在社群运营部负责收发活动通告或资料,虽然工作简单,但她还是会经常出错:把活动通知发错QQ群,发布活动二维码时错成一个不相干的二维码,等等,不一而足,同事常常被她搞得莫名其妙。让人绝望的是不易纠正,谁多说她几句还会遭她厌烦回怼,因为她不觉得自己有多大毛病。

粗心大意确实不是大毛病,但"大事做不了,小事还不断给你捅娄子",关键时刻能害死人、捅破天,共事的老板、同事哪个能放心?

2. 性格内向

性格内向不是自卑，也不是心理疾病或精神障碍，本身不存在什么问题，但对某些需要频繁交流的职业和工作，还是有些影响的。

有个朋友，可能是自我认知不清，也可能是出于生活需要，去了一家报社做通讯员，工作内容是采访、约稿、催稿、编辑。他性格偏于内向，不喜欢也不擅长跟人打交道，时常会觉得痛苦煎熬。他告诉我，同事们都能约到很多采访人物，每周都能收到很多稿件，但他"几乎不想拿起话筒"，因为不喜欢与不熟悉的人说太多话。

一个人若不喜欢打电话、不喜欢走访客户，找不到人际交往的乐趣，却选择了销售之类的工作，多半会活得比较痛苦。

若与人交流的工作让你痛苦，最好的选择就是立即离开。社会上有很多适合内向性格的职业，互相契合的工作才能让人发挥特长、回避短板，找到自己的快乐。

人生漫长，青春年华不容苟且。

3. 偷奸耍滑

偷奸耍滑其实是一个综合说法，内涵涉及了很多底层能力。这里作为性格来分析，是因为这种人对任何组织都有极大的危害性，做朋友都不够格，几乎没人愿意做深入分析，多简单地拿性格归结说事。说品质、说诚信、说"三观"，都显得不够厚道。

偷奸耍滑的人，喜欢逃避，不敢担当，更喜欢钻空子。

我大学时做过学生会工作。有个学生会干部，每次活动经费都要虚增金额，然后找学院报销。我当时就想，如果这人做官，肯定是个贪官。

我毕业后经历过几份工作，发现总有偷懒、邀功、钻空子、占便宜、拍马屁、逃避责任等而不愿踏实诚恳做事的人。比如有人仗着自己的调度权，把复杂的任务分给别人，把轻松的工作留给自己，或在安排值班、加班时照顾自己和亲近自己的人。

偷奸耍滑的人都成不了大事，别人被坑一次就会产生戒心，而职场信任又比较重要。可以说，但凡职业发展好的，基本都是得到公司、客户信任的人。在职场上耍小聪明，是缺乏大智慧的表现，只会破坏职业信誉，最终会失去更多。很多看似"钝感"的人，能够全心全意、兢兢业业、踏踏实实地做事情，反而赢得了职场未来。

一个人选择偷奸耍滑的时候，其实就是他的人生滑到了谷底——有人说，一个人落到谷底就会"俗"，攀到山顶就成"仙"。从这个意义上说，偷奸耍滑已是可悲的"下场"而不是处世"方式"了。

对这种人，我的态度是尽量躲远点，如果不幸成为同事，也不会故意排斥——看在他们一家老小都要吃饭的份儿上。

4. "老好人"性格

"老好人"算不算是一种性格各有说法，但"老好人"现象在生活中、在职场上都不少见，人们也多归结为性格说事。

"老好人"严重到一定程度，可能就是被孔老夫子蔑斥为"乡愿，德之贼也"的人。

Ⅷ. 性格

这里说的是具有"老好人"性格的人,表现为害怕得罪别人,不懂拒绝,经常违反自己的意志,不讲原则,做一些迎合他人的事情,但一般不会损人利己,具有基本的职业操守。

我发现,具有"老好人"性格的人工作目标感通常很差。我刚工作的时候,就发现一个同事不懂拒绝,经常接与本职工作无关的活儿,比如有人发一篇演讲稿过来,"请哥哥帮忙修改一下",他接了;朋友做了个视频,发给他帮忙修改,他接了。这类事情做多了,他的本职工作就耽误了。这样的人缺乏拒绝和取舍的标准,所以事无巨细、分内分外的事情都接。这类人做一般职员危害性还不太大,做领导、做管理就是其集体或团队的灾难,他们为了维护人际关系或照顾他人情绪,在标准和要求方面一再退让,最终会导致整个团队目标感和执行力变差。

有些大妈在张罗子女相亲的时候,总会强调某个人"性格好",很多时候,她们指的其实是脾气好。当然,性格不是脾气,至少不等于脾气。在职场,脾气再好也未必能做好工作。

在一期"头脑风暴"节目里,在谈到成功的品质时,企业家徐祖荣说:"如果性格和知识结合得很好,就容易有出息。"我很认同。有些人看了很多书,学了很多知识,但性格柔弱、行动迟缓、待人冷淡、刚愎固执、表现也没有张力,我觉得他们很难做成什么事。这是性格的问题。

打个比方,知识是你加的汽油,性格是你的车型配置,如果车的性能太差,你加再多油,驾乘表现也不会很好。

我最后要强调的是,性格是一种底层能力,它决定着一个人的表现和发展。

目标感强的人更值得重用

一、"有目标感"是一种性格

目标感是一个人以实现目标为导向的思维意识，就是懂得自己真正想要什么，表现为全力以赴的毅力、克服困难和冲破困境的拼劲，甚至是不惜牺牲的精神。目标感的核心不是"目标"而是"感"，就是经常能感受到自己的目标并以此修正自己的行为偏差和努力方向。

我觉得，"有目标感"是一种性格。做一件事情有目标感只是一次行为，常常有目标感就是一种习惯，等习惯成自然了，就是一种性格。

二、有目标感与目标感缺失

我读过一个故事：有一个人每天回家时，都会捡几块砖带回去。另一个人看见了，觉得捡东西回家是一个好习惯，于是，他也每天捡些东西带回家，砖头、瓶子、木头、螺丝钉等，碰到什么捡什么。几年后，捡砖头的人盖起了一座房子，而后者面对的是一堆垃圾。

为什么看似同样的行为，产生的结果不同呢？

Ⅷ. 性格

因为专捡砖头的人有着明确的目标——盖一座房子，所以，他会定向自己的行为。而模仿他的人，心中是没有目标的，不清楚捡东西做什么，最后都是无用功。

我最早发现这个问题是创业的时候，有两个做销售的员工表现截然不同：

一个人每天都会拿钱回来，几乎没间断过。我问他："这么高的成交率，你是怎么做到的？"

"我每天出去之前都会告诉自己，今天必须拿钱回来。所以，我会不断总结，找出新方法，并提前一天预约客户，安排好时间，做好详细计划。"

"为什么你们销售部的同事们经常没有业绩？"

"可能是他们没有设立每天拿钱的目标，也没有提前预约客户。有些人每天要坐到办公桌前才开始想当天的事情，才开始找客户。"

后来我研究了一下经常没有业绩的销售员，他们的工作习惯大致是这样的：上班坐好，开始吃早餐、收拾办公桌。一不小心电脑弹出了一些新闻提醒，他就开始看新闻。看完新闻后担心自己的股票跌了，又去看股票。时不时有外面的朋友要求帮忙改改讲稿、剪剪短视频、做做海报，他也不加拒绝，全盘接受，关键是他做这些事情大多在上班时间。就这样，他的大部分时间和注意力被分散了，本职工作自然没有好结果。

后来我才发现，他们的这些表现叫目标感缺失。

我创业这么多年来，发现很多新员工的目标感都比较差。

39. 目标感强的人更值得重用

他们在大学过得太随意了，一进职场，突然有了明确的目标考核，突然需要定向做一些事情，很多人一下子适应不了。有人说，他们需要加强职业素养。

我还发现，有些人每天愁的是怎么打发时间，有些人每天愁的是时间不够用。整天发愁怎么打发时间的人，要么是一些退休老人，要么是一些缺乏人生目标的人。有些老板缺乏识人用人经验，不幸招了一些来打发时间的人，就会比较头疼。

三、目标感强的几个表现

针对目标感很强的人群，美国人格心理学家丹·麦克亚当斯有一个专门研究，他发现，目标感能让人对工作高度专注和投入，对后代的养育和教导也远比普通人尽心尽力，心理上也更为富足。

1. 做事有计划性

一个人如果有强烈的目标感，为了实现目标，他一定会把目标拆分为实施步骤，从而做到有计划性。

我们公司的优秀同事，不仅会制定月目标、周目标甚至日目标，也知道怎么做才能尽快达成目标。而目标感弱的人，平时不太关注目标，习惯了"做到哪儿算哪儿"，更懒得动脑子想办法。

2. 会优化路径

做任何事情，一定不只有一条路，而不同路径的效率和作用是完全不同的。目标感弱的人，习惯了重复前一天的动作，没有优选、效率概念。而目标感强的人会主动优化路径，积极寻找更有效的方法。

3. 有关键思维

我曾在朋友圈发了一个动态："作为老板，每天上班第一件事，不是做事，而是做判断。在一堆事情里，要判断哪件事不重要，哪件事重要；哪件事是战术动作，哪件事是战略部署；哪些事可做可不做，哪些事必须做。很多老板因为缺乏关键思维，弄得自己每天都很忙，但没忙到点子上，最后赢了局部，输了全局。"

我觉得，优秀的人会抓关键环节，都有关键思维。而平庸的人，习惯眉毛胡子一把抓，逮住什么做什么，分不清轻重缓急。我发现，有些人做事的顺序就是哪件事先出现在眼前就先做哪件。

如何养成关键思维？目标感是关键，因为目标感是一把判断轻重缓急的尺子。

4. 会自我驱动

自我驱动的因素很多，但目标感一定是其中之一。有目标感的人，会习惯性地给自己制定目标，大到人生规划：30岁之前应该是什么样子、40岁之前应该是什么样子；工作有业绩目标：有全年目标，做到什么水平，也会分解到季、月、周；学习也有目标：参加什么培训，读什么书，一年应该有什么进步，等等。即使是日常生活，也会合理计划，制定量化指标：每天要跑多少公里，体重控制在什么水平……

缺乏目标感的人，多表现为自控力也不高，随波逐流、随遇而安。

根据西蒙·斯涅克提出的"黄金圈法则"，当一个人开始主动思考"为什么要做"的时候，他就有了自我驱动的能力。但很多人还停留在"做什么、怎么做"的被动执行层面，所以自我驱动力不足。

5. 会自我管理

目标感强的人，会有更强的自我管理能力。这种管理不仅体现为时间管理、精力管理，也体现为计划管理、情绪管理。而目标感弱的人，行为习惯就涣散得多。

目标感弱，看起来是做事没目标，实质是对自己没要求。

在职场，目标感甚至成了人与人的分水岭——目标感强的人慢慢成了管理者，而目标感弱的人连自己都管理不好。

扎克伯格在一次演讲中要求管理者："仅仅你自己有目标是不够的，还必须为身边的人创造目标感。"一个好的管理者，一定是一个目标感很强的人。很难想象，一个老板会把公司交给目标感弱的人来管理。

所以，目标感是管理者识人用人培养人的一个重要维度。

6. 执行力更强

执行力是一种重要的底层能力。虽然很多公司在面试的时候没有强调这一概念，但在用人的时候，无一不看执行力。

执行力怎么来？另章再论。我们首先要知道的是，目标感是执行力的一个重要因素。

内驱力与进取心

我出去做讲座，经常有朋友会问："我五年前看到你，觉得你很有激情。五年后再看到你，你还是这么有激情。为什么我的激情只能保持几天？"

激情的保持，从根源到方法可以讲很多，在现场我只能说："这是天生的，我估计到 80 岁的时候，还会这么有激情。"

其实，激情来自内驱力，内驱力也是进取心，都是重要的底层能力，说它是天生的也没什么错。

多少 70 多岁的人已经等着夕阳西下了，而褚时健 74 岁时才开始创业，查理·芒格 90 多岁时还在充满激情地生活和工作。

社会上常见三四十岁的人就觉得自己这辈子没戏了，开始放弃自己、放弃学习、放弃奋斗，开始期待"下辈子"或等着子女翻盘了。

所以，激情跟年龄无关、跟成败无关，只跟内驱力和进取心有关。

一、内驱力、外驱力及其区别

很多人搞不清内驱力和外驱力以及它们的区别。下面以工作为例说一说。

40. 内驱力与进取心

"我喜欢工作,与一群有意思的人做一件有意义的事,是一件很快乐的事情。"

"我要努力工作,让更多的人用上我的产品,过上更好的生活。"

"我工作的动力,是我要进入更大的世界,遇见更好的自己。"

这些是内驱力,根据马斯洛的需求层次理论,这是尊重和爱的需求,是自我实现的需求,也是更具持久力的成长性需求。

"我得去上班了,不然房子会断供。"

"我上班不能迟到,不然我就拿不到全勤奖了。"

"我要赶紧看完这本书,因为老板规定要看,而且下周要考查。"

这些是外驱力,要靠外部因素刺激和激励。它很短暂,没有可持续性。

为什么很多人会说"听你的演讲,当时很有激情,回去后就没有了"?因为他们得到的是外驱力。就像你看完一本书或一个视频后,很受感动,很有激情,但大部分情况下,它只是外驱力,持续不了多久。

而内驱力是自身产生的,可以保持源源不断。从中学起,我已经努力二十多年了。这二十多年间,我从不需要别人来给我励志。我努力的动力,是因为我想成为一个自我认可、自我满意的人,是想过一个无悔人生的同时能帮助更多人变得更好的人。这些都是内驱力。

VIII. 性格

在学校，靠"父母要我学习"、"老师要我学习"这种外驱力来学习的人，学习效果多半不如"我自己要学习"的人。

同样，在职场，"靠公司制度管理"这种外驱力约束的人，其表现也不如"自我管理"这种内驱力驱动的人。

一般来说，它们的区别还是挺明显的：

靠外驱力驱动的人：需要别人不断地考核、检查、督导；需要别人定目标、做计划；需要靠更多奖惩或关怀驱动；甚至还要给他们创造更多竞争性的氛围。

靠内驱力驱动的人：他们自身就热爱这个事情，他们享受做这个事情带来的成就感；他们希望人生能获得更高的成就，他们希望遇见更满意的自己，他们希望为荣誉而奋斗。

在一次访谈中，我问厦门爱原物的李总："你招人最看重哪一种品质？"他说："热爱。你热爱这个事情，你才会主动去做好这个事情。"

有内驱力的职场人，不用讲重话，不用严厉批评，"不待扬鞭自奋蹄"、"好鼓不用重锤敲"，说的都是这个意思。

反之，"烂泥巴扶不上墙"。这句话相当生动。一个缺乏进取心的人，很多时候，励志是无效的，苦口婆心是无效的，甚至知识对他们来说也是无效的。进取心是人的底层能力，就如一架飞机的引擎。如果引擎动力不够，装再多的东西和知识，加再多的油，飞机也飞不起来。

缺乏进取心的人，大多得过且过。你说拼搏，他说"人生短短几十年，怎么过不都一样"；你说努力，他说"够用就好，不用那么大追求"。总之，就是鸡同鸭讲。当然，不同的态度，没有绝对的对错。但如果"尿不到一个坑里",又偏偏在一个团队,就比较麻烦了。

有内驱力的人,较少靠制度驱动,更多靠自我驱动。他们要做一个事情,不是因为制度奖惩,而是希望赢得同事尊重、客户认可、行业认可。他们也不用公司苦口婆心地号召学习,而是主动地补足工作所需的技能和能力。

做过招聘的人都知道,真正优秀的人才,仅凭高薪是挖不到的,他们更需要的是事业成就感,包括这个事儿让他觉得有意思。也就是说,他们的动力更多的是来自内驱力。

有位老板接受我的访谈时说,他会把员工分为三类:有些是事业型的人,这类人内驱力最强;有些人是就业型的人,内驱力一般;还有些是打工心态的人,更需要的是外驱力。一般来说,创始团队有更多的内驱力,因为成就感和参与感更足。

二、人与人的差距是怎么产生的?

有一个让我困惑、思索了很多年的问题:人与人的差距是究竟怎么产生的?

除了一些先天的因素,如家庭出身、智力高低,更多的差距来自哪里呢?我觉得主要是进取心不一样。

说人生是一场长跑,一点也不过分。有些人的起点高一点,有先发优势。但是,别忘了还有个变量叫加速度。加速度来自哪里?来自进取心。

我们把人的求学阶段和职业生涯放在一个更长的时间维度上来看看,人生在每个阶段的差距是怎么产生的?

Ⅷ. 性格

1. 中小学

进取心强的人，力图"做好每一次作业"。这是个很小的动作，不见得能把人生差距拉开。

进取心强的人，"重视每一次考试"。这还是一个比较小的动作，也不见得能把人生差距拉开。

但是，这些"小动作"累计起来，就可以让他们获得更多的来自老师和家长的正反馈，也可能进入更好的学校，拥有更好的学习氛围，获得更多的优质学习资源。

而进取心弱的人，很可能进入了一所比较差的学校，学习氛围比较糟糕，都不爱学习，甚至还会彼此影响、携手后退。有些学校常常发生打架斗殴，进一步影响了学习。

这个阶段，人生差距就拉开一点点了。

2. 大学

我知道，很多中小学生的父母都特别关注孩子的成绩，全力参与到孩子的学习进程中。但他们的问题在于，一旦把孩子送到大学，就以为自己的任务完成了，就撒手不管了。这恰恰是很多人短视的地方。

据我几十年的观察，人与人的差距，很多是从大学开始拉开的。

且不说学校档次、专业选择、师资力量、学习资源带来的影响，单说自我管理能力的差别，就可以让人与人之间拉开差距。我们都知道，大学在一定程度上是"自由"的：你的学习是自由的，很多时候你也不用拼比名次了，只要不挂科就行；

你的时间是自由的，不再像中学那样有人给你安排好从早到晚的学习进度；你的选择也是自由的，你可以学习你感兴趣的东西，参加你感兴趣的活动，设计你喜欢的未来。

恰恰是这种自由，让很多人在这里虚度了岁月。很多人在短短几年里，不是谈恋爱、玩游戏，就是睡懒觉、追剧。可以这么说，有些人大学毕业时的能力，还不如他们高中毕业时的能力，因为很多能力荒废掉了。

同时，也有一些人，在大学这段"自由"的时间里积极规划自己，继续学习未来所需的东西。有进取心的人，才会积极地去争取、去设计、去规划、去实现。

在大学时光的终点，人生差距开始拉大。

值得一提的是，在大学期间，这种差距的拉大是隐性的、不知不觉的。因为短时间内看不出谁更优秀，也看不出"你的努力有什么作用"。但是，放在未来十年、二十年里看，你就会发现，曾经的同学，从能力到成就，差距可以说是天上地下。我作为一个已经毕业近20年的人，这种感觉尤为强烈。因为只要把时间跨度拉长，我们就能清楚地看到努力的差距。

3. 工作之后

令人费解的是，很多人重视求学、升学这个阶段，却忽略了工作之后的努力。在我看来，人与人之间的差距，是从工作之后才开始加速拉开的。

不难发现，在一个工作单位，不会因为你是名校生就能发展得好。即使同为名校生，也总有人发展得好，有人发展得不好。这说明什么？人生差距，不是从学校这个"起点"拉开的，

Ⅷ. 性格

而是在工作过程中加速拉开的。

我们公司，有些人在学校的表现也可能不十分突出，但在工作上，由于具有强烈的进取心，他们表现得十分出色，短短几年，就与很多同事拉开了距离。

为什么说人生差距是毕业后加速拉开的？主要是因为：有些人工作之后就放弃了学习，而有些人在终身学习；有些人选择的是安逸的工作，有些人选择的是挑战性的工作；有人遇到了好的老板和平台，有人一直"运气不好"；有些人是以做事业的心态在工作，有些人是以打工的心态在工作。

同样的工作，不同的人有不同的追求，结果就出现了所谓的"35岁现象"：有人干到35岁就被辞退了，或者被"优化"了。而另一些人，35岁时荣升为副总裁，开始成为单位中坚力量，事业开始进入上升期。

谁说35岁就一定有危机？如果有，那也是发生在缺乏进取心的人身上。毕竟，从25岁到35岁，每个人都有十年的时间来提升自己，只是有些人没抓住罢了。对一些人来说，正所谓"你不是有十年的工作经验，你是把一个经验反复用了十年"。

总体来说，进取心强的人，可能进入更好的学校，找到更好的平台，遇到更优秀的同事和导师，拥有更丰裕的行业资源和更广阔的国际视野，交往到更优秀的圈层，获得更多更好的机会和更大的增长空间。而缺乏进取心的人，可能找到一份普通的工作，需要花更多时间来养活自己，做一些重复性质的工作，甚至，他们还把宝贵的一点业余时间用来打麻将、泡酒局，或者无所事事。

40. 内驱力与进取心

至此，人生差距完全拉开。

进取心这种底层能力，刚开始你觉不出它有什么作用。但是，人与人之间的差距，不是一次性拉开的，而是在一件件小事的日积月累中拉开的。要做到数十年如一日的努力，没有进取心显然是不可能的。

我们可以看一看自己身边的熟人，比如一个家族的兄弟姐妹，出身、成长环境、学习条件等没什么差别，起点都是一个圈层，他们在人生的开端确实没什么差距。几十年过去后，他们的人生差距才完全拉开。个中原因，除了每人的禀赋和机遇不一样，更重要的是他们的上进心不同。

上进心就像一个吸盘，会把好的机遇吸引过来，也会促使你去寻找更好的机遇，成就更好的自己。

独立性为什么是职场优势?

我以前做反思总结,总觉得自己还能做点事业,是因为还有点上进心。后来,在目睹听闻了太多的人遭受羁绊之后,我才发现,自己还有一个非常大的优势——独立性。

一、飞不高的风筝和离不开家的加菲猫

我创业的时候,有个朋友对我很感兴趣,我也觉得他比较有思想,就鼓励他跟我一起干。他说回去思考一下,一周之后,对我说还是不跟我干了,理由是:"你父母才五十多岁,你失败了,可以再来。我父母六十多岁了,我要是失败了,我父母咋办?"

这段话,我不知道怎么回复,毕竟我也不能确保创业成功。他的话让我意识到,原来有些人是被一些隐形的东西羁绊着的:或家庭情况,或担忧失败,或从众心理。这些或主观或客观的因素,影响了很多人的性格尤其是独立性,甚至直接决定了他们的人生选择。

后来,我见闻的类似事情越来越多。

最近接触到的一个故事是:出于担心女儿被骗或者远离自己,一位家长禁止女儿出省读大学,不顾她本人的志愿替她填

41. 独立性为什么是职场优势？

报了省内的大学。女儿毕业后几次到省外工作，都被这位父亲用"父女绝交"的极端方式给逼了回来。

有些人就像风筝，稍微飞得高一些，就有人用线拽下来。

还有一些人，倒是没有外人的束缚，家里人还可能希望他们出去闯一闯，是他们自己主动选择了躺平或安逸，变成了一味要求"Love me, Feed me, Never leave me"的加菲猫。

无论是被牵着的风筝还是离不开家的加菲猫，都会养成依赖的惯性，不仅在择业、择偶等大事上缺乏独立性，在工作上缺乏独立性，甚至买件衣服都要参考他人的意见，到医院做个彩超都要人陪着。

二、独立性是怎样炼成的？

以前，我总觉得我的独立性是天生的，后来发现，是自己的经历成就的。

小时候，父母长期在外，我从小就是自己做判断、做选择。从小学开始，八九岁的时候，我就要上街给自己买鞋买衣服。后来，也是我自己决定选文科还是理科，自己决定报考哪个学校、选哪个专业，自己决定是不是要考研、去哪个学校，毕业后自己决定到哪个城市、哪个公司工作，自己决定要不要创业，自己决定要不要买房以及在哪里买房……

我还发现，当老板的人，一般选择判断能力都比较强。因为他们每天要面临大大小小的选择实在太多了——这个项目要不要做，这条业务线要不要砍，这个人要不要用，那个人要不要调整……也许是因为他们选择判断力强才做了老板，而日复

Ⅷ. 性格

一日的选择锻炼,又进一步强化了他们的判断力。而判断力的强悍,又促进了他们的独立性。这就是优势叠加。

性格是否独立,还跟成长经历和家庭教育有很大关系。

有些人从小就被剥夺了选择权,20多岁的人了,买个东西,报个课程,都要父母来决定。

我经常跟年轻人打交道,接触过很多年轻人,各式各样的都有。说来你也许不信,缺乏独立性不仅真的存在,而且还很普遍:上自习需要人陪着,吃饭需要人陪着,上厕所找不到人陪就先忍着。选一件衣服都要先拍个照给妈妈看看,由妈妈决定买不买。很难想象,他们进入社会后会有很强的选择判断能力。

最近周边的人讲了一桩"笑话":有个22岁人,大专毕业后在广东一家工厂上班,有一天主管对他说:"你来做组长吧。"他说:"我要先问一下我爸爸。"这个事情让我有点难过。这么大人了,这么简单的选择都做不了,独立性确实堪忧。也许是他父亲一直以来过于强势,弄得孩子工作几年了还这么弱势。

从小忽视了独立性的培养,孩子长大后就只剩下依赖性了。宅男、宅女、啃老族,主要责任在父母身上。

别说我大惊小怪,开学季到学校转转,看看有多少孩子是自己一个人报到入学的?那场景,好像是提前商量过的,做法、程序几乎一样:父母或祖辈手提肩扛,孩子空手昂首前行。等找到了宿舍,父母一边安置行李、打扫卫生、整理床铺,一边千叮咛万嘱咐。然后办理入校手续,还是父母全陪。传说中的富家少爷读书要带书童伺候、嫁女要随陪丫鬟或老嬷伺候,也不过如此了。这样教育培养出来的人,你能指望他们做什么大事?一般的独立生活都成问题。那个吃完了妈妈临终前准备好的烙饼后忍饥挨饿,至死也不愿自己动手做饭的少年,把独立性的重要性推演到了极致,只是代价大得让人全身抽搐寒战。

三、独立性是基本的职业素养

有的老板说:"面试还要人陪着来的,我的好感度会降低很多。"这也不无道理。管理实践表明,性格上缺乏独立性的员工,工作上也缺乏独立性。

早年我曾面试过一个应聘新媒体岗位的姑娘,觉得她技能还可以,准备让她入职。结果她来一句:"我还有两个玩得好的室友,可以一起来吗?"我有点崩溃。一个岗位、一个人就能做好的事情,为什么要三个人来做?在大学里可以成群结队地玩,工作也要三五个人陪着你吗?

这类事情很多。有时候安排一个员工去一个新部门,他的第一反应是:"谁跟我一起去?"我说"就你一个人",他面露失望:"能再安排一个人不?这样做事有商量。"

你看,缺乏独立性的人做事,出发点是有陪伴。他们不理解,这里是职场,是讲究效率和投入产出的地方。

后来我还发现,缺乏独立性的人,不适合单独拓展项目或者负责新部门,只适合在成熟的部门待着。因为独立做事没有参考、没有督促、没有人给他拿主意,甚至如果没人带着他,他就干不下去了。

所谓独立,就是思考独立、决策独立、行动独立。

Ⅷ. 性格

有一个人，我看他大大小小创业了好几次，到现在还没有成功。原因很多，在我看来，其中一个严重问题就是缺乏独立性。他不论做什么事，总要拉个合伙人。而他的那些合伙人，又没有靠谱的，不是中途有事退出，就是遇到问题只会消极抱怨。我想，他之所以爱找合伙人，应该是想找个精神支柱，或者商量决策的对象。但结果往往是，自己若没有精神支柱，外求也没有用。

从他身上，我甚至都得出了一个结论：缺乏独立性的人，不适合创业。

我当年创业，就自己一个人，说干就干起来了。我觉得，对于大部分普通人的普通项目，一个人也是可以开干的。当然，有合伙人更好，没有合伙人也可以先干起来。况且，靠谱的合伙人也是可遇不可求的，不能等到人都齐了才开干。唐僧也是自己一个人先出发的，路上才有了孙悟空和猪八戒。

我们经常举办活动，我发现一个现象：

一个地方的组织者越多，那个地方的行动力就越弱。常见的情况是：说好明天办活动，但当晚有人就告诉你"我有事去不了"，你心里"咯噔"一下，激情影响了一大半；第二天一早有人又告诉你"我退出不干了"，然后你的士气被他们磨没了，自己也不想干了。

所以，有时候人越多，行动力反而越弱。对于缺乏独立性、见识不多的人，尤其如此。

现代社会的工作分工越来越细化，独立性的作用越发凸显，已经成为基本的职业素养。我招人用人、培养员工，就特别看

41. 独立性为什么是职场优势？

重独立性。

现在，一些有见识的家庭已经非常重视孩子独立性的培养。而教育理念薄弱的家长，还是对孩子百般限制，他们还自以为这是保护。过度保护的结果，就像袁岳说的："大多数人都是小猫的性格，成不了啥大事。"

情绪化就是自毁前程

情绪是人对外部世界的自然反应，任何人对所处环境、情境都有相应的情绪反馈。不同的人，情绪的波动快慢、变化多少也有差别，但没有好坏对错之分。情绪只有在失去理性支配并付诸行动才具有破坏力，也就是说，造成伤害的不是情绪本身，而是实际行为。

一、情绪化与负面情绪

每个人都会有情绪，为什么有些人会情绪化呢？

我看过许多种定义，一般有三个要素：一是情绪不稳定，即频繁产生不理性的情感波动，就是人们说的喜怒无常；二是情绪化的诱发因素是"小事情"或"一般人不会闹情绪的事情"；三是诉诸行动，包括表情、言行举止的负面变化。

情绪化算不算是一种性格？我觉得应该是，或者可以作为一种性格进行探讨。

首先，性格本身是个心理学名词，人们常用的词语组合是"性格容易情绪化"，所以情绪化就是性格的表现方式之一。其次，情绪化具有性格的稳定性特征。爱情绪化的人，总是习惯性情绪化，一般很难改变。负面情绪是焦虑、紧张、愤怒、沮丧、悲伤、痛苦等情绪的统称，通常是短暂的、一过性的。

情绪化和负面情绪都会产生消极的情绪体验，给身体带来不适，甚至影响工作和生活的顺利进行，进而引发身心伤害。而情绪化的危害更为持久、严重，这里以情绪化为主一起谈谈。

二、职场情绪化的主要表现

这本书是说职场的，所以我们重点说说职场情绪化的表现。

有一种人，原本带着很高的期望值到一家公司工作，觉得这个单位应该很完美，结果发现问题也不少。虽然对于绝大多数人来说，这是可以理解的正常情况，但他们会抑制不住地开始失望，并持续放大负面情绪，接着开始怀疑自己的选择，甚至消极怠工、破罐子破摔。

有一种人，很自信地到一家公司工作，结果发现同事都很优秀，自己不仅产生了压力，担心表现不好，而且开始自我怀疑。严重到一定程度，就会花很多时间来琢磨消极、负面的东西，甚至会因为焦虑、沮丧，晚上睡不着觉，白天精神萎靡，工作效率直线下降。

有一种人，看到同事晋升了，自己就不开心，感觉自己没有得到公平对待，然后开始在办公室拉帮结派，制造障碍，甚至拉拢其他人来孤立优秀同事。

有一种人，看到同事被表扬了，自己也会不开心，觉得自己不被认可，然后满身的负面情绪，在办公室也阴沉着脸，一言不发，影响他人情绪。

有一种人，被领导批评了几句，或有同事提醒了几个问题，

Ⅷ. 性 格

就整天都不开心,坐在那里无精打采,或干脆请假去"消化情绪",甚者还会把自己的负面情绪合理化,说自己需要鼓励,不愿意接受批评或反馈。

有一种人,遭到客户批评或拒绝后也会不开心,瞬间觉得事情没意义了、工作没意义了,开始撂挑子、使性子。

有一种人,经常莫名其妙地悲春伤秋,大吼大叫,易爆易怒,患得患失。

……

三、情绪化的根源

情绪化的原因很多,但我特别想强调一点:攀比和嫉妒。这在职场上表现得最为明显。

我做过一些调研,有人会明确地表示:"我情绪化的根源,在于特别希望得到别人的认可。我很努力,就是希望让别人看到。如果别人对我的努力视而不见,或没有达到我期望的重视程度,我闹点情绪也不过分。"

有的人说:"我就是爱攀比,爱嫉妒。看到同事得到重用我就是不开心,在朋友圈里看到别人过得比我好,我也不开心。凭什么?谁比谁差多少?我感觉人活着就要跟别人做比较。"

不难看出,攀比和嫉妒只是表现形式,本质上是希望得到重视,渴望被关注,期待被认可。这会涉及几个问题:第一,情绪化的人是希望先被关注与重视,然后更加努力。但真实的职场通常会先看结果,你优秀了、出众了,才可能得到更多关注和重视。第二,有时候,你也许认为自己的表现已经很不错了、应该得到重视了，但在领导眼里，你还有一些严重问题，他们可能不会现在就认可你，还要等着你的下一步努力。

结果，你不愿等待，不愿付出更大的努力，情绪化只能继续甚至加剧。

除非你能正视这些问题，并从根源上加以解决。

四、情绪化的后果

1. 自我消耗

我见过不少情绪化的人，也仔细观察过他们的特征，最后发现，他们其实是在自我消耗。因为他们总是在不断产生负面情绪，然后消化，如此循环往复。

常见的负面情绪是焦虑、怀疑、煎熬等，起因包括：我是不是不适合这里了？我是不是不行了？为什么领导重视他而不重视我？他为什么要批评我？他说这句话是什么意思？我要不要继续？我的选择是不是正确？等等。

情绪化的人，会把一些已经原本想通的事情，再拿出来琢磨，不断浪费时间。工作上，原本已经做好决定了，过一段时间又会疑问："我的选择是不是正确？"跟一些人在情感上的表现一样：原本已经决定分手了，不久又怀疑自己的决定不正确，开始为要不要真的分手而烦躁、痛苦，整天疲惫不堪。他们的时间都用在消化负面情绪上了，哪能顾得上工作和事业？

情绪化的人，总是在不断产生负面情绪，再消化负面情绪，循环往复，没有尽头。现在流行一个词叫"内卷"，他们这样都不止"内卷"了，简直是"自卷"。

Ⅷ. 性 格

而那些真正优秀的职场人，很少在情绪上纠结，也没有时间纠结，一门心思地思考工作方法，努力达成工作目标。

情绪化的人，在琢磨情绪；优秀的职场人，在琢磨工作。

结果，他们的差距越拉越大。情绪化的人会越来越情绪化，直至陷入死循环。

如果你遇到情绪化的人，最好的应对方式是远离，不然他会把你也卷进去。

2. 自毁前程

情绪化的结局绝对是自毁前程。

首先，情绪化会浪费时间和精力。当别人全心全意奔事业的时候，你却在闹情绪，自毁前程是必然下场。

其次，情绪化多少会影响到别人。

轻一点的情绪化，摆着个臭脸，让别人不敢跟你沟通。团队里有情绪化的人，管理者会很累。因为你的每一句话，不管跟他有没有关系，都得考虑他的感受。你表扬一个同事，这是再正常不过的事情，情绪化的人会把这事和自己关联起来，然后引爆自己的负面情绪。

重一点的情绪化，口无遮拦，肆意对领导、同事、客户发脾气。再严重一点的情绪化，给同事使绊子，消极配合，影响团队协作，甚至拉帮结派，恶意作梗，分裂团队，总之，完全是反作用。

如果公司摊上一个情绪化的人，对管理者是一件很头疼的事情。好像大伙在前方打仗时还要腾出一只手来抚慰后方情绪化的人，给管理者造成极大的精力浪费和心理负担。

对我来说,情绪化的人,我会一律请出团队。因为这类人造成的团队情绪消耗,远比他们创造的价值更大。

有些人跟下属情绪化,跟客户情绪化,跟同事情绪化,跟老板情绪化,还问为什么得不到提拔。怎么敢提拔呢?位置越高,负面影响越大。就这样,把别人吓得不敢用你了。

一定要记住,每一次情绪化都等于给自己埋一颗地雷,不知道什么时候会爆炸。每一次情绪化,都会让别人远离你一步,最终放弃你。情绪化就是在自毁前程。

易于情绪化的人,被称为"职场巨婴",因为他们总是需要照顾和疏通情绪。在职场,情绪稳定也是一种竞争力。

有些人问,我在公司业绩也不错,为什么一直得不到重用?这样的问题,也许你所在的公司不会正面回答你,因为真话会伤害你。不过,我这里可以告诉你他们在想什么:用人可不止看业绩一个维度,还有很多其他考量因素。好好想想,你身上还有什么其他致命的缺点。

我做招聘,特别看重一个人积极乐观的态度,我一直在尽力过滤掉情绪化的人。因为这也是避免团队被感染的方式——个人要远离,团队也要远离。

五、怎么解决情绪化?

情绪化是性格的一种,而性格是很难改变的,不然怎么是底层能力呢?

我见过不少情绪化的人。其实,他们自己也知道自己容易情绪化,也想改变。我甚至还知道,不少人跟情绪化这个死敌

Ⅷ. 性格

正在做殊死搏斗。

从理论上说，肆意发泄情绪的人追求的是即时满足，缺乏延迟满足能力。延迟满足是为了追求更大的目标，获得更大的享受，或者减少更多的损失而放弃眼前的诱惑，克制自己即时满足的欲望。用于改变情绪化就是克制自己发泄情绪的欲望。

当然，克制不是死磕，需要通过具体方法和行动来实现。看病要先找根源，方法就在上述情绪化原因的分析中。但是，情绪化性格不是一朝一夕形成的，治病也需要时间，不能急于求成。所以，方法再多再高妙，持之以恒的坚持都是必选项。我总结了两个具体方法：

1. 不给自己悲春伤秋的机会

人是环境的产物，要想避免某些不良情绪，就要远离那样的环境。我的建议是，如果你是个情绪化的人，可以适当减少独处，少看一些消极的影视剧，少看一些消极的文章和言论。最重要的是，不要与消极负面的人或情绪化的人交往。

记得《平凡的世界》里的孙少安，每当碰上倒霉的事或让他情绪失控的人和事，他就用体力劳动尤其是高强度的劳动，把自己的时间填满，不让自己闲下来，不给痛苦、愤怒爆发的机会。等累极了困极了，倒头一个好觉，醒来就是一个崭新的明天。

这个方法简单有效，不爽的时候，多找点活儿干，比如，把办公室彻底整理一遍，给房子做一个大扫除，把所有的衣物鞋袜、床单被罩洗晒一遍，负面情绪会随着沉年积垢、杂乱无章、臭气霉味一扫而空。等负面情绪缓和下来，再思考合理的应对措施。

2. 及时转移注意力

具体方法包括：当你听到别人说你的"坏话"后，主动去看一些肯定你的"好话"，这就是转移注意力；多参加一些户外运动；多跟一些正能量的朋友交往（一定不能是那种抱怨公司、吐槽社会的）。

当你意识到自己开始消极的时候，你可以翻看一些积极的人的朋友圈，接受积极的影响。不止一个人跟我说，他们看了我的朋友圈，都会满血复活。也不止一个人跟我说，看了我的公众号文章，又有力量继续下去了。是啊，我的文章大多是积极向上的，如《不管别人怎么丧，反正我一路高歌猛进》《心里有火，眼里有光》《年过30，我不认命》《为什么我的周末不空虚》《人生如此多娇，引无数英雄竞折腰》之类，一看就知道斗志昂扬。

现实中，也许很多人自己的朋友圈正能量不多，但好在现在是网络时代，多关注几个正能量的人，照样能给自己带来积极影响。

最后，重申一下我的学习观点：看书，不一定要每一章节、每一个字都对自己有用。如果其中一个观点或方法能对自己有改变或启示，那就够了。比如这篇，对情绪化的朋友有所启示的话，我也就满足了。

我的人生内核

我们先来做一道题目：

你觉得，到现在为止，除了生命，你父母给予你的最重要的东西是什么：

A. 知识和技能 B. 钱 C. 房子 D. 进取心等品质

一、进取心

我不知道你的答案是什么。我觉得父母给我的最重要的东西，是进取心等性格和品质。有了它，我才可以像现在这样，没钱赚钱，没房子买房子，没知识学知识，一直努力做有意义的事情。

尤其是当我看到有些子女上学不努力、大学很颓废、工作后还啃老、30多岁还不让父母省心的时候，会更加深刻地意识到，进取心对一个人有多么重要。

就我来说，从懂事起，就没让父母操心过什么。上学自己去，作业自己写、大学自己选，未来自己定，房子自己买，工作自己找，创业自己干。这么多年，他们除了在中小学给我一些生活费，其他就没怎么过问，包括我考试得多少分、什么名次。他们不知道我毕业后考公还是考研，更不知道我会选择什么工作，甚至我都创业好久了，他们还不知道。

他们最快知道的，是在他们50多岁的时候，我在省城专门给他们买了房子。请他们入住后，每月按时给他们生活费。

我想，很多为子女成长操碎了心的父母，应该比较羡慕我与父母的相处方式。

我的父母不作为吗？错。他们最成功的一点，就是对我的言传身教，从小告诉我"要争气"。他们反复无数次的这句告诫，成了我的性格基因——进取心。

毕业十多年来，我会经常反省：是什么支持着我闯过了一个又一个难关，从一个目标坚持走向另一个目标？

答案还是进取心。

二、高中：自我逆袭

如果用一个词语来概括我的高中三年，我会选"自我逆袭"。

我的高中确实是一场逆袭。

因为初中贪玩，进入高中时，我的成绩是倒数的。当时班主任对我没一点信心，入学时对我说："你要好好努力，拿到高中毕业证，以后打工也好找工作。"在他看来，我凭着那么个成绩，能拿到高中毕业证就算了不起了。

可是，从进入高中的第一天起，因为种种刺激，我的进取心被激发起来了。仅用了一个学期就把倒数的成绩，搞到了全班第九名。高二高三，一直名列年级前茅。毫无意外，最后一举考上了大学。

高中其实是一个很奇怪的阶段：有些人在小学、初中阶段

VIII. 性格

成绩还可以,但到了高中,成绩就持续下滑。我恰恰相反,进入高中后就一直上扬。这也要归因于我的进取心。

学校六点半早操,我就五点就起床了,在晨曦中争分夺秒地学习。

晚上十点下晚自习后,别人都睡觉了,我还要打着手电筒在被窝里看书。有时会半夜起来,在宿舍楼道的灯光下看书。

甚至午餐和晚餐时间,都被我从一个小时压缩到了十来分钟,就为了多挤出点学习时间。现在我吃饭很快,走路也很快,估计都是那时候训练出来的。

有一个至今让我感动的细节:我有时候会一两个月不洗澡,这在南方,是很难理解的。倒不是我不爱卫生,而是学校的水龙头不够,每次洗澡需要排队一两个小时。在那个疯狂学习的年月,我竟然没有时间排队。

就这样,短短高中三年,我一边恶补初中的知识,一边追赶高中的知识,竟然实现了成绩的逆袭。

当我看到有些人还需要父母陪读的时候,我在自己身上第一次发现了进取心的力量。

三、大学:自我矫正

如果用一个词语来概括我的大学四年,我会选"自我矫正"。

当我千辛万苦地考上大学,结果发现自己迷茫了。迷茫的原因,一是不喜欢自己的专业,但又不知道学点什么;二是大学生群体的价值观多元化,让我也陷入了暂时性迷茫。

先解释一下:什么是"价值观多元化"导致的迷茫。

43. 我的人生内核

在中学阶段，老师们喜欢的学生几乎是一致的，就是成绩要好。而且，那时候所有人的目标也是一致的，那就是考大学。因为目标和评价标准都是统一的，当然不会有迷茫。

而到了大学，每个人的目标都不一样了：有人要考研，有人要做学术，有人要从政，有人要创业，还有各种各样、五花八门的行业和岗位。总之，人们的目标和追求变得不一样了，你几乎无法参考别人了。不仅目标追求不同，连评价标准都不统一了。我们很容易发现，在大学，成绩好并不是所有人羡慕的标准，有些人多才多艺，有些人仕途通达，有些人人际关系很好，有些人演讲能力很强，还有些人很会赚钱……

不仅是我，还有很多人进入大学之后，陷入了迷茫。

迷茫的表现多种多样。有些人惯性运作，依然两耳不闻窗外事，一心只去上自习；有些人开始随波逐流，追剧、睡觉、玩游戏……

因为迷茫，我也走过很多弯路：跟风参加过社团，跟风学过乐器，跟风学习英语，甚至跟风考了研……

值得庆幸的是，我在大学尽管很迷茫，但没有颓废：我大一拿过奖学金，大二是我们班第一个一次性考过英语四六级的，大三做过很多商业实战，大四考上了华中科技大学的研究生。这段时间虽然比较迷茫，但没有颓废，还是得益于我的进取心。

总结起来，整个大学期间，我费了很大很大的劲儿，来认识自我、矫正方向。

基于我对这个群体的熟悉和了解，以及我十几年的反省和思考，我写了《大学迷茫问答》这本书。

四、创业：战胜自我

如果用一个词语来概括我的创业，我会选"战胜自我"。

我们都知道，虽然都在喊创业，其实创业是很艰难的。我们看到了少数几个上市敲钟的，但没有看到的是更多的"炮灰"；我们看到了少数几个成功的分子，但更多的分母并没有被报道出来。

关于创业，我在微信公众号里写过很多文章。这里只讲我观察到的一点：现在创业，大多需要很强的专业技术积累和优秀的履历、视野。草根要创业，难度还是很大的。

本·霍洛维茨在《创业维艰》中说："在担任总裁的八年多时间里，只有三天是顺境，剩下的八年几乎全是举步维艰。"

我自己也遇到过各种各样的问题，从商业模式设计到战略规划，从团队管理到产品打磨。创业好久之后我才发现，大学在专业和英语上花了那么多时间，创业比拼的却是商业知识和各种底层能力。

对于我来说，创业既是在"战胜"各种各样的问题，也是在"战胜"自己的弱点。创业至今已经十多年了，虽然挑战不断，但我乐此不疲。如果再让我回到大学毕业那段时光，再给我一次选择的机会，我还是会选择创业——结合詹姆斯·卡斯的观点来说，这是一个需要勇气、智慧、进取心的无限游戏。

有些人也想创业，也在四处征询意见，还会问别人自己适不适合创业。本质上，他们最需要的是信心和鼓励。但我觉得，力量应该从自己内心生长出来，应该由进取心生发出来，而不是来自外界的鼓励。马斯克也说过，如果创业还需要鼓励，那我劝你还是别创业。

五、失败的父母是怎么炼成的？

不论是在网上还是在现实中，总会看到很多人抱怨后代是败家子，不是不学无术，就是游手好闲。

我觉得，如果子女是败家子，那他们就是失败的父母。

合格的父母，不是给子女囤了多少套房子，积累了多少钱财，而是从小给他们植入了一颗上进的"芯"。只有上进心，才会让他们从无到有、从少到多、从低到高、不惧困难、无惧变化。

我父母也没给我准备什么物质财富，这些我都能自己创造。现在想来，我父母从小对我说得最多的一句话是"你要争气"，这句话融入了我的血液。

当一个人具备了上进心的时候，他就有了自我约束、自我纠正、自我激励的力量，也就具有了自我生长的能力。这样的人，遇到困难会自己想办法，遇到挫折会自己扛过去，遇到弯路会自己找到方向。

为什么看人要看进取心？

因为这样的人，会自我驱动、自我激励，会自我矫正、自我管理，抗挫力更强。

很多人对孩子的要求，就是要多背几个单词，多学几门才艺。但是，我培养子女，最重视培养他的底层能力，尤其是进取心。这个东西，在性格形成的窗口期，也就是几岁的时候不培养，以后培养起来就困难多了。

Ⅷ. 性 格

我曾在《大学迷茫问答》这本书里写过：如果只能给孩子一样东西，那就应该是进取心。你什么都可以没有，但不能没有进取心。

进取心是每个人的人生内核。因为有了它，才会让所有的希望生根发芽、开花结果。

现在，我们来做个互动吧。

欢迎到我的微信公众号（前勒口和封底都有二维码）里留言，说说你的人生内核。也许你的人生内核不是进取心，而是其他的东西。

我非常乐意看到你的故事，并希望推荐给需要的朋友做参考。

在我的公众号里回复"创业"二字，你可以看到我对创业的一些思考。

IX. 格 局

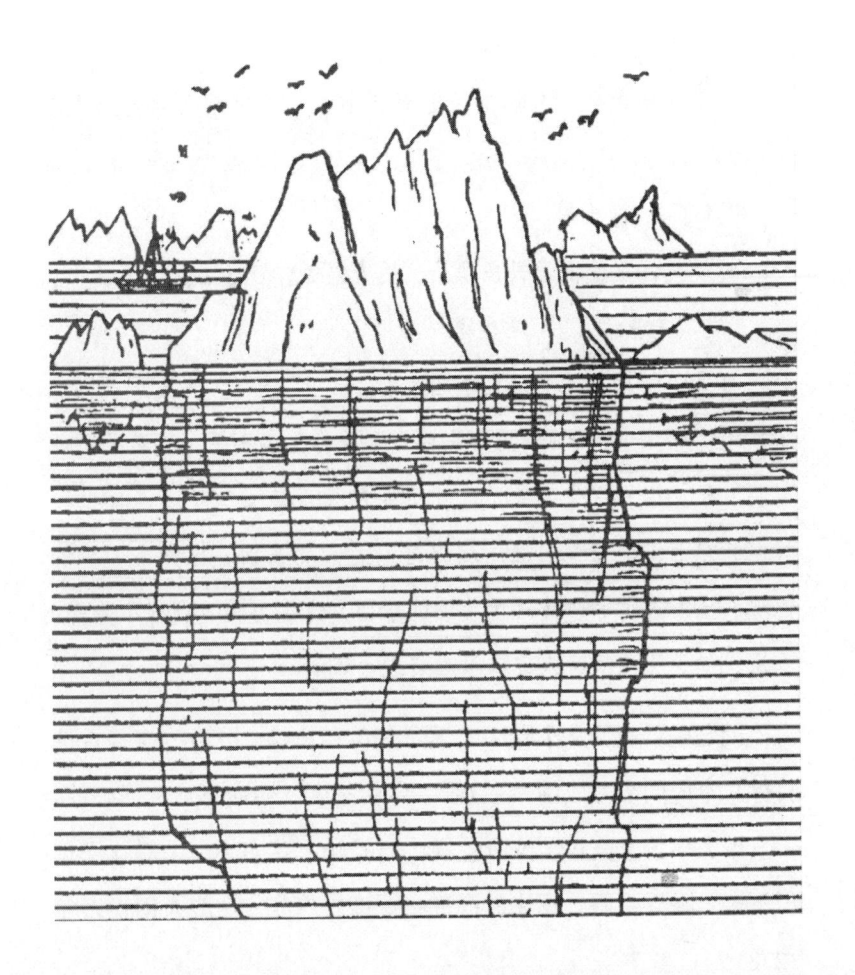

提升格局的四种方式

我读过一个故事,印象非常深刻,我称之为"石头、沙子和水"的故事:

一个教授拿来一个桶,往里面装满石头。然后问学生:"满了吗?"

"满了。"学生说。

教授又往里面倒了很多沙子,用力摇晃,沙子渗入了石缝中。"这次是真满了。"学生说。

可是,教授又往里面倒了几瓶水。

他对学生说:"往桶里装东西,如果你先装石头,装满了还可以装沙子。如果你先装沙子,就不能再往里装石头了。人生也一样,装东西要讲究先后顺序。你得先装大的东西,比如格局、价值观、生活态度等,然后再装细的东西,比如习惯、技能、步骤、方法、知识等。反过来你就很难装进去了。"

问题是:我们从小专注于学习知识和技能,分数一直是首选目标。本应同步养成的"三观"、生活态度、使命感、责任心等,一直被大多数家庭和学校所忽视,口号响、落实少,一般孩子见识不多、眼界受限,哪来的高度、深度、广度?一般人用很多年学了一个专业、一项技能，也许能勉强养活自己，但由于没有相应的格局提升，可能终其一生也没有什么大的作为。

一、格局是底层能力的综合体现

格局这个词，严格地讲，既不是心理学术语，也不是人力资源管理学术语，而是一个人底层能力的综合描述和体现，是思想认知、行为习惯、性格态度等因素合理构架而形成的素质和潜力。其中，"三观"是决定性要素，"三观"不正，一切都是枉然。

格局除了与其他底层能力一样也具有稳定性、隐蔽性等特征外，综合性、主导性、成长性特征更为突出。

格局对人的发展走向和发展高度具有决定性作用，体现为"胸襟、胆量、使命感、责任心、爱心、智慧、眼光、见识"等品质，是人生不断取得成功和进步的重要基础。

格局用于一个人的判断和分析时，具体指向会因人、因地、因时而有所侧重，不同的语境下可以用"大小、高低"等词语来评价。当然，通常意义上更偏重认知方式、生活态度、待人处世等方面。

那么，格局的本质该怎么理解呢？见仁见智，很多说法都能给我们一定的启示。有人这样总结："根植于内心的修养、无须提醒的自觉、以自律为前提的自由、为别人着想的善良"，也是一种精辟的见解。

"格局"可以作为中性词使用，但更偏向褒义，说一个人"有格局"，本身就是一种肯定。所以，格局只能用在正常人身上，对"坏人"只能用野心、阴险、顽固等词汇。

IX. 格 局

一个人的格局能潜移默化地影响着事业、工作和生活，影响着判断和选择。所谓"格局决定结局"的强调说法，意思是格局具有决定性作用，一个人的职业高度、事业高度甚至人生高度，都取决于格局。

有人问张磊："一把手和普通的管理层有什么本质的区别？"张磊回答："本质区别就是格局观。"

二、提升格局，逆袭人生

吴军博士在《格局》一书中总结了提升格局的五个维度：位置、方向、方法、步伐和节奏。他说："任何人，不论起点高低，只要能认清自己的位置，找准方向，用正确的方法做事，提高进步的速度，同时把握好节奏，几年后就会看到一个格局比今天大很多的自己，一个让自己感到不枉此生的自己。"

我这里谈谈提升格局的几个建议。

1. 增加见识，扩大眼界

格局作为一种底层能力，是与见识联系在一起的。见识多了，眼界才能从"锐角"变成"广角"甚至是"全角"，格局才会提升。先看两则流传甚广的故事：

其一：有人问乞丐："如果你发财了，会做什么？"乞丐回答："买一只金饭碗。""为什么要买饭碗？""方便继续讨饭。"

其二：有人问一个放羊的小孩："你放羊为了什么？""赚钱。""你赚钱为了什么？""娶媳妇。""你娶媳妇为了什么？""生娃。""生了娃干什么？""放羊。"

44. 提升格局的四种方式

其实，要挣脱现有生活方式的桎梏，对每个人都不容易。人是社会环境的产物，只有增加经历、认知、见识，才能改变格局。乞丐和放羊娃没有见过别的生活方式，只能在讨饭、放羊上打转转。

我曾问一个大二学生未来打算做什么？她说："我在江西读书，瑶湖校区有个英语老师很厉害，我想超越她，做瑶湖第一的英语老师。"我问，为什么不是"南昌第一的英语老师"或"江西最知名的企业家"？她回答："我没见过南昌最厉害的英语老师，也没接触过企业家。"她的回答没有什么问题，但我敢肯定，再过几年，随着她见识的增加，她大概率会修改这个目标。

读大学的时候，一个同学喝嗨了，说他的目标就是早日赚到一百万，然后存银行、吃利息，啥事也不干了。转眼十年过去了，再次相遇，我问他："一百万赚到了吗？"他说赚到了。"那你现在把它存在银行，吃利息，啥事也不干了吗？"他哈哈大笑："以前那点格局，不提也罢。现在我搞农业创业，养着几百号员工，根本停不下来。"

很多人都有类似的经历：最初也就想着赚点钱买个房。房子有了，又想做点事业。事业有了，还想做到行业第一。这就是一个随着见识的扩大，格局也在不断提升的过程。最初可能是生存需求，后来就变成了自我实现的需求。

2. 去中心化思维

我发现，格局的提升，有一个"去中心化"的过程。这个"中心"，可能是"我"，可能是"家"，也可能是"现在熟悉的舒适圈"。

IX. 格局

以什么为中心来想事，很能体现格局。有些人丈量世界，往往以自我为中心，眼里的世界距离客观事实很远。比如以家为中心来想事——上学不能离家太远，工作不能离家太远，甚至嫁人都不能离家太远。很多企业想事，也会以主业为中心：我是做这个的，现在跨界去做那个，会不会有点远？所以就出现了路径依赖——你所擅长的，反而成了你的最大制约。

而格局大的人是以理想、事业、目标为中心的。哪里有机会，我就去哪里；哪里能创造更大的人生价值，我就去哪里。有见识的家长都这样，总是鼓励孩子去他们想去的地方，甚至引导孩子去他们不知道但应该去的地方。没见识的家长，会把子女系在裤腰带上，压制他们的理想和尝试。

我的看法是：中心是可以改变的，家是可以跟着你走的。小时候我总是以家为中心，去哪都要考虑怎么回去。后来，我搬到了省城，家人也都搬到了省城，中心自然也变成了省城。所以，一个人应该以理想和目标为中心来考虑事情。

我十多年前开始创业的时候，没有接触现在这么多创业知识。第一次选办公室，就选在家的旁边。当时想法非常简单，就是近一点，环境也熟悉。

但办公室很快需要升级，从几十平方米扩展到200平方米。当时我就想，是不是把隔壁的房子买下来？我也是有"中心"这个执念的。

现在看来，这些执念有点搞笑。因为创业的变数是很大的：业务没做起来，倒闭了，办公室得退租；业务做起来了，办公室很快不够用，得重新租大的；业务发展起来了，可能得寻找更合适的城市，又得搬走。所以，以"以家为中心"或"以公司为中心"来做规划的思维，明显是不合适的。实际情况也是这样，一路创业到现在，办公室搬了很多次，从几十平方米，到几百平方米，到几千平方米……

现在，我完全没有"固定中心"的观念了：根据业务发展需要，随时可以搬到其他城市。如果需要，也可以搬到火星上去。

思考问题、谋划事业以什么为中心？以自我为中心，还是以事业发展为中心，怎么选择就体现了你的格局。

3. 升学

见识少，格局就低。所以，见识优秀人物，进入优秀的圈子，是提升格局最有效的方式。

进入更优秀的圈子，有两种常见途径：升学和求职。

升入更好的学校，才能接触更优秀的人才，获得更优质的资源。王兴和王慧文是清华大学同宿舍的同学，后来一起创办了美团。马化腾和张志东是深圳大学计算机系的同学，后来一起创办了腾讯。比尔·盖茨和鲍尔默是哈佛大学同学，一起创办了微软公司。施振荣在台湾创立宏碁电脑，合伙人是台湾交大的师弟。张朝阳在美国麻省理工读博士，创业的启动资金是导师投的。

桥水基金的创始人瑞·达利欧，其创业伙伴是来自哈佛大学的同学。他进入哈佛大学商学院不久就有了感受："能与世界各地绝顶聪明的人做同学，我感到很兴奋。我的期望值很高，而真实体验更是超过了预料。"

Ⅸ. 格局

在一期访谈节目中，《数字时代》创办人王志仁说："读大学学到什么不重要，有没有机会认识更优秀的同学很重要。"袁岳打趣说："如果没考上大学，认识的就是村里的人。"

有人会问："我也读了大学，怎么就没遇到更厉害的人？"

应该说，大学也有好大学和一般大学之分，好大学里的人总体更优秀。另外，能否遇到更厉害的人，跟自己是否厉害、个人定位、发展机遇也有关系。"你是什么人，就吸引什么人"，这话没毛病。

4. 求职

求职也是一种进入更优秀的圈子的一个途径。

如果说人生有几次重大选择，升学与求职都应在列。它们都在某种程度上决定着未来的机遇、所进入的行业、所接触的人才。如果你错过了好学校，最快到来的再一次选择就是求职。

传说中的"百度七剑客"，其实是百度的创业团队。其中，中国科学院研究生院的崔珊珊、北京交通大学的郭眈当时还都是在校学生，也是百度招聘的第一批实习生。他们通过求职，进入了一个厉害的圈子，成了百度创始人李彦宏创业团队的一员。

搜狗公司原总裁王小川，求学期间就在搜狐公司兼职工作。清华大学毕业后，正式加入搜狐公司任高级技术经理，首创"输入法-浏览器-搜索"三级火箭模式，成功破局搜索。虽然他本身就很优秀，但通过求职进入搜狐这家当时的明星互联网公司，对其自身发展的影响亦不容小觑。

作为"价值投资"领域的大佬，高瓴资本创始人张磊在

44. 提升格局的四种方式

《价值》这本书里坦言，在耶鲁大学读书期间，进入著名的耶鲁大学投资办公室实习，师从耶鲁大学首席投资官大卫·史文森，为他日后在投资界的成功奠定了坚实的基础。

总结起来，年轻时要在见识上下功夫。见识多了，格局才会得到提升，看得才会远，想得才会深，选择才会准。

怎么增加见识？一种是身体力行的见识叫"阅历"，一种是用心灵体验的见识叫"阅读"。

怎么看一个人的格局？

一个人的格局，无论是自我提升，还是他人品评，都需要着眼点或切入点，这就是格局的维度。

格局是十多年来人们一直关心的话题，除了理论研究，也出现了海量的感悟分享、励志点拨类文字和讲座视频，人们给格局设定的常见维度如"（眼光）长度、（思维）高度、（思想）深度"，再如"境界的高度、胸怀的广度、眼界的宽度、思想的深度、执行的力度"，等等，各有其独到之处，过一过脑子，都会有所启发或警醒。

我觉得，格局的内涵丰富，表现复杂，每个人都可以找到自己的领悟和提升方式，维度也会因人而异。我从职业发展的角度，围绕几个重点，分享一些自己的心得。

一、关注的事情大小

格局大的人，关注的事情会更大。有些企业家关注的是全球气候变暖、火箭上天或移民火星问题，但也有很多人只关心自己上班时被人翻了两个白眼的情绪问题。

在职场，有人关注的是自己能不能晋升，而老板关注的是谁能把事情做好，以及把你选拔上来之后其他人怎么平衡的问题。位置不同,关注的事情大小就不会相同。

不久前有一个消息,一家成立多年的物流公司被收购了。这家公司物流品质很棒,培养人才也很多,甚至一度被称为物流人才的黄埔军校。但是,在行业竞争的冲击下,最终还是被并购了。个中原因当然有很多,但是盘子不够大应该是一个因素。纯做物流,尤其是一种细分品类的物流,与同时做物流、电商、金融、供应链的综合集团相比,竞争力还是不够的。

有时候我们忙着把一段城墙修得很坚固,但世界大势变了,城墙再坚固,也失去了存在的意义。

二、目光是否长远

格局决定布局,布局决定终局。目光长远的创业者,开局的时候就会预想终局是什么。目光短浅的人,在乎更多的是一城一池的得失。

2011年前后爆发团购大战,很多公司为广告战、拉锯战、阵地战疯狂"烧钱"时,王兴却开始专注于提升服务品质、加强现金流了。数千家团购公司最终昙花一现,只有王兴笑到了最后。

当有些人还在想互联网2.0的时候,马云已经在想云计算了。当很多老板还在焦虑多开几家店面的时候,一个企业家已经在思考元宇宙时代该做些什么了。

就像融资并购,你到底是出让股份,吸引更多资金、人才和资源,一起把蛋糕做大,还是坚持做个"山大王"?非常考验目光是否长远了。

Ⅸ. 格局

在很多人的印象中，以前火车站周边的商家比较坑人。坑人的商家基本是这样的想法：经过火车站的人基本都是一次性消费，能宰一个是一个。

这就是格局低下的表现。短期来看，通过坑人宰人是多赚了点钱。随着时间流逝，口耳相传，全国的火车站商圈的信誉全部崩塌，敢在此地消费的人越来越少，最后只有自取灭亡。事实上，当一些商家还在坑人宰客的时候，有些商家已经开始做品牌、做连锁了。近些年我们也能看出来，那些坑人宰客的商家基本玩完了，那些做口碑的连锁品牌反而在火车站周边扎下了根。

很多人都纠结过这样的问题："我不喜欢大学专业，但求职的时候还是想找个对口的工作，因为四年的努力不能说放弃就放弃。"我就不存在这个问题。我不喜欢大学的专业，虽然我前后学了七年，但在毕业的那一刻，我头也不回地放弃了。

为什么？我是这么想的：值得在乎的到底是过去四年的积累，还是以后四十年新的可能性？是过去四年的学习成本，还是一生"爱我所爱，无怨无悔"的快乐？

与过去四年的沉没成本相比，显然应该在乎未来四十年的快乐。毕竟，你的一生还要工作四十年。

三、能否看清本质

能看清本质的人，才可能有真正的格局，包括行业的本质、问题的本质、人的本质等。

问题是，要看清本质，是需要思想、见识和认知的。

当头条和抖音崛起的时候，很多人劝张一鸣把它们及时卖掉，理由是"竞争不过那些巨头的"。但张一鸣踌躇满志，不为所动。为什么？因为他理解商业竞争的本质是用户和流量的竞争。已经拥有庞大的用户规模和巨大的流量时，为什么要放弃呢？

在职场，我发现，那些只研究做事的方法，不过问做事的意义和目的的人，成长是比较慢的。因为他们不会追寻事情的本质，遇到问题就没法灵活变通了。

同样的道理，很多人总是跟自己的同事较劲、攀比、抬杠，能有多大意义？看不到职业竞争的本质才会做情绪上的较量。为什么不在踏实做事、获得客户和上司的认可等方面下功夫？这些事情才能决定你的位置和利益。

四、着眼全局还是局部

格局大的人关心全局，格局小的人只能看到局部。不论是战场还是商场，很多人都是赢了战斗而输了战争。

在职场，有些部门负责人不关注其他部门的工作，也不关注公司战略，甚至不会借力其他部门的资源，最后都不知道该往哪个方向努力。久而久之，只会越来越被动，格局越来越小。

五、能否分清主次

多数人在太多的事情上，都分不清主次。

一个老案例：一个女研究生发现自己眼皮下垂了，眼睛看起来一个大一个小。于是心神不宁，茶饭不思，甚至在毕业季都没心思找工作,整日对着镜子唉声叹气,觉得没法见人了。

这就是格局不够高的表现,分不清轻重缓急。现在医学这么发达,眼皮下垂的问题,一个小手术就能解决。与其唉声叹气,不如先找工作赚钱,钱够了立马做手术。就这么简单的事情,谁也想不到,这位女生竟然因此已经痛苦了近两年,所有的注意力都驻留在这么个小事上。

我有一条重要的创业感悟:"老板上班的第一件事,不是着急做事,而是先把事情列表,分清主次,找到关键。也就是说,老板最重要的职能是做判断,判断事情的主次。"

换句话说,老板最重要的工作,是区分战略动作和战术动作。不要用战术上的勤奋,掩盖战略上的懒惰。

这个感悟看起来很简单,但很多人没有这个意识。一些人经常抓不到关键,逮住什么做什么,哪件事情先来做哪件。虽然很忙,但事情并没有做好。

如果你留心观察一下身边的人,会发现不论是员工还是老板,都会犯这种错误。原因就是分不清主次,逮住一件事情就做、惯性去做。不动脑子最容易,但也是最无效的。

六、怎么看待金钱和时间

怎么看待金钱和时间,非常能体现一个人的格局。

我们经常看到,很多老板都会把不重要的事情安排给助理,什么打印文件、端茶倒水、订购机票、安排行程,甚至起草文件,目的就是有更多的时间来处理最重要的事情。

我还发现,有些人为了专注于重要的事情,给自己建立了

45. 怎么看一个人的格局?

一套"生活资源保障系统":固定的司机、保姆、保洁员、发型师等。很多人以为他们是偷懒,其实是在用金钱换时间。请人当然要花钱,但能节省时间。至于说钱和时间哪个更重要,这就要看格局了。

有一个发生在我身上的真实故事,我一直记忆深刻:

很多年前,我收到一个开餐馆的亲戚发来的信息,让我去郊区的一个物流中心帮他拉一袋面回来。他说:"你有车,来去很方便。我还没买车,如果叫个物流送过来的话,要花一百块钱。这一百块钱,我要卖几十碗面才能赚得回来。"

我打开地图一看,物流中心距离我这里五六十公里,来回路程加上堵车,我估计要花两三个小时。"我没时间去,"我回复他说,"不过我可以出钱让物流公司送过来。"

亲戚很不高兴:"求你办点事就这么难?"

我很委屈,就实话实说:"我去拉一趟,来回要浪费我两三个小时,就为了节省一百块,这时间成本得多大呀?"

事实本来就如此:站在他的角度,让我去拉面,给他节省了一百块。但站在我的角度,来回汽油费不说,关键是浪费了我两三个小时的时间。我的两三个小时,价值可不止一百块。

后来,他还在那里絮絮叨叨,努力说服我。看在亲戚的份儿上,我跟他讲得更深了一点:"每个人的时间价值是不一样的。有些整天晒太阳的人,他们的时间就是用来浪费的。而有些人是要争分夺秒的。我自己平时办理车险、处理各种杂事都是付费叫人帮我完成的,就是为了节省时间。"

交流到最后,我有点后悔了。

IX. 格局

因为我发现，我说得再多，他也无法理解什么叫时间成本，无法理解为什么每个人的时间价值是不同的。他能理解的就是"你有车，但你不愿帮我拉趟货"。

后来，我把这个故事叫作"一袋面的格局"。它时刻提醒我，与人交往应该注意些什么。

七、怎么看待学习

如何看待学习上的投资，也很能体现一个人的格局。

网上曾经讨论过一个女孩负债百万去哈佛读书到底值不值的问题。我觉得能长本事，百万不算多，很容易赚回来。相反，有些家长因"家里盖房子负债十多万"，天天睡不着，劝女儿退学，早点打工还债，这才是格局低下的悲哀。

在学习方面，我自己也有一个格局提升的过程：从最初的一年买几十本书，到现在每年花几十万参加各种学习和培训。也有人问过我："你这样做是不是人傻钱多？"我觉得不是。创业就像在丛林里打怪，每个阶段都会遇到不同的问题和挑战，而认知、见识就是武器。如果不及时升级自己的武器，肯定会被时代淘汰。

我对学习的认知是，学习是一个重要但不紧急的事情。一段时间不学习，感觉也没什么。但如果长期不学习，处理事情肯定会吃力。很多人之所以遇到职场天花板，是因为他们不是"有十年的工作经验"，而是"一个经验用了十年"。

长期保持学习状态的好处是，别人解决一个问题需要花很长时间去思考，换了你就可以很快找到解法。

45. 怎么看一个人的格局?

直到现在,很多人的格局还是这样:舍得做头发,舍得买包包,就是舍不得买本书;舍得买衣服,舍得旅游,就是舍不得学习课程。还有一些家长,赚了点钱就存起来,而不是用在投资子女教育上面。曾经有朋友跟我说:"我爸爸这些年赚了一些钱,也看他买了好几套房,但赚了钱有什么用?我要参加一个培训班,嘴说烂了,他都没给我钱。"这件事过去很久了,但我记忆犹新。它告诉我,如何花钱,也是有格局的。

有人说:"不爱学习的人,可以放心地把他从竞争对手的名单中划掉。"我觉得有道理。每次看到四处疯狂学习的人,我都会认为他们会有更大的竞争力。

八、是否正确选择对手

在商业上,错误地选择对手,对错了标,最后把自己带进沟里的案例很常见。

生活中也是如此,如果你对标格局狭小低下的对手,你的格局也一定会走下坡路。把狗作为对手,就会趴下去咬狗。

哪怕在学生时代,一个人选择的榜样人物是否正确,就决定了他的眼界有多宽、眼光有多远。当雷军在大学校园被《硅谷之火》点燃,比尔·盖茨、乔布斯在车库创业的时候,还有一些大学生在锤杀舍友、毒杀舍友,或因为发生舍友关系摩擦,出现不同程度的焦虑、失眠、抑郁。

为什么会有这么大的差别?

虽然存在客观因素,比如来自五湖四海、不同背景、不同经历、不同价值观、不同性格心理的人汇聚在一个宿舍这样的小空间，很多时候会发生人际关系摩擦，从而导致孤立、排挤、嫉妒甚至攻击，但有一点不容忽视，就是格局问题。有些人过于关注自我感受、过分倚重舍友关系，导致关注点聚焦舍友关系和感受甚至一个脸色，格局越来越小，最后变得愈发敏感，并为此浪费了大量的时间和精力。

其实，如果格局稍微宽阔一点，世界那么大，有趣的东西那么多，需要关注的人物和行业那么精彩，把眼睛往外看一看，把空间挪一挪，整个世界就不一样了。

九、气度大小

气度大小最能体现格局，这个应该没有异议。

气度包括是否能容纳、忍耐，是否能接受他人冒犯，是否能与人分利，是否不跟烂人烂事计较。

气度不够恢弘开阔的人，大都会浪费太多时间跟人较劲。对此，网上早有很多总结：

"如果有一条疯狗咬了你一口，难道你也趴下去反咬它一口吗？"

"永远别和'脑残'的人争论，因为他会把你的智商拉到跟他一个水平，然后用丰富的经验打败你。"

"有些人没什么事干，满肚子的抱怨、牢骚、偏见，跟他们较真就是浪费自己宝贵的时间和精力。格局高远的人，一定要远离这样的人和圈子。"

道理大家都懂，但年轻气盛，谁没和别人辩论过？以前，我遇上一些愚蠢的现象，也经常怼回去。后来发现没有意义，

45. 怎么看一个人的格局?

一方面,每个人的知识结构、心态观念、角度立场各不相同;另一方面,你不可能说服所有人理解你、赞同你。

马斯克刚创业的时候,不理解他的人多了去了。现在他事业做大了,不理解他的人,还是很多。

不被理解,是每一个人的宿命。不论你是寂寂无名的田间农夫,还是响当当的国际"大咖"。所以,怎么对待不理解,也能凸显格局。

世界著名实业家稻盛和夫曾说:"我站在一楼,有人骂我,我听到了很生气。我站在十楼有人骂我,我听不太清楚,我还以为他在跟我打招呼。我站在一百楼有人骂我,我根本听不见,也看不见。一个人之所以痛苦,是因为他没有高度。高度不够,看到的都是问题。格局太小,纠结的都是鸡毛蒜皮。放大你的格局,你的人生将会不可思议。"这话说得多么通透。

创业这么多年,我们也没少被人猜测和误解。现在反思起来发现,生气、吵架、解释、辩论,都是没有意义的。事情的本质不会因为别人的恶意猜测而发生什么改变,也不会因为你的解释和辩论发生什么改变。留着生气或解释的精力,用在打磨好产品、培养好团队、服务好客户,才是正经事。只有事业做好了,产品做好了,理解你的人才会越来越多。

什么是格局?就是你看到的东西、你追求的东西、你比肩的东西、你在乎的东西、你看重的东西有多高多大多长远,或有多重要。

遇见一个好老板

或许你刚走出校园，或许你已经工作了几年，或许你正在苦恼着各种不顺心，如找不到心仪的工作、岗位不称心、薪资不理想、上下班距离太远，等等。但是，不要忽略一个大问题：正在找工作的，对未来的老板有要求吗？找到工作的，考虑过跟着现在的老板能走多远吗？

即使眼下是以谋生为主，顾不上老板的事情，等到你有了足够的底气谋求更大发展的那天，在规划职业前景、决定要不要跳槽或跨行时，老板的问题也会纳入你的考量范围。

无论是大老板还是小老板，他的眼光和格局，决定了你跟着他能走多远。遇见一个好老板，是职业升级最好的助推器。

很多时候，部门上司也是你的"小老板"。

一、好老板、坏老板

这是套用《穷爸爸，富爸爸》的说法，其实，老板无所谓好坏，只有合适不合适。虽然说决定自己命运的还是自己的足够强大，但一个好老板对一个人的职业发展具有重要作用，还是要给予足够的重视。

一般人眼里的好老板，可能只是一个好人，公平、善良、体贴，尤其是对自己照顾。但对职业发展有所期望的人来说，更要看重老板的格局，能不能带领员工走向辉煌的未来。

老板的格局，决定了一家公司的发展高度，大格局、大气魄、目光长远，才能成就大事业，才能给员工创造发展空间，帮助员工获得事业上的成就感，甚至是实现人生的价值。

这个话题很大，而且是双向的互相选择、互相适合。简单来说就是：如果你觉得自己跟着老板不仅仅是为了混一口饭和一些利益，而是一起奔着一个共同的事业目标，"团结在同一个理想的旗帜下"，那你就是遇见了自己的好老板。

当然，同样是这位老板，在其他同事眼里可能是个"坏老板"。同事对老板的评价只能"仅供参考"。燕雀、鸿鹄，各有所安。既然你选择了高远的天空，就别再留恋水塘边的安逸。

可能一般人耳闻目睹更多的是"坏老板"，可以分两种情况：一是绝对的坏，即使作为普通人都不够格，这样的老板只对利润感兴趣，其他包括公平、正义、道德等都可以牺牲。此时，你的最好选择就是尽快离开。二是缺乏领导者的格局，在管理、智慧、眼界、胸襟等方面存在致命的缺陷，可以做好朋友，但做不了好老板。此时，你的最好选择是做到于心无愧后另谋出路。

二、一位学员与他老板的故事

格局狭隘低下的老板，一方面看不到全局、看不够长远，另一方面抓不住事情的重点和本质。

我们每年都会培养很多学员，有些已经毕业多年。前段时

IX. 格局

间,有一个工作了八年的学员跟我讲了他与自己老板的故事:

> 我一直倾向创业,但目前还没有独立创业的能力和资源。看到一个女老板正在招聘组建团队,就跑过去聊了几次,每次都很投机。
>
> 这位老板之前创业赚了点钱,后来失败了,现在又看上了一个新项目。我们聊到后面,都是老板请我喝茶、吃饭。因为觉得很受重视,我就开开心心地入职了。
>
> 开工了几天,去找老板谈薪资待遇和利润分成,发现是"五千底薪加提成",心里就有点不舒服。刚开始,我把自己理解为合伙人,以为自己是二把手,以为会有项目分成。然而都没有,对方是按普通员工的薪资结构给我"底薪+提成"。
>
> "都怪自己,期望值太高了。"这是我第一次失望。
>
> 接下来的一个月,我负责招聘面试,拓展客户,忙得不亦乐乎。一天早上准备上班的时候,老板打来电话说,项目推进不如预期,我的能力也没有展示出来,所以要给我降薪。
>
> 这次降薪,让我非常寒心。正当我踌躇满志准备大干一场的时候,老板的降薪扑灭了我心里的这团火。
>
> 我准备离职,但老板又不肯,目前在僵着。

这个案例说明了很多创业的常识性错误,最典型的是合伙人进入和退出机制没有先期明确。刚开始大家觉得很投缘、很合拍,所以钱什么的觉得不是事儿,都"按下不表"。等有一天想起,再来谈钱、谈身份、谈权责,发现跟想象中的不一样,于是开始产生裂痕,而裂痕是创业团队的大忌。

三、做老板更要提升格局

从格局来讲，这位老板还需要提升。

且不说其他方面，仅仅是对待人才和金钱的态度，就能看出来她的格局如何：项目才开始一个月，就要降别人的薪资。五千元的底薪能咋降？能降多少？降到四千有意义吗？降到三千又有意义吗？意义不大呀。

如果项目能做起来，这一两千元的底薪差别不算事儿。

如果项目做不起来，那这一两千元的底薪差别也不算事儿。因为项目能不能做起来，几个月基本上就能看出来。几个月的时间，就算你通过降薪，也就是节省了几千元的事儿，意义不大。

所以，不论项目做不做得起来，每月节省一两千薪资，都意义不大。

关键在于，降薪行为伤害了团队的热情，这才是最致命的。我想，任何一个有格局的老板，都不会做这样的傻事。

有人说，你看好一个人，愿意聘用他，如果他要一万元的工资，你千万不要砍价到八千。虽然你节省了两千，但寒了一个人的心。相反，如果一个人要八千，你应该给他一万，这样他非常感动，会更加努力。

这句话，我觉得是有格局的表现。

事实上，很多老板都是这么做的。史玉柱说过，发高薪是最便宜的。我想，他想表达的是：与股权相比，高薪是便宜的；与人才所创造的价值相比，高薪也是便宜的。

X. 特 质

为什么你比别人成长慢?

很多管理者都会有这种感叹:"为什么培养人这么难?""为什么教了那么久,还是不会?"

而另一边,普通员工也很委屈:"这工作,做得好吃力啊。""这事情,好难。""这个东西,我真学不会啊!"

我创业初期,也遇到过类似的问题:招聘的时候,只看专业和工作经验。后来发现,很多人不能胜任岗位,尤其是跟不上公司的发展速度。

有时候因为新业务需要,从其他岗位抽调一个人,从零开始学习新业务,美其名曰"孵化""学习"。说白了,就是从零开始培养人。最后发现,不仅贻误了战机,人也没培养出来。

为什么会出现这种情况?因为大部分人的脑子里,没有特质这个概念。

一、什么是特质?

特质如果视为一种能力,那在很大程度上是天生的。特质类似于天赋,只是没有天赋那么明显。我们可以把它叫作"小天赋"。比如爱因斯坦在理论物理上有天赋,牛顿在经典物理上有天赋。但还有一些人,在物理上谈不上有天赋,但他们学习物理的能力很快，接受能力很强，成绩也远超其他人，那他们在这方面就是有特质。

1. 特质是在某一方面具有天生的悟性和敏锐性

特质是一种天分，也就是在某一方面具有天生的悟性和敏锐性，悟性和接受能力比别人强。

特质不是聪明，聪明是一种学习能力，一个聪明的人，可能在各个领域都聪明。在某方面有特质的人，未必在其他方面也有特质。举个例子，一个聪明的人，学语文时聪明，学数学时也聪明。但一个在数学上有特质的人，在语文上未必有特质。很多时候恰恰相反，有特质的人会存在严重偏科。也就是说，他们在某个方面有特质，在另一方面完全没特质。

2. 特质就是在某个地方能无师自通

我先举一些例子：鱼天生就会游泳，狗天生就嗅觉灵敏，马天生就善于奔跑，骆驼天生就适应沙漠，鸡天生就擅长捉虫子，这都是它们的特质，具有先天性。一只狗通过训练会拉东西，顶多算个特长，算不上特质。

有一年，我们公司销售部招聘了近20个实习生。在两个月的时间里，其他人都表现平平，但有一个女生，业绩一骑绝尘，超出其他人的业绩总和。

我问她："你之前是不是做过销售？"

她说："没有，之前都不知道销售是啥东西，自己也没想过能做销售。"

确实，我们公司还没给实习生系统地做过销售知识和技能

X. 特质

培训。她在销售方面无师自通，这就是特质。

而没特质的人呢？无论公司怎么培养、教导，他就是学不会，或者学得慢，因为他"那根筋"不灵，甚至根本就没有"那根筋"。这种感觉，我相信每个人都能理解。因为几乎每个人在中小学都曾遇到过一两门自己完全没特质的课——你怎么努力，也学不过别人。

再举个例子：有一次，我们团队外出搞活动，玩得很"嗨皮"。回来之后，一个同事告诉我，他做了一个活动视频。我一看，真的是太美了：从拍摄到制作，从剪辑到配乐，简直是无可挑剔。

那一刻，我就认定他在这方面是有特质的。

因为，他此前都没做过这类事情，我们公司也没人教过他，这次他完全是摸着石头过河。要知道，我见过很多在这方面没特质的人，即便教了无数次，他们依然找不到合适的拍摄角度，因为完全没有美感，更不知道如何制作，才能符合观众期待。

企业管理中，发现一个有特质的人，比培养一个没特质的人，省力多了。

3. 特质与努力的区别

特质当然也需要训练，但努力不是决定因素。如果你天生就是扁平足，那再怎么努力，也不可能成为跳高冠军。我跑步也算快的，但我在大学，连校级比赛都没进去过。这不是努力不努力的问题，是我在这方面没有特质。

要记住，特质是一种天分，是"天生的"。

二、要做符合自己特质的事情

事实上,每个人只有干符合自己特质的事情,才可能取得更大的成就。

史上公认最伟大的篮球运动员迈克尔·乔丹,在篮球上无疑是具有特质的,当然,这里可以说是天赋。在1993年,他开始了棒球生涯,但他在棒球上的特质,明显不如篮球。

一名著名管理者曾谦虚地说:"在时代前面,我越来越不懂技术、越来越不懂财务、半懂不懂管理。"但是明眼人都知道,他的特质在于凝聚人、团结人,在于通过组织建设,发挥千军万马的作用。

这个世界,为什么很多人会很痛苦?原因之一是他们总也找不到自己的特质。不仅找不到自己的特质,还要拿着自己的短板去跟别人的特质较劲。

我高中的时候,同桌是一个数学很厉害的人,因为他经常能把一道道我解不出来的难题推导出来,这让我很羡慕。我发现自己怎么努力,在数学上也拼不过他,就改攻其他学科,因为我不想跟他在同一个学科上竞争。事实证明,我的策略是正确的,我顺利考上了大学。

大学里,总会遇到很多有特质的人。有些人多才多艺,各种文艺晚会上总会看到他们的身影;有些人八面玲珑,当干部就左右逢源;还有些人是学霸,年年拿奖学金。我大一时非常迷茫,因为总是受他们的冲击,所以追随着他们一会儿学乐器,一会儿干学生会,一会去自习。后来,通过几次实践,我发现

X. 特 质

了自己的一个特质,就是喜欢折腾、喜欢创意。这个发现,后来成就了我的创业。

我也见过一些人,明明语言模仿能力很差,明明在语言方面没有特质,还在那里死命学英语,结果当然很痛苦。

一个五音不全的朋友曾跟我说,她想成为歌唱家。我睁大眼睛看着这个年过二十的人,问她:"你曾经受过训练吗?有过作品吗?怎么证明你适合这个?"她说:"我就是想。"这让我无语了。要知道,特质和踌躇满志是两码事儿。一些与特质有关的事情,不是你想做就可以做的。不然,就是被励志过了头。

在别人的特质领域,跟别人比特质,这种感觉相当于你明明是个举重选手,但非得去田径场跟人比短跑。

如果你在学业上或工作上非常吃力,除了努力、方法等因素外,要考虑是不是你的功夫没下在自己的特质上。

三、管理者找到最具合适特质的人更重要

张一鸣谈管理时说:"招人最简单的方法,莫过于招干过这个事的人。不过能找到最具合适特质的人更重要。特别是创新企业,很多岗位未必有成熟的人对应,或者业界的普通标准并不特别适合,或者具体的岗位有一些特别的要求。这时候通过对岗位的理解而去招具备性格、技能、爱好特质的人就特别重要。"

作为管理者,如果感觉培养人才很痛苦,就要考虑是不是在招聘或用人时,没有"特质"这个概念。

有些管理者"很轴",明明一个人在某方面接受能力差、成

长缓慢，但依然认为："只要给他足够的时间，比如五年、十年，他一定会在这个方面变得很厉害。"

真正有实战经验的管理者可能不会这么想，也不会这么干。

首先，有些人确实没有办法被培养成另外一些人，这是特质决定的。文科生不一定擅长理科，会做数学的不一定擅长写文章，技术好的不一定情商高，这是既定事实。有些人单打独斗很厉害，但带团队反而是弱点。韩信"将兵"很厉害，但刘邦"将将"更厉害，这也是特质决定的。

其次，企业管理追求"最优解"。企业经营是一个讲时间和效率的地方。如果有天生的优秀管理者，为什么要花五年、十年培养一个原本不擅长管理的人做管理？况且，公司持续处于市场竞争和行业形势变化之中，往往倾向于为一个岗位选择最合适的人，而不是随便拽个人就反复培养。很多人忘记了职场与学校的区别。

当你了解了特质的力量，你就会理解：在职场，机会通常是有限的，你必须在有限的机会里面证明你自己合适。

你的特质适合什么工作？

一、为什么要做有特质的事情？

一个视频，是亚马逊创始人贝索斯分享的自己的故事：

我遇到一个偏微分方程，解不出来，这道题真的很难。最后去找"普林斯顿大学最聪明的学生"亚桑塔，把题给他看。他写了整整三页代数算式，最后所有的项都抵消了，答案是"cos"。那是我人生中很重要的一刻。正是那一刻让我意识到，我不可能成为一个伟大的理论物理学家。因此，我就开始反省了。解出这道题对我来说，简直就是魔法。

就大多数职业而言，如果你能胜过百分之九十的人，你就会在这一行大放异彩。但在理论物理学的领域，你要进入全世界最厉害的前 50 之列才行，否则你就不会有什么重大的贡献。

因此，那一刻我就像受到启示一样，突然觉悟了。我迅速把专业转到电机工程和计算机科学。

有人看完后会说："天赋不够，就赶紧改行吧。""真的，只要你努力过就会知道，努力相比天赋，作用真的有限。"

在我看来，贝索斯表达的是天赋和特质的重要性。事实证明，他在商业上，确实天赋异禀。

48. 你的特质适合什么工作?

尽管说特质是一种天赋,但很多人在实际操作中,还是会与专业、特长、经验,甚至兴趣混为一谈,一些管理者在识人用人时也因此陷入迷茫。所以,我们有必要把它们做一下区分。

二、专业、特长、经验、兴趣与特质

1. 专业不一定是特质

专业对于很多人来说,可能一开始就是瞎选的,也可能是巧合选中的。即便是深思熟虑后选择的专业,也不代表就符合自己的特质,因为大部分人在选专业的时候,不会考虑自身的特质。当然,运气好的话,专业、特质合二为一,这是再幸福不过的事情了。

学习了几年专业,确实在某一方面会积累一定的能力。但这个能力,不一定是特质,仅仅是通过日积月累、勤学苦练得来的一种能力,与具有一定先天性的特质,还是有区别的。

2. 特长不一定是特质

有时候特长只代表提前进行了训练,也说明它暂时算个长项,未必能代表未来的发展潜力。

所以,特长可能是特质,也可能不是。到底是不是特质,要看它是否具有一定的天赋性质,即能在这方面比别人具有更快的学习能力、接受能力,甚至是无师自通的能力。

当我跟一个朋友讲到特质的时候,他颇有共鸣地说:"用人所长嘛,我知道。"

我说:"不对。不能用这个词来解释特质,特质也不是它的

X. 特 质

同义词。用人所长的'长',可以是专业,可以是特长,可以是过往工作经验,但它们都未必是特质,仅仅是提前受过训练的一种能力而已。"

我学过 PPT,我会做 PPT,我也擅长做 PPT,但这能代表我在 PPT 上有特质吗?我当过物理课代表,曾经物理也是长项,但这能代表我在物理上有特质吗?

但我能理解他的回答,人们都倾向于用一个熟悉的概念去解释一个新概念。这也恰恰是很多人学习新东西吃力的原因,他们不接受新的元素和概念,也不认真去理解不同事物之间的细致区别。

3. 经验不一定是特质

经验,不论是活动经验还是工作经验,它代表的确实是一种能力,代表着过去受过训练,代表着熟悉或熟练。但经验这种能力,只能证明过去,不能证明未来。

而特质最大的特点,不仅在于它的先天性,也在于它能代表未来。特质具有高增长性,代表的是未来而不是过去。一个在某方面有特质的人,不仅开局相对容易,而且一定是越干越深入、越干越厉害的人。我们前面举过很多例子,大家可以往回翻翻看。

强调一下:工作经验是一种能力,但能力并不都是特质。

4. 兴趣不一定是特质

在面试时,面试官可能会问你的兴趣爱好是什么。生活中,我们也会经常强调自己的兴趣爱好。但是,别误会,兴趣不一定是特质。

我打篮球有兴趣，但技术一般，虽然打了很多年，但开始不厉害，现在也不厉害，可以百分之百地说，未来会更加的不厉害。所以，它肯定不是我的特质。

我有兴趣听音乐，但不能说，我有听音乐的特质。

同理，我对美食有兴趣，不能说我有"干饭"的特质。

5. 特质的几个特点

特质到底有什么特点？我简要地总结了一下：

第一，开局容易——先天性，有些人甚至无师自通；

第二，过程具有加速度——比别人学得快、悟得深；

第三，未来具有高增长性——代表未来。

小结一下：天赋只有极少数人拥有；特质有一部分人拥有；而专业、特长、经验、兴趣，几乎人人都拥有。专业、特长、经验、兴趣、特质都是能力，但能力未必都是特质。

与工作经验相比，我更看重学习能力。与学习能力相比，要更看重特质。

三、管理者为什么要有特质概念？

识人用人培养人，除了要识别一个人的学历、专业、特长、兴趣、工作经验，还要识别价值观、性格、情商、学习能力、执行力、特质等底层能力。

前面说过，人只能看见自己受过训练的东西。如果一个管理者完全没有"特质"这个概念，显然是无法从特质这个角度去识人用人的。而缺乏特质这个观察角度，就会犯以下错误：

X. 特质

①误把工作经验、专业能力、特长兴趣当特质；②培养没有特质的人，双方都很累，也很难得到一个好结果；③不知道提炼岗位特质，并与个人特质相匹配，最终用错人。

创业初期，我就缺乏对特质的认识，犯过很多管理错误，尤其是上述错误让我印象深刻。

近些年，在研究了特质和底层能力之后，我发现和任用了不少人才，公司很多中高层都是这么挖掘出来的。

虽然我现在不再亲自带新员工了，但常常向公司管理层强调：要不断去观察新人的特质等底层能力，把他们放到合适的岗位上去，最终做到知人善用。

四、尽快找到自己的职场定位

最后，我想对职场朋友们说：有特质的人，在职场很快就能找到定位。没特质的人，很难找到定位，可能一直在轮岗、试岗，甚至跳槽、换行。所以，从小就要注意发现自己的特质，一路不断测试自己的特质，越早确定越好。

一直找不到自己特质的职场人，还有一种方法，就是请别人帮你找。去问问你的老板，让他说说你身上有什么特质。我们公司的钟姐，就是被我这么发现的。她来我们公司之前，根本不知道自己有什么特质，也不知道条理性就是一种特质，更不知道这种特质应该放在哪个岗位。

套用一句广告语：自从了解了特质，我头不疼了，看人也准了。一口气看很多人，嘿，不费劲儿。

怎么找到自己的特质？

前面说过，特质是一种天分，就是在某一方面很敏锐，悟性和接受能力比别人更强。它最大的特点就是：接受能力强，并且自带悟性，经常无师自通。

一、特质是一个人的幸运密码

在一些短视频里经常能看到，一些两三岁的小孩，就能下意识地跟着音乐起舞，眼神、表情都拿捏得特别到位。他们那么小，很多东西是没法训练的，只能是天生具有表演特质。

有特质的人，是幸运的。他们容易找到自己的定位，做自己喜欢、擅长的事情，并且有可能很快脱颖而出。

但是，特质并不像天赋那么明显，大部分人可能确实也没有什么特质，或即使有特质也没有发现。

二、怎么找到自己的特质？

多尝试，是个不错的方法。

我们知道，谷爱凌获得过滑雪冠军，她从小就在滑雪这一块有特质，这点毫无疑问。但是，我们更要知道，她从小也尝试过钢琴、骑马、射箭、篮球、跑步、芭蕾、冲浪等多个爱好，

X. 特 质

最终找到了自己最具特质的事情。

我进入大学后发现自己并不喜欢中文专业，就开始自学英语，后来发现自己对英语也不感兴趣。多种尝试后，我发现自己喜欢折腾，最后确定在商业创业方面更有特质。

通过尝试发现特质，广告人叶茂中也是一个例子。很多人可能不知道他是学绘画出身，最早的工作是电视台美工，跟营销策划不沾边。一次，他所在的泰州电视台要帮当地大企业春兰集团拍一个广告片，由于预算比较低，又没人懂得电影胶片广告，台里没什么人想接，最后叶茂中接了下来。想不到，他策划的"一杆进六球"的春兰空调广告在央视播出后获得巨大成功。叶茂中由此发现了自己的特质，开始进入广告行业。

做销售的人都知道，乔·吉拉德被称为世界上最伟大的销售员，"连续12年平均每天销售6辆车，至今无人能破"，并荣登吉尼斯世界纪录。其实，他出生在贫民家庭，9岁起就给人擦鞋、送报，16岁辍学成了锅炉工，得了哮喘病。另外，他还有严重的口吃，35岁以前就换过40次工作，一事无成，最后破产，负债高达6万美元。走投无路之下，他走进了一家汽车经销店，开始发现自己的特质，从此开启了传奇人生。

三、为什么找不到自己的特质？

有人会问，为什么他们能找到自己的特质，我却找不到？

第一，我前面说了，有些人有特质，有些人可能真没特质。

第二，还存在一个运气成分：有些人运气好，一入学或者一出生，就发现了自己的特质；有些人是在命运的转角偶然发

49. 怎么找到自己的特质？

现了自己的特质；还有些人是在经历各种迷茫困顿、辗转反复之后，才发现了自己的特质；也有些人，终其一生都不知道自己的特质是什么、擅长什么，甚至喜欢什么。

我看了经纬中国创始管理合伙人张颖的经历，他的中学是旧金山一个比较差的高中，他自己"处在欺负链的最底层"，不是被打就是被排挤。毕业后也换了几份工作，但都干得非常憋屈，被挤兑得"躲在公司厕所的马桶上两小时都不想出来"。但就是这么一路不顺的人，竟然有一天命运反转，创建了投资公司，找到了自己的特质，拥有了自己的小宇宙。

高瓴资本的创始人张磊，在投资界是妥妥的大佬。但是，他是怎么步入投资这个行业，找到自己的特质的呢？他在《价值》这本书里写道："创业失败后，我回到耶鲁大学继续读书。一个偶然的机会，我路过一幢维多利亚风格的小楼，找到了在耶鲁投资办公室的实习机会，并结识了耶鲁大学首席投资官大卫·史文森，从此与投资结下了不解之缘。"

你看，这就是运气。人家只是经过一栋小楼，就找到了自己的特质，开启了命运转折。我们经过无数次大楼小楼，也没遇到过什么机会。

张磊自己也说："许多时候的人生际遇，是上天无意间给你打开了一扇窗子，而你恰好在那里。"

很多人找不到自己的特质，除了本身就缺乏特质，还可能是缺乏运气，机缘未到。

需要补充的是，有些人找不到特质，是因为过早地"吊死在一棵树上"：过早给自己设限，过早把自己固定了，最后杜绝

X. 特质

了所有尝试的机会。比如,早早定下了一份安逸的工作,从此不再尝试其他可能性。就像古代很多人,到死也找不到自己最爱的那个人,因为他们还未成形就被指腹为婚了。

找不到特质的第三个原因:缺乏尝试条件。

试错,也是需要条件的,包括经济条件、资源条件等。上面的例子,大多也能说明这一点。

我们再看看著名球星贝克汉姆,小时候不仅有机会踢球,而且父亲在业余球队瑞德维勒沃斯队执教。父亲对开发他的特质,有着不小的影响和帮助。这一点,谷爱凌也差不多,她的母亲不仅是一位出色的投资人,也是一位滑雪教练,这使得谷爱凌在三岁的时候,就有条件接触滑雪了。

有人曾问丁磊:"有钱之后最大的感受是什么?"他说:"跟普通人差不多,最大的不同是有钱可以去做更多的尝试。"他所说的尝试,是指尝试一些创业项目,比如养猪。但你还是可以看出,不论是个人发展需要尝试,还是企业发展需要尝试,都是需要条件的。

综上,很多人受限于各种各样的因素,缺乏尝试的机会,到老都不知道自己的特质在哪里。

四、学习偏科的再认识

在这里,我必须补充一点:特质很容易体现为偏科。

我知道很多老师都反对偏科,这也可以理解,毕竟很多录取考试都要看总分数。

对此,我的观点是:不鼓励偏科,但赞成偏科。为什么?

49. 怎么找到自己的特质?

首先,偏科很大程度上是特质的体现。

因为在某个方面特别敏锐,才体现为偏科。我们要发挥一个人的特质,而不是去"均衡"一个人的特质。事实上,很多特质明显的人,都体现为偏科,如数学家陈景润,从小就只对数学"感冒",好在厦门大学慧眼识才,提前把他录取了。周杰伦音乐特质明显,对其他学科有所分心,中学毕业后就上不了大学。苏炳添初中就展露出短跑的特质,是"为了逃避留校补课而参加学校的田径队"。

其次,人的发展,终究要靠专业化,而专业化在一定程度上可以理解为偏科。

大学选专业是一种"偏科",找工作、定岗位还是一种"偏科"。做管理的人都知道,企业更需要的是专才,需要各个领域有特质的人,来组建一支优势互补的团队。作为创业者,我就很有感触:招聘最怕遇到每一种能力都是60分的人:"这个事情我懂一点,那个技能我会一点,但都不精通。"我的天,那我请你来干啥?

是狼就要吃肉,你就让它吃肉好了,这是它的特质。你不能拿着胡萝卜对它说:"吃点胡萝卜吧,注意营养均衡。"对它来说,这不是营养均衡,这是浪费它的时间,分散它的注意力,还会让它自我否定、自我怀疑,甚至抑郁。

这一点,我觉得奥运会做得特别好,比的都是单科特质,没人说你要同时报名十个项目,然后看你总分或平均分。

当你看到职场那么多找不到定位的人,你就知道那些早早偏科的人,有多幸运了。

怎么争取职业发展机会？

在职场，怎么争取更多的发展机会，是令很多人苦恼的事情。有些人怕老板，经常绕着走；有些人觉得过分殷勤，会被标签"马屁精"。其实，在创业型公司，老板一般会看重两点：一是有能力，二是靠谱。争取发展机会，其实不用那么多纠结和弯弯绕，只需要持续证明自己有能力和靠谱就行了。

一、争取发展机会的三个方法

1. 积累靠谱

什么是靠谱？就是毛主席说的"你办事，我放心"，也是史玉柱说的"你给他一件事，他办好了；再给他一件事，他又办好了"。

靠谱既需要能力，也需要态度。没有能力，完不成事情，没法靠谱；没有态度，不够诚信，吹牛说谎，拉帮结派，丢三落四，粗心大意，说到做不到，执行力又差，也没法靠谱。

需要说明的是，跟信任一样，靠谱是一点点积累起来的，所以，做好每一件事都很重要。如果经常完不成目标，经常让人失望，那给人的印象无疑是不靠谱的。不靠谱的人，别人不会重用，自然也没什么机会。

2. 积极主动

"积极主动"四个字太普通了，所以很多人不重视。事实上，大道至简，大多数机会，都着落这四个字上。

一场招聘，有人消极应对，有人积极准备，哪个更有机会？

我毕业的时候，为了去一家上市公司工作，提前一周准备面试，不仅尽可能熟悉公司的经营情况，甚至把"一面"、"二面"、"三面"的所有问题都预料到了，现场当然对答如流。很多人都一轮一轮地被淘汰了，但我不担心被淘汰，胸有成竹大概就是这种感觉。在最后一面，当所有应聘者走了以后，我还特地返回办公室，向面试官表达我的工作意愿。

我想，能做到这一点的人应该不多，而我能让他们感受到我的积极主动。

后来，我也面试过很多人。有些人连公司做什么业务、有什么产品、面向什么人群都不清楚，甚至连公司名字都不熟悉，我怎么能感受到他们的积极主动？

不只是招聘，社交都得积极主动。我公众号后台也有很多粉丝，大部分人我都不认识。但也有不少人让我印象深刻，他们经常在后台留言，一来二去就熟悉了，有些还因此加入了我们公司。这类通过积极互动获得机会的故事，社会上经常发生。

有些人为什么到哪里都有机遇？积极主动是关键。

别说发展机会，就是追求对象也得主动。但凡受欢迎的人，追求者都很多。当你在那里消极被动、自我矜持的时候，名花早就有主了。

说回职场，想要获取机会，就一定要积极主动，具体表现为：主动靠近，主动承揽工作，主动思考，主动推进，主动汇报，主动反馈。

有些人开会时不说话、不发言，别人怎么知道你有什么建设性的建议。长此以往，别人就会觉得，你要么是没能力，要么是沟通能力有问题。不论哪一种，都会减少很多发展机会。

有些人发现问题不主动解决，殊不知，解决问题就是证明自己的机会。

有些人接手一个工作，也不主动汇报：做到哪里了？遇到什么问题？需要什么支援？还需要多久可以出结果？这些都要主动汇报。如果让老板追着你问过程、问结果，很多时候，不靠谱的标签就已经打你身上了。

3. 展示特质

需要注意的是，我这里说的是展示特质，不是展示能力。因为"能力"这个词，范围太大了。

举个例子，市面上绝大部分简历，都是在展示能力，就是"我参加过哪些教育培训，我有哪些工作经历，我有哪些技能证书"。最后，简历一摊："你自己看吧，你看我适合做什么。"

这就是绝大部分人的简历：把自己会的、比较会的、稍微会的，都展示在那里。你说它们不是能力吗？它们确实是能力，但99%都不是特质。前面说过，特质是一种"小天赋"，是一种接近无师自通的能力，是你在某个方面能"多快好省"超过其他人的能力。

怎么展示特质？怎么通过展示特质获得更多机会？我从两个角度说一下。

二、入职前如何展示特质？

大部分人都习惯用三样东西来证明自己：

①文凭学历，本质上是证明专业能力，即哪个专业、学到什么层次——是专科、本科，还是硕士、博士。但它未必是你的特质，更没法直观地证明你的底层能力。

②经历，当然也是能力的一部分，比如活动经历、实习经历、工作经历、获奖经历。但是，这么多东西未必就是你的特质。

③证书、荣誉、比赛名次，是人们经常用来证明自己能力的一些东西。当然，这些能说明你的能力，但里头未必就有你的特质。

以下五样东西，可能更能证明你的特质：

①作品，你发表过的文章、你做出来的视频、你研究出来的产品模型……都能证明你的能力。

而且，它是结果性的东西，证明力更强。举个例子，你的简历写上你获得过作文比赛奖，或者全校比赛奖，我未必就觉得你的风格适合我们。但如果我能看到你的一系列作品，我就知道你适合不适合。

②数据，也是结果性的东西。说一万遍自己厉害，也不如拿几个有说服力的数据出来更令人信服。数据是什么？举个例子，你的项目增长多少用户？你的视频后台有多少粉丝？你带过多少人的团队并创造过多少业绩？

有实力的人，从来都用数据说话。

X. 特 质

③方案，这是我特别想推荐的一种方式。如果你觉得自己特别有才华，完全可以通过写一个漂亮的方案去求职。什么方案？举个例子，如果你觉得自己战略厉害，可以给目标公司写一个企业发展战略方案；如果你觉得自己营销了得，可以写一个营销策划方案，然后告诉他们："用我的方案，一年可以多赚 5000 万。"

只要你是个人才，就一定能通过这个方法证明自己。当然，如果经常石沉大海，就要重新认识一下自己了。

④顾客，如果你觉得自己特别厉害，是实战派，那就干脆不要用嘴巴去说服别人了，直接给他带一拨儿客户去。

相信我，任何企业都需要客户，且不论你怎么求职面试，也不论你是哪个岗位，企业最终都希望你能帮它获取更多客户。

⑤产品，如果你是技术派的，与其用经历说话，不如直接用产品说话。把一个牛轰轰的产品摆在桌子上，一定没人敢忽略你。毕竟，这类结果性的东西，比什么学历文凭、经历表现，来得实在多了。

现实是，如果你真有拿得出手的产品，根本不用求职，别人就把你当宝贝一样，早用高薪挖过去了，如张小龙进腾讯之前做的 Foxmail 邮箱，张楠进字节跳动之前做的图片社区 App。

方法还有很多，只要你是实力派，就不愁没方法。尤其是那些有学历自卑症的伙伴，要提高职场竞争力，除了提升学历，提升实力可能更有效。如果你确实有实力，就有很多证明自己的方法。

值得注意的是，文凭学历、证书名次，对应届生求职还是有用的，但对一个工作多年的人来说，还靠这些求职，只能说明你混得不太好了。

这个时候，更应该用数据和结果来说话了。

三、入职后如何展示特质？

运气好，一上来就遇到一个和自己特质相符的岗位，然后一帆风顺，青云直上。我们公司就有这样的员工，实习期间就发现了自己的特质，然后在自己的特质岗位上一路狂奔，成长非常快。

运气不好的职场人，所做的工作不符合自己的特质。明明是一只有游泳特质的鸭，却在岸上干着跟鸡比赛捉虫子的工作，既苦又累还没前途。

这时候怎么办呢？也未必就一定要换公司，可以先考虑换部门或轮岗。但根据我的管理经验，换部门也有风险：有时候换过去了，新部门不适应，老部门没你的位置了。

有一个讨巧的方法是骑驴找马，就是你在认真做好本职工作的前提下，可以多准备一下其他岗位的能力。我在前面讲过一个例子：有一个员工，在一次活动之后意外给我提交了一个短视频作品，让我非常惊艳。我觉得他在这方面有特质，就把他调到短视频部门去了。

不论是求职还是职业发展，你都需要给别人证明你有什么特质。如果你还没有发现自己的特质，就不断试探，不断做一些让人眼前一亮的东西。

悄悄准备，然后惊艳所有人。

X. 特 质

最后,我还要补充一点:实事求是地说,很多人并没有明显的特质。这就比较难——做啥都吃力,学啥都困难,自己也不知道自己该做什么,领导也不知道你该做什么。如果这样,只能从能力、兴趣、擅长和工作经验中找突破口了。

现在,我们来做个互动吧。

如果这一章对你有所启示,欢迎光临我的微信公众号(前勒口和封底都有二维码),留言交流你的灵感和收获。

我非常乐意看到你的故事。我想,很多读者也会因为看到你的留言,从你的收获中再次得到启发。知识不会因为碰撞而减少,只会因为碰撞而增多。

XI. 条理性、主动性和执行力

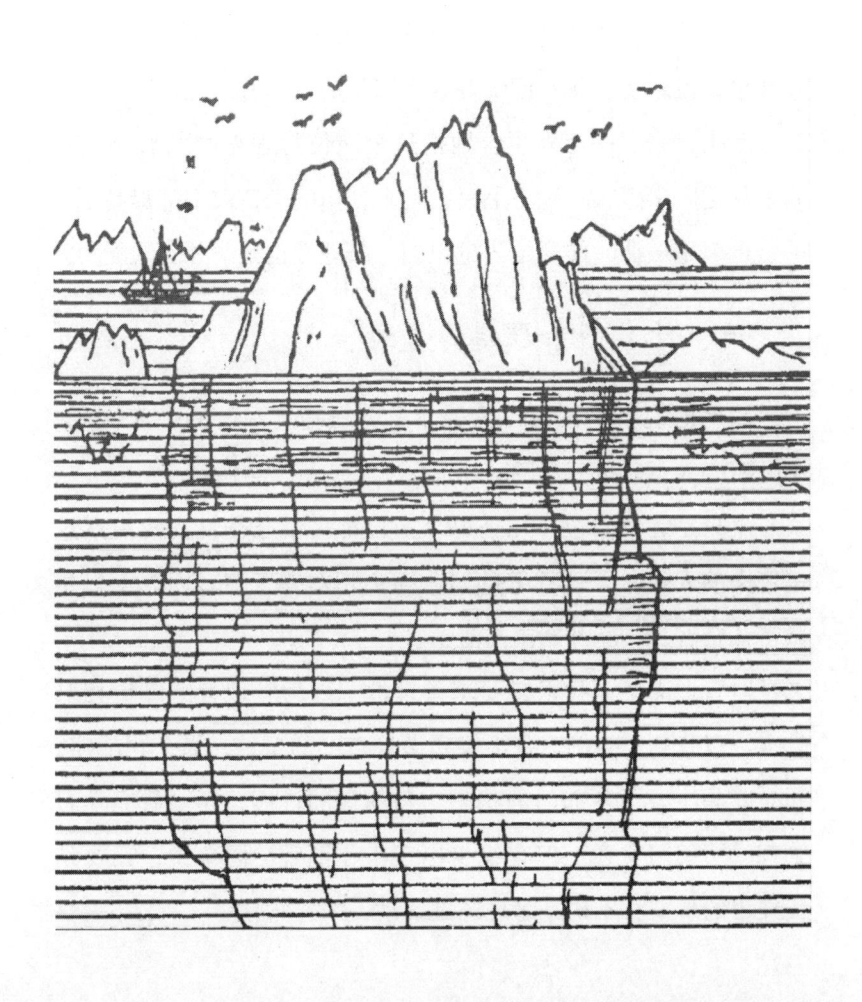

用人要看条理性

大约六七年前,公司有一个运营岗位,数据和事情都比较多,前前后后换了很多人,因为每次要么发现数据错误,要么发现事情没跟上。我一度怀疑这个岗位的设置有问题。

后来,来了一个女生,她把这个岗位打理得井井有条。有同事甚至发出感叹:她一上岗,整个公司的运营效率都提高了。

也就是从那时候开始我意识到,条理性也是一种底层能力。

一、什么叫条理性?

简单地说就是:理得清轻重,分得清先后,心中有大局,不会粗心大意、丢三落四。

不只是运营岗位,几乎每个岗位都需要条理性。我观察过销售岗的人员,条理性差的,业绩会相对差一些。因为手里稍微多几个客户,就开始搞不清了。

对管理岗位,我坚持要求条理性,因为管理者的事情相对较多。以我创业为例,我不仅要做好自己的事情,做公司战略,同时要关注公司各部门的状态、各项目的进展,还要研究学习管理、写书写文章。但我很少出现工作混乱。同事说,只要是我经手的事情,不论是管理还是活动,都井然有序。

51. 用人要看条理性

很难想象，一个没有条理性的人晋升为管理者能做好什么事情，因为负责的摊子一大，事情就会更多更复杂，缺乏条理性的弱点就会放大，造成工作混乱。

我不仅对管理者有条理性要求，对新入职的同事也会考核和观察其条理性、执行力、主动性、抗挫力、情商等一系列底层能力。只有底层能力不错的人，未来才更有发展潜力。

二、我的条理性是怎么炼成的？

以前，我总是很好奇，为什么我做事比别人要快一些。

做三四个人的饭，有人需要四五十分钟，我通常需要三十分钟就可以把饭菜端上桌。煮饭的时间是固定的，我的饭不可能比别人熟得更快。我比别人更注意的，可能是优化做事的先后顺序，尽量避免等待时间，加快做事节奏。

公司团队经常出去踢球，对同事们来说，就是一场球而已。而我每次不仅踢了球，同时还拍摄了短视频，过了一把"拍摄瘾"。同事总是很奇怪：全程都看你在踢球，也没看你拿几下相机，怎么就比我们多做了一件事呢？每次爬山活动也一样，同事们仅仅是爬了一个山，最多拍几张照片，而我不仅爬了山，还拍了短视频，甚至一边爬山一边做直播。等下山的时候，我的短视频作品已经出炉了。

为什么我总能比别人多做一些事情？首先是我目标感强，心里装着这些事情；其次是我条理性强，能安排好时间，搞得清顺序。小事情也能反映一个人的条理性。很多人总是说不知道怎么看人，其实看人就是看做事的细节。

XI. 条理性、主动性和执行力

我的条理性怎么练出来的呢？

我母亲的条理性就很强，做什么都井井有条，而且经常教我怎么做才能井井有条。耳濡目染，从小就学会了。我们必须承认，很多底层能力，是从很小的时候就开始形成了。

后面的人生经历，对我的条理性也是一种持续的训练。高中时大家都一样，要同时学习语数外政史地等学科，每天学习都必须分配好时间，争取效果最大化。我跟别人不一样的地方是，还要挤出时间恶补初中数学和英语。三年高密度、高强度的学习，等于三年的时间训练，也是一种"刻意练习"，导致我对条理性非常敏感。

我现在每天早晚洗漱，也会潜意识地优化效率：先洗头还是先洗澡？先刷牙还是先洗脸？先上厕所还是先护肤？做哪件事的同时还可以做另一件事？通过多次优化，我的洗漱时间比家里人快了五分钟左右。其实我也不是要刻意做这种优化，而是出于本能。

后来的创业经历，更强化了条理性这种能力。

奇志大兵有一个小品《洗脚城》，里面有一段台词是这样的："我开了一个洗脚城，董事长、总裁、出纳、会计、迎宾、保安……全是我一个人。"我创业时的情况也差不多，所有的事情全是我一个人张罗，从公司注册到对外联络，从办公室装修到购买设备，从人才招聘到薪资核算，从打磨产品到销售回款，从售前到售后，事无巨细，一个也放不过我。这种高强度、高密度的工作，进一步训练了我的条理性。而这种能力，对于以后事业的逐渐开拓发展，又起到了非常重要的作用。

三、条理性的养成和训练

小时候，我就常听大人说，谁谁谁"很磨叽"，当时我不相信有这种人，以为所有的大人做事都应该像我母亲一样井井有条，只有小孩做事才会乱七八糟。后来看人看多了，发现有人一个小时可以搞定的事情，条理性差的人要三四个小时，才感觉到条理性确实是一种能力。

对于条理性的养成，我的体会是，既有遗传因素，也有气质类型的生理基础，但更重要的是后天习得。也就是说，条理性是可以通过学习、训练得到改善和提升的。

缺乏条理性的人更习惯"单项任务操作系统"，即一次只能干一件事。你还不能催他，一催他就慌，一慌他就乱。

为此，我推荐一个我们公司已经证明行之有效并得到普及的方法：清单法，要点是：

① 把要做的各种事项，一件一件地写出来。

② 给它们排序。按事情的重要性和紧急程度先后排序。你认为是最重要、最紧急的事项，要放在前面，并从第一件开始做起。

③ 做完一件，划掉一件。这样，哪些事情还没做就能一目了然，不至于丢三落四。

④ 每天下班之前，要书面列出并排序第二天的事项清单，包括要做的事情、预约好的客户等。

⑤ 临时出现的事情，比如上级的临时安排，也要及时加入相应的位置，避免遗忘。

XI. 条理性、主动性和执行力

⑥ 需要注意的是，真正执行的时候，并不是做完一件再做一件的。因为有些事情需要提早准备，有些事情的进展不受你的控制。很多时候要几件事同时推进。但清单法依然可以提示你防止遗漏。

⑦ 坚持长期训练，不仅会提升你的条理性，也会同时提升你判断轻重缓急的能力、抓重点的能力。最重要的是，你的注意力、专注力可能也会因此更加集中、持久，自我协调性也会得到加强。

⑧ 必要的话，了解一下时间管理的四象限法则：把事情按照紧急、不紧急、重要、不重要，排列组合为四个象限：重要且紧急，重要但不紧急，紧急但不重要，不紧急且不重要。每天这样排序，能有效提升条理性，避免逮住什么做什么、遇到什么做什么、想起什么做什么，或者眉毛胡子一把抓。

如何塑造职场主动性？

主动性是一种重要的底层能力，就是"在工作中愿意投入更多精力，善于发现和创造机会，甚至提前预测采取行动"的素质和能力，一般管理者都知道它意味着什么。

早在 2006 年，华为前董事长孙亚芳就提出了选拔领军人才"五要求"：主动性、概念思维、影响力、成就导向、坚韧性，其中，主动性居首。华为用这套机制筛选出了很多优秀的人才。

但很多职场人并不了解上司怎么看待主动性，这里提供了一个新的视角，看看管理者是怎么识人用人的。

一、一个装修故事

我在公众号写过一篇文章《识人用人：没主动性的人赶紧开掉》，里头记录了这样一个故事：

这些天，家里在搞装修，我有点生气。因为装修监理是个没有主动性的人。

我是怎么发现的？

前天我去看一下，提示他：橱柜还没做呢，要催师傅啦。他说好。

昨天我去看一下，提示他：水龙头还没接好呢，要安排接

XI. 条理性、主动性和执行力

啦。他说好。

今天我去看一下，提示他：顶灯需要装啦，已经提示几周了。他说好……

看到这里，你是不是觉得他态度挺好的？你说啥，他都答应"好"，而且答应后也真去做了。如果是这样，那你在看人方面，还差把火候。

一个月下来，我发现他的致命问题是缺乏工作主动性。

作为一个项目监理，按理来说，装修没搞过几百家，也搞过几十家了，随便在工地上转一圈，就应该知道：哪里没搞好，哪里需要提前下料，哪里需要安排师傅了……

可是他每个环节都跟不上，都是我催他："这里怎么还没搞？""这里的材料怎么还没下单？""这里的师傅怎么还没安排？"这是个被动型的人。客户提出哪里有问题，他就去解决哪里的问题。客户不催，他就不推进；客户不强调，他就不安排。签的两个月工期，拖到四个月了，都没给我搞完。

这个人啊，看起来每天很忙，不断接电话，不断接到抱怨，不断接到投诉，不断跑建材市场。可是有些东西，本来可以一次性买回来的，他却要跑很多次。因为他没有清单，没有计划性，没有主动搜集问题。每次都是带着一个任务出去买一个东西，紧接着又要出去买一个东西，他的工作准确来讲应该叫"救火"。每个客户都在质问他："这个事情怎么还没搞？""那个事情怎么还没搞好？"

我终于发现，他们公司为什么没有回头客了，因为几乎没有客户是满意的。公司口碑就是被这种缺乏主动性的人搞烂的。

没有对比就没有发现。之前帮我父母装修房子的师傅，我把钱打给他，就没怎么去过工地。而且工期还没到，他就把房子装好了。我去验收，几乎挑不出毛病。要不是那师傅回老家了，我怎么会找这么个人？

所以，做公司一定要尽早淘汰缺乏主动性的人。他们效率极低，败坏公司口碑，会让公司的业务越来越难做。

缺乏经验的管理者过于倚重学历或技能证书，而经验丰富的管理者更加重视一个人的主动性、条理性、同理心、自我驱动力等底层能力。这些品质，才决定了一个人最终能走多远。

二、主动性的意义

很多人即使工作几年了，也意识不到主动性对个人发展的重要性。我总结了一下，它至少体现在两个方面：获得机遇和把握机遇。

拥有主动性的人会获得更多的发展机会，缺乏主动性的人总抱怨自己的人生为什么没有机遇。

大学期间，我曾参加一个正式的评比，本以为竞争激烈、困难重重，想不到很快被评上了。后来我问组织者，为什么会这样？组织者如实回答："因为很多人没有报名。"这让我意识到，这是大多数人的主动性程度太低了，根本轮不到拼天赋。

大学毕业时，那些积极投简历、面试的人，几乎都找到了工作。而那些整日睡懒觉、玩游戏，甚至在宿舍打麻将的同学，很多没有找到工作。这些现象，你身边也常见。你的主动与否，直接决定了你的机遇多寡，有一句话是：上帝想拉你一把，你

XI. 条理性、主动性和执行力

也得先伸出手来。

我的第一本书是十多年前出版的。这十多年来,很多读者给我留言,有时候是通过邮件,有时候是直接在我的公众号留言。我们原本互不相识,但有些读者经常留言、发表读后感,与我积极互动,一来二去,竟然互相熟悉了,更有几个还加入了我们公司。事情虽小,但有启发性。一些总是抱怨没有机会的人,连基本的主动性都没有——哪怕是多说一句话,难道是等着天上掉馅饼吗?

有人总是在消极等待,等待别人看中自己,等待别人慧眼识珠,等待机遇光临。不要抱怨没有伯乐,即便你真是一匹千里马,如果整天像匹死马一样趴在马槽,伯乐也认不出你。

即便是丁磊这样的"大佬",也在主动靠近人才。当时还在杭州读书的学霸黄峥,有一天收到一个自称是丁磊的人发来的邮件,说想请教他一个技术问题。刚开始,黄峥以为是个骗子,没想到真的是丁磊。他们从此建立了联系,黄峥去美国读书时,丁磊还介绍他认识了段永平。

不仅是个人需要主动性,企业也需要主动性,"要在阳光灿烂的时候修屋顶"。但现实中,很多失败的企业都是一条道走到黑,直至走不通了,才急急忙忙去找新出路。很多教育培训机构就是这样,遇到政策监管,原来的项目没法玩了,才仓皇地去找新的活法,非常被动。

同样,有主动性的人,才能更好地把握机遇。很多人本来找到了一份不错的工作,但因为缺乏主动性,公司慢慢从期待转为不看好了。这也是为什么有些人起点很高而发展却越来越差。对此我也有深刻的感悟：习惯被安排的人、不太想事的人，确实没什么发展空间。

为什么企业不愿录用缺乏主动性的人？一句话，跟他们在一起很累很费心。无论是做他们的老板，还是做他们的同事，都要不断分散自己的注意力，时时刻刻盯着他、提醒他、督促他，严重消耗团队能量。

我自己带过这样的人，我知道有多累。他们没有主动思考的习惯，也没有主动推进事情的能力，要不断催、天天催，早上问他当天干吗，晚上问他干到哪里了。

三、主动性的几个表现

一个人有没有主动性，至少表现在以下五个方面：

1. 主动靠近

潘石屹曾在一次论坛中说："我做了差不多十年的贫困生的资助，但到目前为止，我资助过的学生没有一个跟我取得任何联系。"

这种事情的确令人感慨。虽然人人需要正反馈，但潘石屹这样的人一定不是为了一声"谢谢"，不然也不可能持续资助十年。他所期望的，应该是确认一下自己资助的效果、需不需要采取其他跟进措施，把工作做得更踏实一点等。如果有人主动给他一些反馈，让他提供更多的帮助也是有可能的。

大多数机遇都是主动争取来的，这样的事情相信人人都曾耳闻目睹，甚至亲历其中。

2. 主动汇报

职业发展好的人，都有主动汇报的习惯。发展不好的人，多半跟领导、同事存在沟通障碍，包括缺乏主动汇报的意识。

主动汇报什么？汇报你工作的阶段性成果、遇到的问题、需要什么支持，甚至是你认识、发现的更有效方法等建议。

有人问，领导不是更看重结果吗？为什么要汇报过程和进展？因为领导要确保过程可控，就必须了解工作进展，留出"救火"的时间。

还有一些人是因为"没进展、没有结果"而"不好意思"汇报。这样做，说明你不仅工作能力有问题，大局观念、沟通能力也有问题。没有进展或结果更应该主动汇报，以免影响全局。主动汇报并争取领导更大的帮助和支持，至少说明你不存在沟通障碍。

"没有沟通障碍"是非常重要的职场评价，品味一下吧。

3. 主动寻求帮助

主动寻求帮助，也是一种主动性。

工作遇到困难了，是一个人闷着，任工作停滞不前，还是主动请求领导、同事或专家的帮助？答案是明摆着的。

职业发展迷茫了，与其一个人消沉焦虑，不如找人帮你梳理一下。如何定位、如何设置发展路径，也会"当局者迷，旁观者清"，有时候，前辈的一句话、领导的一个提醒、同事的一个建议，都可能让你豁然开朗、事半功倍。

埋头苦干是好事，但不等于无须指点、支持、帮助。

4. 主动思考

提问题谁都会，但能主动思考的人就不多了。

在职场怎么体现主动思考？最起码的，是提问题的同时附上你的解决方案，这就是一种主动思考的体现。如果你的方案有问题，也能让上级看到你的主动性。如果你的方案最优，就是你展示能力的好机会。

有一次，我让人去会议室把桌子摆好，说待会儿要接待客户。等我到了会议室，发现桌子确实摆好了，但没有摆椅子。当时我很纳闷，我是没有提到摆椅子，但你就不会主动想一想："用会议室接待客户只摆桌子能行吗？不摆椅子怎么坐人啊？"

为什么要具备主动思考的能力？知道要做某件事，与知道为什么要做某件事，差别是很大的。大到什么地步？机器和人的差别、棋子和棋手的差别。

5. 主动准备

一个人的主动性，还可以体现在他有没有主动准备的习惯。

有的人找工作，是因为下个月没生活费了，你能相信他是一个富有主动性的人吗？

有一次公司去三亚搞团建，摄影师随行。到了现场，摄影师完全不知道拍什么镜头和场景。为什么出发前不主动问一下活动主题并做相应方案呢？我自己做短视频或摄影，一般要提前明确主题、列好提纲、写好脚本，并设计好每个场景，这样才能保证有条不紊地展开现场工作，一个镜头都不会少。

我只能说，人跟人的区别太大了，尤其是主动性。

XI. 条理性、主动性和执行力

有一个故事：某地甲乙两家企业争一个大客户，甲得知大客户要来考察，就早早去机场迎接。而乙得知大客户要来，立即飞往客户所在地，打听清楚了大客户乘坐的航班甚至座位，然后自己买了一张票，成了客户的邻座。飞机还没落地，签约的事情就搞定了。

商场如战场，拼的是主动性，讲究先发制人。这一点，任何做商业的人都明白，不论你是销售还是老板。

四、主动性的三个层次

1. 主动做事

这是最基本的主动性。属于自己的事情不需要督促，要按时完成，最好是提前完成。有人把缺乏主动性的人称为庸才。

2. 主动想事

这是主动性的第二个层次，就是主动寻找问题的解决方法，而不只是提出问题；主动去想每件工作或每个步骤的意义，而不只是机械地执行；主动分解目标，而不是被动地等着别人给你做计划。有人把能主动想事的人称为人才。

3. 未雨绸缪

这是主动性的第三个层次。最大的特点是具有预测意识、前瞻意识。不论是个人规划还是经营企业，当形势还不错的时候，你就要思考：危机在哪里？方向在哪里？下一个增长点在哪里？你会思考可能出现的问题，该做什么应对准备。有人把能未雨绸缪的人称为将才。

五、主动性的考量与养成

一个人的主动性与其他底层能力一样，会表现在他工作的每个方面、每个环节、每个细节。比如：

1. 如果你要他做一个具体事情，你提示一下，他才注意到；你不提示，他就没意识。那很可能他是一个缺乏主动性的人。

2. 如果你问他下个月的工作计划，或者当日工作计划，他没有，那很可能他是一个缺乏主动性的人。

3. 如果你让他负责一个部门或项目，他能否列出要努力的目标和主要问题的清单？是否制定了明确的计划和实施的步骤？能否随时回答进展中存在的困难和问题？如果是，那他就是一个具有主动性的人。

4. 缺乏主动性的人，不仅工作很被动，他们的人生都很被动：不会主动健身锻炼，而是被动等着去医院；不会主动准备能力，而是被动等待毕业；不会主动思考创业或职业发展，而是被动等待下岗；不会提前完成工作，总是被逼着完成；不会主动去改变现状，被动地等待消磨时间。

主动性很大程度上是一种特质，天生的。选人大于育人，首先是要选。

至于后天怎么培养，跟两个因素有关：一是动机强弱。动机强烈的人，主动性会更明显。二是习惯，有些人尝到了主动性的甜头，一再获得正反馈，就会一直保持主动性，直到最后成了一种习惯。

什么毁掉了你的执行力？

说起执行力，你第一个想到的是什么？

对我来说，就是说到做到，言出必行，做事不打折，遇事不拖延。

史玉柱说："什么是人才？给他一件事做成了，再给他一件事，又做成了，这就是人才。"这句感悟强调了执行力的重要性。

执行力，概括地说，是把目标转化为结果的能力。个人执行力是作为团队成员按时完成任务的行动能力。

执行力作为一种底层能力，为什么很重要？

"晚上想想千条路，早上起来走老路"，概括了多少想创业的人、多少想改变命运的人、多少想折腾点事情的人的痛点？

我发现，领导缺乏执行力，最后的结果一定是雷声大雨点小，项目烂尾，不了了之。基层员工缺乏执行力，等于不能胜任工作了，因为贯彻实施上级指示、实现团队目标是员工的基本职责。

那么问题来了，究竟是什么因素，影响、损害、削弱了你的执行力？

53. 什么毁掉了你的执行力？

一、习惯拖延

拖延是一种习惯。有些人在中小学就习惯把作业拖到最后一天去完成，工作之后，拖延的习惯也没有改变。长辈常用"今日事今日毕"来教育、提醒下一代，就是在塑造执行力。

有些人，有事就第一时间去处理，"必须做完才能睡觉，不然心里不踏实，睡不着"。这种人的执行力最强。2019年，一个新媒体应聘者的执行力给我留下了深刻的印象，因为三次面试，每次面试后，说好的材料都会在第一时间提交给我，而且每次提前的时间都出乎我的意料。

二、"想多了"的性格

这种人做事，还没开工，就想出一大堆"不行"的理由，在纠结犹豫中，激情消磨殆尽。

有一次，我安排一个人去做一个资料变更，原以为这么个小事，一两天就搞完了。结果，过了一周，我一问，他还迟迟没有开工。我问为什么，他说"还在研究"。我换了一个人，半天就搞定了。这就是执行力问题，宁愿在网上找二手资料"研究研究"，也不愿立即行动，到现场了解情况。

三、动机偏弱

毫无疑问，当你特别想做一件事情或想得到一样东西的时候，你的动机是很强烈的，随之而来的执行力也会大大提高。

刚创业的时候，我安排了很多场讲座。不论风雨，不论远

XI. 条理性、主动性和执行力

近,我都会准时到场开讲。为什么?因为我的动机强烈——答应的事情要做到,这不但关系到合作关系的稳定持续,还有几百几千人等在现场,我能不准时出现吗?

但是,很多听众是想起来就去、想不起来就不去。我自己做听众的时候也一样,本来打算去听一场讲座的,但看到下雨了,或者临时有点事,就不去了。为什么会出现这种情况?因为动机偏弱,行动力也不会高。

四、目标感差

有强烈目标感的人,会想方设法完成目标。而缺乏目标感的人,完不完成无所谓,没太大感觉。他们的习惯是"做多少,算多少"。

目标感差的人,执行力一定差。尤其是中高层,执行力差会带坏团队风气,让整个公司变得"羊性"。我是坚决不会让目标感差、"做多少算多少"的人进入管理层的,更不会让他带新员工。

曾看过一个故事:当年赶集网正在和58同城酣战,徐新投资赶集网之后,到公司一看,发现销售全在办公室坐着——也不打电话,也不出去跑。徐新就跟赶集网杨浩涌说:"你要把销售的头头换掉。因为你是做产品出身,是一匹白马,而姚劲波是做销售出身,是一匹野狼。你一个白马要和野狼打,唯一的办法就是我帮你再找一匹野狼。而你的销售总监是个小白兔,怎么打?"很快,这个"佛系"的销售总监就被换了。

五、缺乏分解能力

以前我觉得，一个人执行力差属于态度和习惯问题，最近我又有了新的发现。

我们公司曾招了一个文案，试用了两个月后我发现不对劲，因为他很少能按期提交结果。他的工作汇报是这么写的："入职这些天，我也没偷懒，每天都开工作会、定选题、找合适人物做访谈、伏案输出……我感觉我的问题在于，对自己要求不严，没有具体工作计划，没有规定自己每天必须看多少选题、找多少人物访谈，也没有规定自己每天输出多少文字。"

看完他的汇报，我才恍然大悟：原来他不是不努力，而是不会分解工作并推进工作。

分解工作，就是公司给你一个总目标，你得自行分解为一个个可行的小目标；公司给你一个期限，你得分解为可控的时间节点；公司给你一个大问题，你能把它拆解为一个个小问题；公司给你一个方向，你得把它变成一条条实在的路径和一个个可行的方法。

就像给你一头猪，你一口吃不了，你得把它切分成一块一块的，而且不同的地方，还有不同的吃法。不然，你面对一个大目标、大期限、大考核，就会觉得"老虎食天，无从下手"。

自行拆解目标并推进工作，是一种思维能力。缺乏这种能力的人，基础的执行工作都做不好。

我遇到过的优秀员工是这样的：当我给了他目标，并准备给出一系列详细方法的时候，他就会跟我说："老板，你只需要

XI. 条理性、主动性和执行力

告诉我,你需要一个什么样的结果就可以了,其他的事情我自己来做。"

这样的员工,太令人震撼了。普通员工和优秀员工的差距,真不是一点点。

管理学上的说法是:老板负责做正确的事情,员工负责把事情做正确。前者说的是战略方向,后者说的是做事方法。在实际工作中,很多员工,甚至包括一些中层,都还需要保姆式的、事无巨细的指导。一个注意事项你说不到,他就捅娄子;一个事情不告诉他步骤方法,他就卡在那里;甚至你不督促检查,他会永远处在"我在研究,就要开始"的状态。

无论是作为个体,还是作为团队一分子,执行力基本等于一个人的核心竞争力。

后 记

底层能力决定人生高度

首先，感谢你能看到这里，因为学习需要极大的延迟满足能力。

我还有几句话想与你说：

1. 如果你是管理者，你应该多了一个看人的角度——底层能力，这是除"专业、学历、证书、工作经验"之外的重要维度。

2. 如果你是职场人，你应该多了一个提升的方向——底层能力。如果说，你以前只有A、B、C三个发展选项，那么，你现在多了一个D，这更是人生选项。

3. 如果你即将为人父母，那也要恭喜你，从此多了一个教育的维度。

4. "学习能力"是内容最多的章节。对于这本书，我不奢求你每章每节都有所收获，但如有一个观点或几句话对你有所启示，那就值了。我有时遍寻名师，就为一句话，这是我的学习态度。

5. 希望你不再迷茫，不再盲目考这学那。接下来你应该做的，是对照底层能力诸要素的要求，有针对性地提升自己。世界上的很多东西不是没用，而是做到了才有用。

6. 建议你把知识用起来：除了修炼提升自己，还可以拿来观察分析身边有成就的人，看看是哪些底层能力成就了他们的辉煌。

7. 底层能力是树干，知识技能是花叶。我们看到花朵很漂亮，但别忘了是树干在支撑和输送养分。所以，学一个技能可以立竿见影地赚到钱，但要走得远、飞得高，还得靠底层能力。

8. 底层能力决定人生高度，这是我最深的感悟。

未来的路还有很长，这本书不是我们交流的结束。我会经常写公众号，我们可以继续交流。

  对了，我特意录制了一些对本书知识点的视频化解读，如果你希望看到我的讲解，可以扫描前勒口或封底的视频号二维码观看。

致　谢

最后，我想感谢这么多年来一直给予我支持、帮助的朋友、客户、学员们，是你们的信任，让我走到了今天；是你们的反馈，让我持续成长。我希望以后能有更多的思考认知回馈给你们。

感谢我的团队伙伴，是你们的努力奋斗，给了我动力、信心和时间，让我能静下心来思考和写作。尤其要感谢慧子姐、叶子姐，还有付婷婷老师，不但贡献了很多具体建议，还提供了很多生动的案例材料。

我还要特别感谢我的父母，他们虽然没怎么教我知识和技能，但一直关注、培养我的底层能力，让我能够自我驱动、自觉学习、自主成长，受益一生。我觉得这是他们做得最棒的一点，我也会这样教育我自己的孩子。

最后我要感谢华夏出版社编辑部主任贾洪宝老师，热忱严谨，学识渊博，十多年来帮我出版了四本书。他曾于2015年12月、2018年4月两次旁听、考察我们公司的课程和培训，与学员一起上课、谈心，与主讲老师交流、探讨，前后有20多天，肯定我们的工作本质上是把国家、社会和父母们的爱与温暖补偿给年轻人，鼓励我们要坚定不移地帮助、引领年轻人健康成长为国家发展、社会进步的有用之才。

如果你觉得这本书对你有所启示，欢迎分享给你最在乎的人，他们一定会感谢你的惦记。

晋早，冰底学堂创始人

商业战略研究者

2010年自主创业

著有《大学迷茫问答》《底层能力》等书

主讲《个人品牌》《商业思维》等课程

扫码关注晋早微信公众号

回复"重点"二字

即可获得全书精华摘要

扫码关注晋早微信视频号

观看本书50个讲解视频